Greta Wehner
Erfahrungen

Greta Wehner

Erfahrungen

Aus einem Leben mitten in der Politik

Herausgegeben
von Christoph Meyer
für die Herbert-und-Greta-Wehner-Stiftung

Greta Wehner.

edition SZ

Inhalt

V - Erbe und Aufgabe 207

Anhang 221

Geleitwort

Greta Wehner, die selber nie das "große Wort" führte, hat uns etwas zu sagen.

Die Reden und Beiträge in diesem Buch legen Zeugnis ab vom Leben und Wirken einer ungewöhnlich mutigen und engagierten Frau und überzeugten Sozialdemokratin: Greta Wehner, die am 31. Oktober 2004 ihren 80. Geburtstag feiert.

Greta Wehner hat Herbert Wehner über Jahre hinweg begleitet. Sie hat vieles aus eigener, naher Anschauung erlebt, von dem andere nur aus zweiter Hand berichten können. Ihre Sicht des Menschen und Politikers Herbert Wehner ist geprägt vom konkreten Erleben. Sie ist wichtige Zeitzeugin. Sie ist – auch in der aktiven Zeit Herbert Wehners – immer im Hintergrund geblieben, hat sich nie ins Rampenlicht gedrängt. Für viele in unserer Partei ist sie, gerade wegen ihrer uneitlen Art, ein Vorbild. Auch deswegen begrüße ich es sehr, daß dieser Band jetzt vorliegt.

Über Herbert Wehner ist viel berichtet und geschrieben worden. Er bleibt eine Ausnahmepersönlichkeit in der Deutschen Sozialdemokratie. Seinem Erbe sind wir verpflichtet. Sein Diktum "Politik ist Organisation, Organisation ist Politik" sagt viel aus über seine unermüdlichen Anstrengungen, die SPD als wertegebundene Mitglieder- und Volkspartei nach vorne zu bringen.

Greta hat geholfen zu organisieren, mit Herbert Wehner zusammen in Bonner Jahren und nach der Wende in der sächsischen SPD, in der sie wertvolle Aufbauarbeit geleistet hat und noch immer leistet.

Nach dem Tode Herbert Wehners hat sie über ihre Erfahrungen mit der Pflege des Demenzkranken öffentlich berichtet. Das paßte zu ihr, auch zu Herbert Wehner, – die Probleme der Schwachen im Alltag nicht zu verdrängen, sondern sie ins gesellschaftliche Bewußtsein zu rücken.

Ihre Partei, die SPD, der sie seit 1947 angehört, liegt Greta natürlich nach wie vor am Herzen. Sie beobachtet genau, analysiert und gibt dann auch Ratschläge. Sie mahnt die

heute Handelnden, die Menschen bei den notwendigen Veränderungen nicht allein zu lassen, mehr "herauszugehen"
und zu erklären, so wie es Herbert Wehner getan hat. "Das
zwingt auch, die eigenen Entschlüsse sauber zu machen",
sagt sie in bedenkenswerter Klarheit.

Aus den hier abgedruckten Texten spricht die Persönlichkeit
von Greta in all ihren Facetten. Herz und Verstand, Mitmenschlichkeit und gesellschaftliche Verantwortung sind
immer dabei!

Vielen Dank, Greta! Und Gesundheit und Kraft noch für viele
Jahre.

Dr. Christoph Meyer danke ich für seine verdienstvolle
herausgeberische Arbeit und wünsche diesem Buch viele
aufmerksame Leserinnen und Leser.

Franz Müntefering
Vorsitzender der SPD
und Vorsitzender der SPD-Bundestagsfraktion

Vorwort des Herausgebers

Leute, die sich aufgrund von Fernsehberichterstattung oder flüchtiger Begegnungen erinnern, sehen Greta Wehner häufig als diejenige, die immer dabei war, "die Herbert immer die Thermoskanne gereicht und über die Einhaltung des Diätplans gewacht hat". Sie war seinerzeit weit mehr als das, und sie ist heute weit mehr. Das Bild von der stummen Dienerin verzerrt die Beziehung zwischen Herbert und Greta Wehner, und es verdeckt den wahren Menschen, den durch und durch politisch verantwortlich tätigen Menschen, der Greta Wehner zu jeder Zeit ihres Lebens gewesen ist und auch heute ist.

Die erste Rede von Greta Wehner, die mir auffiel, war ihre Ansprache zu einer Jubilarfeier der SPD in Wuppertal im September 1994. Sie ist in diesem Buch abgedruckt unter dem Titel "Politische Verantwortung tragen". Der Text erstaunte mich. Hier sagte jemand, ganz schnörkellos, ohne Hintergedanken, klar und deutlich sowie mit einfachen Worten, was es heute bedeutet – oder besser: bedeuten sollte – mit ganzem Herzen Sozialdemokrat oder Sozialdemokratin zu sein.

Als Leiter des Herbert-Wehner-Bildungswerks in Dresden steckte sie mir von da an immer mal wieder eine ihrer Reden zu; ich begann die Texte systematisch zu sammeln. Dieser Band enthält die in Schriftform erhaltenen Reden von Greta Wehner. Hinzu kommen einige Dokumente, in denen es um politische oder historische Fragen geht.

Es war kurz nach dem Tod von Herbert Wehner 1990. Mit 65 Jahren, wenn andere in Rente gehen, trat Greta Wehner "aus einem langen Leben mitten in der Politik" schöpfend, aus dem Hintergrund und hielt ihre erste Rede seit dem Zweiten Weltkrieg. Von da an war sie immer häufiger in der ehemaligen DDR unterwegs. Sie knüpfte Kontakte in Herbert Wehners "Sehnsuchtsheimat", bis sie, im Sommer 1996, ganz in Dresden blieb. Seitdem baut sie vor Ort mit an der Sicherung seines Erbes, ist sie unentbehrliche Ratgeberin und unermüdliche Helferin bei der Arbeit daran, der Sozialdemokratie ein Fundament zu ihrer festeren Verwurzelung zu schaffen. Dieser

Aufgabe in Sachsen und mit Ausstrahlung darüber hinaus haben sich das Herbert-Wehner-Bildungswerk, sein Freundeskreis sowie die Herbert-und-Greta-Wehner-Stiftung verschrieben. Ohne Greta Wehners Beitrag gäbe es diese gemeinnützigen Einrichtungen nicht. Zu ihrem 80. Geburtstag am 31. Oktober 2004 erscheint es berechtigt, diese Sammlung einem breiteren Lesepublikum zugänglich zu machen. Aus Zuneigung und Freundschaft heraus und als Dank für eine unvergleichliche Lebensleistung, aber vor allem aufgrund des Charakters und der Qualität der Texte selbst.

Die hier versammelten historischen Dokumente enthalten Biographisches und Autobiographisches zugleich, und sie weisen mit ihren politischen Schlußfolgerungen weit in die Zukunft. Sie orientieren. Sie machen klar, daß es in der Politik nicht einfach um "Machtrausch" geht, sondern daß die Menschen und ihre wirklichen Bedürfnisse im Mittelpunkt zu stehen haben. Sie machen klar, daß Sozialdemokratie nicht einfach eine Partei ist mit dem Ziel Wahlen zu gewinnen, sondern daß es darum geht, die Gesellschaft bis an die Wurzeln zu demokratisieren.

Der erste Abschnitt beginnt mit einem Rundfunkinterview, das Lerke von Saalfeld im Sommer 2003 mit Greta Wehner geführt hat. Ich danke der Autorin für die freundliche Genehmigung, dieses Gespräch hier abzudrucken. Margarete Füßer danke ich für die Transkription der Aufnahme. Der sich daran anschließenden Erzählung von Greta Wehners Jugend im schwedischen Exil folgen Erinnerungen und Richtigstellungen zur Biographie Herbert Wehners (1906-1990), mithin Greta Wehners eigene Deutung dieses Jahrhundertlebenslaufs.

Im zweiten Teil "Anmerkungen zur Politik" wird Greta Wehners Weg nach Sachsen, nach Dresden, nachvollziehbar. Zunächst berichtet sie im Westen von den Erfahrungen, die sie auf ihren Reisen durch Ostdeutschland gesammelt hat, wirbt sie dort für innerdeutsches Verständnis und Solidarität. Dann, nach 1996, tritt sie in der sächsischen Sozialdemokratie auf und versucht, ohne dabei belehrend zu wirken, ihre langjährigen politischen Erfahrungen weiterzugeben und Anregungen für ein parlamentarisch-demokratisches Politikverständnis zu vermitteln.

Unter dem Stichwort "Demokratisierung der Gesellschaft" sind Texte versammelt, in denen der enge parteipolitische Rahmen verlassen wird. Demokratie im Wehnerschen Sinne erschöpft sich eben nicht auf Mitbestimmung über Parlamentswahlen, sondern alle Bereiche der Gesellschaft gehören dazu: Familie, Gewerkschaften, Sozialverbände, Privates wie Organisationen.

Sozialdemokratie ist mehr als nur eine Partei. Diese Lebenshaltung wird besonders deutlich im Abschnitt "Pflegeerfahrung und Sozialpolitik". Hier verbindet Greta Wehner einschneidende persönliche Erfahrungen mit sozialpolitischen Schlußfolgerungen. Unter anderem schildert sie Verlauf und Erscheinungsformen der Demenzerkrankung, unter welcher Herbert Wehner in seinen letzten Lebensjahren gelitten hat. Das ist nicht sensationell, das verletzt nicht die Würde des Toten, sondern an seinem Beispiel geht es um konkrete Solidarität, um den Umgang mit Alten, Kranken, Behinderten in unserer Gesellschaft, um Dinge, die alle angehen bzw. einmal angehen werden. Es stand hier die Überlegung an, den einen oder anderen dieser Texte wegzulassen oder zusammenzufassen, um inhaltliche Überschneidungen zu vermeiden. Jede dieser Reden hatte aber ihr eigenes Publikum, jede dieser Reden hat ihren unverwechselbaren Charakter und jede bringt neue Gesichtspunkte. Am Ende habe ich mich nach Abstimmung mit Greta Wehner entschieden, nur geringfügig zu kürzen und den Aufbau der Texte unverändert zu lassen.

Der letzte Teil der Sammlung weist in die Zukunft. In Dresden ist 1992 das Herbert-Wehner-Bildungswerk entstanden. Mit der Gründung des Freundeskreises 1997 und der Herbert-und-Greta-Wehner-Stiftung 2003 ist ein organisatorisches Fundament hinzugekommen, das dem Bildungswerk und der Fortführung des Erbes von Herbert Wehner in seiner sächsischen Heimat Sicherheit gibt. Hierzu hat Greta Wehner entscheidende Impulse gegeben.

Herbert Wehner beschäftigte keine Redenschreiber. Auch Greta Wehner hat ihre Reden selbst erarbeitet. Die Tätigkeit des Herausgebers bestand im Bearbeiten der vorhandenen Texte. Sie wurden gegliedert sowie mit Überschriften und gegebenenfalls Zwischenüberschriften versehen. Sie wurden wo erforderlich in grammatikalisch korrekte Form gebracht und behutsam stilistisch überarbeitet. Ziel war, Authentizität mit Lesbarkeit zu verbinden.

Herausgekommen ist, so meine ich, kein glattes genormtes literarisches Industrieprodukt, sondern ein Handwerksstück, unverwechselbar, mit Ecken und Kanten, mitten aus dem Leben.

Dresden, im Herbst 2004
Dr. Christoph Meyer
Vorstand der Herbert-und-Greta-Wehner-Stiftung

I
Erinnerungen und Klarstellungen

"Zeitgenossen"

Gespräch mit Lerke von Saalfeld am 26. August 2003, ausgestrahlt im 2. Hörfunkprogramm des Südwestrundfunks am 23. Mai 2004

Lerke von Saalfeld: Greta Wehner, Sie leben seit 1996 in Dresden. Dresden ist eine Stadt, in der Sie weder geboren wurden noch je vorher gelebt haben, und trotzdem haben Sie gesagt, es ist etwas wie Heimat, wohin Sie zurückgekehrt sind. Warum? Das überrascht ja erst mal.

Greta Wehner: Ich bin hier in meiner Wohnung und hier in Dresden nicht nur rein äußerlich zu Hause, sondern wirklich zu Hause, weil ich auch meine Umgebung, meine eigene Wohnung hier habe, so wie es immer in meinem Leben gewesen ist, daß die Wohnung, in der wir wohnten, unser Zuhause war, egal in welcher Stadt, egal in welchem Land. Herbert wäre mit Sicherheit sofort nach Dresden zurückgegangen, wenn er dazu fähig gewesen wäre. Er hat zwar noch gelebt, als die SED-DDR nicht mehr bestand, aber er ist unmittelbar danach gestorben,*) das heißt, er war damals in einem schwer kranken Zustand.

L.v.S.: Also hat er den Fall der Mauer gar nicht mehr bewußt erlebt?

G.W.: Nein. Ich habe ihn damals zum Fernseher gebracht und gesagt: "Willst du sehen, wie die Menschen durch das Brandenburger Tor gehen?" Und da hat er sich aufgerichtet und gesagt: "Ja", und ich habe ihn hingebracht. Dann hat er dort einfach wie zusammengesackt gesessen. Ich habe nachher den Neurologen gefragt: "Kann Herbert das wahrgenommen haben?" Er sagte: "Für Sekunden vielleicht", aber verarbeiten und wirklich begreifen konnte er es eben nicht mehr.

---

*) Herbert Wehner starb am 19. Januar 1990.

16

L.v.S.: Dresden war ja seine Heimat, auch in den frühen Jahren, als er als Kommunist politisch aktiv war.

G.W.: Ja, Dresden war für ihn wirklich Heimat, es war schmerzhaft für ihn, sagen zu müssen: "Nie werde ich meine Heimat wiedersehen." Aber mit all seinen Fasern war er hier zu Hause. Das ist der Grund dafür, daß ich gedacht habe, ich muß versuchen, irgend etwas von ihm nach Dresden zurückzubringen. Außerdem habe ich hier Freunde gefunden, Menschen, die mich aufgenommen haben mit einer Freude, daß es einfach das Herz erwärmte.

L.v.S.: Das heißt, der Abschied aus Bonn, wo Sie ja über dreißig Jahre an der Seite von Herbert Wehner auch politisch aktiv waren, fiel Ihnen nicht schwer?

G.W.: In Bonn war unsere Wohnung, unsere Heimat im eigentlichen Sinne war es aber nicht. Ich bin vielleicht ein, zwei Jahre, nachdem Herbert gestorben war, einmal durch Bonn gegangen wie durch eine fremde Stadt, die ich mir betrachtete, um einmal zu sehen, wie es dort ist. Wir hatten ja keine Freizeit in Bonn, sondern Arbeitszeit. Die wenige Zeit, die wir nicht regulär gearbeitet haben, waren wir zu Hause und nicht in irgendwelchen Kneipen wie manche Leute. Ich hatte zwar ein gutes Verhältnis zu den Nachbarn, aber Freundschaften und persönliche Bindungen haben sich nicht entwickelt.

L.v.S.: Lag das an Ihnen, lag das an Herbert oder an Ihnen beiden, zu sagen, man konzentriert sich voll auf die politische Aufgabe im Bundestag als Fraktionsvorsitzender, im Parteivorstand der SPD, und ein eigenes soziales Leben ist dem gegenüber unwichtig? War das Ihrer beider Lebensauffassung?

G.W.: Natürlich haben wir auch ein soziales Leben gehabt, aber nicht in dem Sinne in Bonn. Wir haben viele Gespräche bei uns zu Hause gehabt, politische Gespräche. Selbst in der

17

Wohnung wurde gearbeitet.

L.v.S.: Diese Arbeit, von der Sie erzählen, begann ja eigentlich vor ziemlich genau fünfzig Jahren, am 11. Juli 1953, es war Herberts Geburtstag. Sie haben ihn damals zum ersten Mal chauffiert, nach Schweden, es war ein Treffen der Sozialistischen Internationale, und damit begann Ihre intensive Zusammenarbeit. Stimmt das?

G.W.: Nicht zu hundert Prozent, denn ich habe ihn nicht chauffiert. Damals konnte ich noch nicht Auto fahren. Wir sind mit dem Zug nach Hamburg gefahren und dort abgeholt worden. Meine Mutter war damals sehr schwer krank, so schwer, daß man auch mit ihrem Tod rechnen mußte, und die Ärztin hatte gesagt, daß es meine Mutter unglaublich beunruhigte, daß Herbert alleine nach Schweden fahren sollte. Sie sagte, diese Unruhe sei lebensbedrohlich und fragte deshalb, ob ich nicht mit Herbert fahren könne. Ich bin vorher schon öfter an den Wochenenden nach Bonn gefahren und habe hier oder da ausgeholfen. Es hat sich einfach ergeben, daß wir dann zusammen arbeiteten. Und noch einmal zu der Frage von vorhin, ob das unser beider Lebensauffassung war: Irgendwo stimmt das schon, denn auch ich habe von früh an gelernt, daß man im politischen Bereich da sein mußte und nicht einfach sich verkriechen und herumbummeln konnte.

L.v.S.: Sie waren ja damals noch seine Stieftochter, hatten also eine ganz andere Rolle. Heute sind Sie seine Witwe. Das ist eine besondere und eigene Geschichte, auf die werden wir noch zu sprechen kommen. War Ihnen damals schon bewußt, daß Sie Ihr Leben an der Seite von Herbert Wehner verbringen würden als jemand, der ihm politisch assistiert, ihm zur Seite steht? Es ist viel über Ihre Rolle geschrieben worden, Kluges und weniger Kluges. Wie würden Sie sie definieren?

G.W.: Eigentlich hatten wir nie ein Eltern-Kind-Verhältnis. Ich war bei weitem kein Kind mehr. Ich habe in Schweden vorher schon in einer Bindung gelebt. Ich war erwachsen, auch wenn

18

ich noch recht jung war. Ich hatte eigentlich nicht die Vorstellung, in Bonn zu bleiben, sondern wollte in meinem Beruf arbeiten.

L.v.S.: Sie waren Sozialarbeiterin und Fürsorgerin speziell im Kinderbereich.

G.W.: In der Zeit unmittelbar bevor ich nach Bonn ging, habe ich in der Familienfürsorge gearbeitet. Vorher in Schweden habe ich in der Uniklinik in Uppsala als Säuglingsschwester gearbeitet. Damals wollte ich eigentlich zurück in meine Arbeit. 1953 war für Herbert ein besonders schwieriges Jahr. Er war Vorsitzender des Ausschusses für gesamtdeutsche Fragen. Der Aufstand am 17. Juni 1953 forderte den Vorsitzenden dieses Bundestagsausschusses besonders. Nicht nur die unmittelbare Sorge in den Junitagen, sondern verstärkte Flüchtlingsströme aus der DDR in die Bundesrepublik mußten in Westdeutschland verkraftet werden. Außerdem stand die Wahl zum zweiten Deutschen Bundestag bevor. So bat er mich zu kommen, ganz zu kommen. Ich wollte dann einen unbezahlten Urlaub nehmen. Das deutet ja darauf hin: Ich wollte vorübergehend helfen, aber nicht auf Dauer. Ich bekam aber keinen unbezahlten Urlaub. Da wurde gesagt, da kann ja jede Frau kommen, wenn in der Familie etwas ist und sagen, sie braucht unbezahlten Urlaub. Ich finde das etwas merkwürdig, wenn man so raisonniert, aber so war es eben. Herbert sagte nun: "Dann kommst du aber gleich ganz nach Hause. Arbeit findest du immer wieder." Ich wurde gebraucht, und ich hatte genug zu tun.

L.v.S.: Sie haben betont, es war nie ein väterliches Verhältnis zu ihm, sondern Sie waren erwachsen. Sie haben eine ganz eigene Geschichte, auch innerhalb Ihrer eigenen Familie. Sie sind 1924 geboren und waren keine zehn Jahre alt, da kam Ihr Vater um. Ihr Vater war Kommunist in Hamburg, Schiffszimmermann...

G.W.: Schiffszimmermann und Bootsbauer.

19

L.v.S.: Entschuldigung, den Bootsbauer wollte ich nicht unterschlagen. Er wurde 1934 im Gestapo-Hauptquartier so gequält, daß er zu Tode kam. Wie gesagt, Sie waren keine zehn Jahre alt. Wie verkraftet man das als Kind? Sie haben ja einmal gesagt: ich habe früh gelernt, daß Tod zum Leben gehört.

G.W.: Ich habe offensichtlich sehr stark getrauert. Als später unsere Mutter mit uns zum Friedhof ging, habe ich sehr geweint, aber nicht bei der Beerdigung. Wir haben ja die Urne ausgehändigt bekommen.

L.v.S.: Wußten Sie gleich, woran er gestorben ist, wie das passierte?

G.W.: Ich wußte, daß er bei der Gestapo ums Leben gekommen ist. Es war eine Urnenbeisetzung, wobei die Urne kein verziertes Gefäß war, wie man es sonst kennt, sondern sie sah aus wie eine Konservendose. Normalerweise kommt so etwas dann in eine äußere Schmuckurne, aber bei uns gab es das Geld dafür nicht. Und da sagte meine Mutter: "So, jetzt legt ihr noch mal die Hand auf die Urne." Ich kann mich erinnern, daß ich gesagt habe: "Das ist ja gar nicht warm", denn ich hatte erzählt bekommen, der Mensch ist verbrannt, und dachte also an Wärme. Ich kann mich nicht erinnern, daß ich bei der Beisetzung bitterlich geweint habe. Es war wohl einfach so, daß man am Anfang erst begreifen mußte, was geschehen war. Wir hatten unseren Vater ja seit Beginn der Sommerferien nicht mehr gesehen. Der Todestag war der 17. September. Für ein Kind war das eine ziemlich lange Spanne, so daß dieser Verlust buchstäblich und unmittelbar noch nicht begreifbar war. Aber ich wußte bald, daß dieses eine endgültige Sache ist. Und ich weiß, daß ich bitterlich weinte und meine Mutter dann sagte: "Ich gehe nie wieder mit dir zum Friedhof, wenn du so weinst." Das halte ich mit meinem heutigen Wissen für falsch. Sie hat das auch nicht durchgeführt. Ich denke, es ist wichtig, daß man trauert, daß man begreift, was geschehen ist, daß einer, den man geliebt hat, nicht mehr da ist, daß er endgültig weg ist. Ich glaube, dieses hat mir auch später im Leben sehr viel geholfen, daß ich dieses erleben mußte – konnte ist ja falsch gesagt, aber mußte. Abgesehen von diesen völlig unmöglichen Lebensverhältnissen und Umständen dieses Todes halte ich es für sehr wichtig, daß man Kinder bei Trauerfällen nicht ausschließt.

L.v.S.: Sie haben den gewaltsamen Tod Ihres Vaters erlebt. Sie haben auch erlebt, daß Ihre Mutter, die ebenfalls Kommunistin war, immer wieder ins Gefängnis kam. Sie sagen dennoch, Ihre Kindheit war glücklich. Was hat dieses Glück ausgemacht?

G.W.: Es war eine geborgene Kindheit. Zwischenzeitlich waren wir auch mal nicht geborgen, aber die Geborgenheit, die wir in der frühen Kindheit erleben konnten, muß so tragfähig gewesen sein, daß diese vielen schweren Einschnitte einfach nicht schaden konnten, sondern immer wieder die Gewißheit brachten: Es gibt Menschen, die mich auffangen.

L.v.S.: Ihnen war sehr bewußt, was Faschismus ist, Ihnen war sehr bewußt die Bedrohung Ihrer Eltern und daß Sie selbst auch vorsichtig sein mußten. Sie haben nicht in den Tag hinein gelebt, sondern Sie wußten um die Gefahr.

G.W.: Ja, ich wußte um die Gefahr, und ich habe rund um uns herum erlebt, daß auch andere verhaftet wurden. Zugleich erfuhren wir aber auch, warum das so war. Wir lebten bewußt in diesen schwierigen Zeiten. Meine Mutter hat sich, schon als wir Kleinkinder waren, bemüht, uns selbständig werden und auch Verantwortung tragen zu lassen.

L.v.S.: Es gibt eine wunderbare Geschichte, die habe ich gelesen: Kurz bevor Ihre Mutter wieder ins Gefängnis gehen mußte, hat sie mit Ihnen Abschied gefeiert. Können Sie das erzählen, denn das macht anschaulich, was Sie mit Geborgenheit und Familie meinen?

G.W.: Wir hatten damals eine recht kleine Wohnung in einem Neubaublock mit Laubengängen. Von diesen Laubengängen gingen die einzelnen Wohnungen ab. Als alle Möbel ausgeräumt und bei den Verwandten untergebracht waren, hatten wir nur noch einen Kochtopf und ein paar Kleinigkeiten. Da hat unsere Mutter gesagt: "So, und jetzt essen wir nochmal zusammen und feiern Abschied." Dieses war 1934.

L.v.S.: Nach dem Tod Ihres Vaters?

G.W.: Nach seinem Tod, vielleicht im Oktober, vielleicht auch später. Da durften wir uns wünschen, was wir essen wollten. Mein Bruder und meine Mutter, die wollten, wie man in Hamburg sagt, Karbonade, also ein Kottelett. Und ich wollte eine Bratwurst. So haben wir dort auf dem Fußboden gesessen, aus der Pfanne gegessen und gesungen, so daß draußen vorm Fenster Kinder hereinkuckten und uns beneidet haben.

L.v.S.: Wissen Sie noch, was Sie gesungen haben?

G.W.: Ja, "Lustig ist das Zigeunerleben", das kann ich erinnern, aber nicht nur das, sondern noch mehr. Es wurde sozusagen akzeptiert was geschieht und positiv besetzt, obwohl es ja eigentlich ein ganz negatives Ereignis war.

L.v.S.: Ein schmerzliches Ereignis war es für Ihre Mutter, Ihren Bruder und Sie dann auch, das Land verlassen zu müssen, ins Exil zu gehen, zuerst nach Dänemark, dann nach Schweden. War das für Sie ein tiefer Einschnitt oder haben Sie das als Abenteuerreise empfunden?

G.W.: Es war gemischt, denn wir sind ja jedes Jahr nach Flensburg gefahren, weil meine Mutter Flensburgerin war. So hatten wir eigentlich den Eindruck, wir würden wie üblich in den Sommerferien nach Flensburg fahren. Ich hatte nur damals überlegt, ob ich mein Pummelchen mitnehme, eine jahrelang sehnsüchtig gewünschte Babypuppe, Sie war immer zu teuer, aber dann habe ich sie doch bekommen. Ich hatte

22

gedacht, ach, nimm sie mal nicht mit. Auf der anderen Seite der Grenze habe ich dann erfahren, daß wir nicht zurück können. Meine erste Reaktion: Und mein Pummelchen! So geht es.

L.v.S.: Aber das Pummelchen kam dann doch noch nachgereist?

G.W.: Ja, später sind von Schweden aus Bekannte nach Hamburg oder durch Hamburg. Sie hatten irgendetwas mitgenommen, womit sie bei meinem Großvater belegen konnten, daß sie auch wirklich von uns zu ihm gekommen sind, und die haben dann wiederum einige unserer Spielsachen mitgenommen. Dieses hat mich auch etwas gelehrt. Später, als ich in der Nachkriegszeit als Fürsorgerin arbeitete, sagten einige: "Hach, diese Flüchtlinge, was sind das für Leute, statt daß sie Unterwäsche mitbringen, haben die Kinderspielzeug mit." Aber ich wußte aus meinem eigenen Erleben, wie wichtig Kinderspielzeug war. Schlüpfer oder Bettzeug lassen sich ersetzen, aber ein lang ersehntes Spielzeug nicht so leicht.

L.v.S.: Als Sie dann in Schweden waren, lernte Ihre Mutter Herbert Wehner kennen. Er war noch im Internierungslager, und Ihre Mutter Lotte und Herbert Wehner heirateten 1944.*) Beide waren früher Kommunisten gewesen. Spielte die Auseinandersetzung mit dem Kommunismus, daß man sich irgendwie davon enttäuscht fühlte und anfing, in Richtung Sozialdemokratie nachzudenken, eine große Rolle? Wurden auch Sie in solche Diskussionen einbezogen?

G.W.: Wir waren schon einige Jahre in Schweden, ehe wir Herbert kennenlernten. Wir sind 1937 nach Schweden gekommen. Mutti ist Herbert erst 1944 im Sommer begegnet. Meine Mutter hatte von anderen gehört, da wäre jemand im

---

*) Herbert und Lotte Wehner (verw. Burmester, geb. Clausen) heirateten erst in den 50er Jahren, da seine Ehe mit Lotte Loebinger noch nicht geschieden war.

Lager, der sehr vereinsamt ist. Dieses Vereinsamung hatte schon mit Herberts sehr kritischem Verhalten und seinen kritischen Gedanken zur Entwicklung im kommunistischen Bereich zu tun. Die beiden haben sich dann geschrieben, und meine Mutter muß wohl auch recht kritisch eingestellt gewesen sein. Jedenfalls weiß ich, daß sie mit diesem deutsch-sowjetischen Abkommen Probleme hatte.

L.v.S.: Sie meinen den Hitler-Stalin-Pakt?

G.W.: Ja. Meine Eltern waren noch gar nicht ewig Kommunisten gewesen, sie kamen aus sozialdemokratischen Familien und sind als sehr junge Leute irgendwann...

L.v.S.: Sie radikalisierten sich durch die Zeit, oder?

G.W.: Sie hatten nicht lange Zeit, in einer freien Gesellschaft Kommunisten zu sein. Ich denke, alle solche Bezeichnungen müssen rückwirkend mit einer Prise Salz genommen werden. Erfahrungen entwickeln sich. Aber wenn die äußeren Verhältnisse katastrophal sind, kann man nicht neue Schritte machen. Jedenfalls denke ich, daß beide irgendwo skeptisch waren und auch meine Mutter offen war für neue Wege. Es geht auch aus einigen Briefen aus dieser Zeit zwischen Mutti und Herbert hervor, daß sie darüber diskutiert haben, und daß Herbert ihr einiges erklärt hat. Wir hatten ja nicht die Erfahrung mit der Sowjetunion. Das Wissen über die schrecklichen Folgen war zu der Zeit bei den nicht in der Sowjetunion lebenden Menschen sehr bedingt oder überhaupt nicht vorhanden. Ich möchte noch etwas korrigieren: Wenn man sagt, sie haben 1944 geheiratet, klingt das sehr offiziell. Sie wurden sehr bald in Schweden wie ein Ehepaar behandelt, auch meine Mutter wurde offiziell als Frau Wehner bezeichnet. Die Schweden waren sehr viel großzügiger gegenüber Lebensgemeinschaften. Es gab eben dauerhafte Bindungen, die nicht amtlich durchgeführt werden konnten. Ich habe ähnliches erlebt, als ich mit Arnošt zusammenlebte.

L.v.S.: Das war Ihr damaliger Freund?

G.W.: Mit ihm lebte ich zusammen, aber bis zur Heirat haben wir es nicht geschafft, was ganz bestimmte Gründe hat, aber nicht weil unsere Liebe nicht tragfähig gewesen wäre. Meine Mutter und Herbert haben sich im Juli das erste Mal getroffen. Wenn ich recht erinnere, hat Herbert eine Beurlaubung aus diesem Lager bekommen, und sie haben sich in der Nähe des Lagers getroffen. Mutti hatte das Zelt mit. Na ja, zwei noch relativ junge Menschen...

L.v.S.: ...fanden sich im Zelt.

G.W.: ...die sich schon monatelang geschrieben haben und die beide einsam waren. Als ich damals, bevor sie Herbert kannte, meiner Mutter gesagt hatte, ich wolle heiraten, da hat sie bitterlich geweint. Das hat mich furchtbar erschreckt und war für mich unverständlich. Ich dachte, ich mache ihr eine Freude. Aber später ist mir klar geworden, daß Mutti ja eigentlich äußerst einsam war und wir Kinder dadurch wirklich die Hauptbezugspersonen waren und sie dann erstmal ins Bodenlose fiel. Sie hat das dann sehr schnell überwunden. Sie hat sich bemüht, den Herbert aus dem Lager herauszukriegen. Er bekam aber nicht die Aufenthaltsgenehmigung für Göteborg, sondern für Borås, und so sind sie dann dort zusammengezogen.

L.v.S.: Seit 1996 leben Sie hier in Dresden. Für das, was Sie seitdem, aber auch schon länger tun, genießen Sie Respekt, und Sie fühlen sich hier wohl. Daß Sie angenommen werden von den Sozialdemokraten in Dresden, in Sachsen, denke ich, hängt auch damit zusammen, daß Sie aus einer Familie mit dieser Geschichte kommen, also sich erst mit dem Kommunismus auseinanderzusetzen, dann zu sagen, das ist doch nicht der Weg, und man muß sich politisch neu entscheiden und wird zum Sozialdemokraten. Ist das ein Untergrund, auf dem Sie hier arbeiten können und Vertrauen genießen?

G.W.: Ich weiß nicht mit Sicherheit, ob das in Bezug auf Sozialdemokraten so entscheidend ist, aber umgekehrt: Meine Lebenserfahrungen haben mir helfen können, die Menschen hier zu verstehen. Ganz anders als viele Westdeutsche, für die Begriffe, Namen und Geschichte fremd waren, war für mich vieles nicht völlig fremd, sondern ich hatte Erinnerungen und durch das Arbeiten mit Herbert ein ganz anderes Verhältnis zu den Problemen, die hier gewesen sind und mit denen die Menschen ja auch hinterher noch zurechtkommen mußten. Ich denke an Ausreisen, Haft und alles Mögliche. Ich habe mich ja um diese Familienzusammenführungssachen und Ausreisen gekümmert.

L.v.S.: Das war ja schon in den sechziger Jahren.

G.W.: Diese Ausreisegeschichten rühren aus der Zeit, als Herbert Minister für gesamtdeutsche Fragen war. Obwohl dieses eigentlich zu den Aufgaben des Ministeriums gehörte, lief doch vieles besser, wenn man das still und nicht amtlich machte. Da konnte man mehr erreichen. Diese Arbeit ist dann auch geblieben, nachdem Herbert nicht mehr Minister war.

L.v.S.: Haben Sie eigentlich auch teilgenommen an der Reise, die er in die DDR unternommen hat, also an diesem legendären Treffen mit Honecker 1973, und auch den Reisen in die anderen osteuropäischen Länder? Waren Sie da dabei?

G.W.: Ich war immer dabei. Die Reise zu Honecker war ein sehr schwerer Schritt für Herbert. Das war eine Folge der sogenannten "Kofferfälle", das heißt also, daß nachdem Verträge zwischen DDR und Bundesrepublik geschlossen worden waren, es dann bei einigen, oder bei einem, die Meinung gab: Jetzt muß das amtlich laufen und nicht mehr über die Rechtsanwaltebene. Die Folge war, daß Menschen, die bereits die Ausreisegenehmigung hatten, zum Teil mit ihren Koffern auf den Bahnsteigen standen oder in ihren aufgelösten Wohnungen auf den Koffern saßen, nicht mehr reisen konnten. Dieses war für die Menschen schlimm. Sie waren ja dann Paria hier.

26

Sie hatten keine Wohnung, hatten keine Arbeit, und wie löst man das? Der Rechtsanwalt Vogel (Ost) sagte damals, da könne nur noch der Erste Mann, das heißt in der DDR und in diesem Fall also Honecker, helfen. Es wäre also eine Möglichkeit, daß Herbert das macht. Herbert hatte sehr große Hemmungen, das zu machen. Er hat damals Willy Brandt gefragt und gesagt: Was kann ich machen, was soll ich machen? Willy Brandt hat damals weder ja gesagt, fahre, noch nein gesagt, fahre nicht. Das hat Herbert sehr gequält. Ich habe das noch heute vor Augen, wie er nach Hause kam, in der Eßdiele stand und sagte, er hat weder ja noch nein gesagt. Nun muß ich das auf meine eigene Kappe nehmen. Es war schlimm. Dann wurde behauptet, wir seien bei Nacht und Nebel dorthin gefahren. Das stimmt nicht. Vorher haben wir in Kirchheim an der Kasseler Autobahn in Ruhe übernachtet, denn ich habe gesagt, wir müssen dort ausgeruht hinkommen. Wir sind also nachmittags in Ruhe dorthin gefahren, haben übernachtet, morgens dort noch einen Spaziergang gemacht und sind dann mittags um zwölf zur verabredeten Zeit über die Grenze. Also "Nacht und Nebel" war das überhaupt nicht. Auf der jenseitigen Grenze wurden wir dann abgeholt, unser Volvo wurde verstaut, und wir fuhren in irgendeinem DDR-Volvo mit irgendwelchen Personen, die uns zu Honecker bringen sollten. Die rasten auch noch, ich habe beanstandet, sie würden viel schneller fahren als dort erlaubt war, denn es war ja nur Hundert erlaubt. Ja, sagten sie, der Staatsrat wartet, und die Zeit haben wir nicht. Ich habe immer Probleme gehabt mit Leuten, die in solchen totalitären, mehr oder weniger totalitären Ländern lebten und wirkten, die dann so taten, als könnten sie tun was sie wollen, wenn sie die Macht hatten. Wir sind damals in Berlin angekommen, und dann fanden die verschiedenen Gespräche statt. *)

*) Greta Wehner hat dem Herausgeber mitgeteilt, daß sie bei allen Gesprächen zugegen war. Der Spionageverdacht gegen Günter Guillaume wurde ihres Wissens nicht thematisiert. Mit Verfassungsschutzpräsident Günther Nollau hat Herbert Wehner sich ausweislich des von Greta geführten Terminkalenders der Wehners zwischen dem 1. Mai und dem 4. Juni 1973 nicht getroffen. Da Nollau nicht vor dem 23. Mai über den Verdacht gegen Guillaume informiert worden ist, ist eine Information Herbert Wehners über diesen Verdacht vor der DDR-Reise sehr unwahrscheinlich.

Ich kann mich erinnern wie ich aufgeatmet habe, als ich hörte, wir machen weiter auf der Rechtsanwaltebene.

L.v.S.: Die Beziehung, die Herbert Wehner zur DDR, zum SED-Apparat hatte, hat, als es sehr viel später um den Sturz Willy Brandts ging, dazu geführt, daß seine zweite Frau, Seebacher-Brandt, behauptete, Herbert Wehner habe irgendwie daran mitgedreht und merkwürdige Beziehungen in die DDR gehabt. Diese Geschichte war immer etwas in Nebel, in Schatten und auch in Mißtrauen gehüllt.

G.W.: Herbert hat keine Beziehungen zur SED gehabt. Ich könnte nirgendwo etwas in meinem Kopf oder in Papieren finden, wonach man sagen kann, er hatte Beziehungen zur SED. Als er damals Minister geworden war, sagte der schwedische Generalkonsul in Berlin zu Herbert, er würde ihm empfehlen, mit dem Rechtsanwalt Vogel aus der DDR über solche Ausreiseprobleme zu sprechen. Er hatte selber Erfahrung mit Vogel, weil er für Schweden solche Dinge geregelt hat. Dieser Mann also, der kein Deutscher war und alles andere als einer, der je im Leben kommunistische Beziehungen gehabt hat, hat damals diesen Kontakt organisiert und geholfen, daß wir in Westberlin erstmals den Rechtsanwalt Wolfgang Vogel trafen. Wenn die Treffen in Berlin stattfanden, fanden sie dort im Bereich der schwedischen Kirche statt, und zwar in dem von der schwedischen Kirche getragenen Alten-erholungsheim. Dies hat also eine völlig andere Grundlage als irgendwelche Beziehungen zu Personen, die das Regime als solches repräsentierten oder überhaupt mit Herbert aus frühen Vorkriegszeiten bekannt waren. Es ist völlig falsch, wenn man solche Behauptungen aufstellt. Sie wollten jetzt noch etwas fragen?

L.v.S.: Können Sie erklären, woher dieser Verdacht immer kam? Ich meine, der ist ja in Wellen immer wieder aufgetaucht. Sie haben immer wieder gesagt, Sie haben das einmal sehr schön ausgedrückt, klar und einfach: Herbert ist kein Schuft. Das fand ich irgendwie umwerfend, mit so einer Direktheit zu sagen: Hört endlich auf damit. Aber wie kam es, daß das immer wieder hochschwappte? Haben Sie eine Erklärung dafür?

G.W.: Bei jedem Bundestagswahlkampf wurden irgendwelche solche Behauptungen in Bezug auf Herbert und manchmal auch in Bezug auf andere Personen in die Welt gesetzt. Von der CDU. Herbert hatte mit etlichen CDU-Politikern sehr gute menschliche Kontakte, aber es gab eben andere in dieser Partei, die solche Verleumdungen sehr gerne nutzten, um bei Wahlen politisches Kapital daraus zu schlagen. Das war immer sehr praktisch – und einfach. Sich da zu verteidigen ist schwer, wie will man alles beweisen?

L.v.S.: Greta Wehner, ich möchte noch auf eine ganz persönliche Geschichte zu sprechen kommen. Ihre Mutter starb 1979, und Herbert Wehner hat dann vier Jahre später Sie geheiratet. Es heißt, oder es wird öfter zitiert, er habe Sie geheiratet, damit Sie im Alter abgesichert seien. Ehrlich gesagt kann ich das nicht glauben, denn Sie haben ein so intensives Leben zusammen gehabt, daß das Ganze nur als Sozialtat mir nicht plausibel erscheint.

G.W.: Ich muß sagen, diese Behauptung hat mich verletzt. Ich habe die ganzen Jahre immer meine Sozialversicherung freiwillig weiter gezahlt und dann auch später noch zusätzlich. Nachdem ich wohl elf Jahre die Arbeit unbezahlt gemacht habe, habe ich mich breitschlagen lassen, und vielleicht zum Glück breitschlagen lassen, daß der SPD-Parteivorstand mich eingestellt hat. Ich habe ja faktisch die Arbeit für drei Personen gemacht, ich war Fahrer, ich war Mitarbeiterin, war lange Zeit ganz alleine Mitarbeiterin und habe zum Teil, als Herbert stellvertretender Parteivorsitzender war, auch lange das Büro im Parteivorstand allein machen müssen, weil die Mitarbeiterin krank war und dann gestorben ist. Es dauerte, bis dann eine neue Lösung gefunden war. Ich war ja ein bißchen eingebildet. Ich wollte nicht berufsfremd arbeiten. Das habe ich dann überwunden, weil wir sonst einfach dieses Reihenhaus in

Bonn nicht geschafft hätten. Denn wir haben immer alles selber bezahlt. Aber so war das dann eine Erleichterung. Später, als Dröscher der Parteikassierer – sag' ich jetzt mal mit altem Begriff [*]– geworden war, sagte er: "Greta, du bist ja bei weitem unterbezahlt, das geht aber so nicht weiter, ich weiß von meiner Mutter, welche Probleme das dann im Alter gibt." Er hat dann gesagt, wir machen mit dir einen Versorgungsvertrag, denn wir hätten dir mehr bezahlen müssen. Auf diesen Versorgungsvertrag habe ich dann später verzichtet, nachdem wir geheiratet haben. Ich hätte auch so eine überdurchschnittliche Altersversorgung gehabt, es gab also keinen Grund, deswegen zu heiraten. Ich denke, Herbert hatte dann auch das Bedürfnis. Ich selber hatte immer gedacht, das geht gar nicht. Denn durch meine Ausbildung hatte ich in Erinnerung, daß es in der Nazi-Zeit, und dieses stand noch sehr lange im BGB drin, eine Vorschrift gab, daß bei solcher Familienkonstellation eine Heirat nicht möglich war. Das war aber längst geändert worden, was ich aber erst festgestellt habe, nachdem Herbert das gesagt hatte. Es war dann gewissermaßen auch die Krönung eines langen gemeinsamen Weges, der immer mit einer tiefen Zuneigung verbunden gewesen war, immer, von Anfang an. Liebe war durchaus auch im Spiel.

L.v.S.: Ich glaube, sonst hätten Sie die letzten Jahre mit Herbert Wehner nicht durchgestanden, als er durch die Altersdemenz in eine Situation kam, die ja, Sie haben offen darüber gesprochen, auch entwürdigend wurde.

G.W.: Ich bin nach meinen Erfahrungen überzeugt, daß, wenn nicht ein sehr tiefes, gutes Verhältnis zwischen den Demenzkranken und den pflegenden Angehörigen besteht, eine solche Pflege nicht bis zuletzt durchzuhalten ist. Es gibt Leute, die meinen, sie müssen es, die gehen daran kaputt, und die Pflege leidet darunter. Ich hatte mehrere gute Voraussetzungen,

---

[*] Der Parteikassierer des SPD-Parteivorstands trägt heute den Titel "Schatzmeister" bzw. "Schatzmeisterin".

eine: Der Herbert hat mir bis aufs letzte vertraut, und das hat mir auch in der Demenzzeit geholfen. Wir hatten eine tiefe Zuneigung zueinander, eine von Liebe getragene Verbindung. Ich hatte Pflegeerfahrungen, wenn auch mit ganz Kleinen, mit Frühgeborenen, und ich hatte eine Neigung, Pflege zu leisten. Man kann meine Leistung nicht jedem zumuten und nicht von jedem erwarten. Aber wenn man sie leisten kann, auch wenn ich zuletzt an die Grenzen meiner physischen Kräfte gekommen bin, ist es ein großes Geschenk, dieses mit tragen zu dürfen.

L.v.S.: Aber Sie waren bestimmt manchmal entsetzlich verzweifelt.

G.W.: Nein. Entsetzlich verzweifelt war ich nicht. Mir war klar, das gehört zum Leben. Krankheit, Vergehen, ist auch ein Teil des Lebens. Ich war nie wirklich verzweifelt. Ich war manchmal aufs Äußerste erschöpft, in der letzten Zeit. Ich hatte dann schon ein paar Jahre kaum eine Nacht wirklich in Ruhe schlafen können, durch den falschen Tag-Nacht-Rhythmus in Verbindung mit dem Diabetes. Ich mußte Herbert unbedingt auch morgens wecken, um zu spritzen, und er mußte zu bestimmten Zeiten essen. All das erschwerte die Pflege. Ich war damit nicht in der Lage, meinetwegen morgens auch noch zu schlafen, wenn Herbert noch schlafen würde oder hätte schlafen können, wenn ich ihn nicht geweckt hätte. Da fehlte einfach der Schlaf. Ich habe dann die letzten Monate Hilfe von einer Fachkraft gehabt. Wenn wir zu zweit waren, haben wir gesagt: Ach, das ist ja ganz leicht. Aber als sie dann einmal sagte: So jetzt machst du mal einige Stunden frei, du gehst mal heraus, da hat sie nachher gesagt, wenn man alleine mit ihm ist, merkt man, welche Belastung es ist. Aber ich habe durchgehalten, und ich muß sagen, hinterher war ich glücklich darüber.

L.v.S.: Das ist ja auch wunderbar, das so geschafft zu haben mit all den Widrigkeiten. Sie haben es auch öffentlich gemacht, Sie haben das nicht verschwiegen, sondern einer Gesellschaft auch erklärt, wie man so etwas bewältigen muß und daß man es nicht unter den Teppich kehren darf. Das war etwas Besonderes von Ihnen. Die meisten schweigen darüber.

G.W.: Vor allem war es damals etwas Besonderes, als Herbert erkrankte. Herbert litt ja nach Meinung des Neurologen nicht an der Alzheimerschen Krankheit, sondern an einer Durchblutungsstörung des Stammhirns als Folge des Diabetes, um es einmal verständlich für den Durchschnittsmenschen zu sagen, die dann das Gehirn nach und nach zerstörte. Das war die Ursache der Erkrankung und der Demenz. Nur die Pflegeprobleme sind weitgehend identisch. Alzheimer war zu der Zeit kaum ein Begriff. Die meisten Ärzte hatten überhaupt keine Ahnung davon, auch Fachärzte nicht. Heute gilt es als äußerst wichtig, daß darüber gesprochen wird. Ich habe damals schon gemeint, es muß gesprochen werden, es muß bekannt werden, denn wie soll man Menschen helfen, sowohl den Pflegenden helfen, als auch den Kranken helfen, wenn das alles nur versteckt wird? Das geht nicht.

L.v.S.: Greta Wehner, Sie haben in einer ganz anderen Weise jetzt das politische Vermächtnis von Herbert Wehner erhalten. Sie sind nach Dresden gezogen, den Ort, wo er geboren ist, wo er auch politisch zu arbeiten angefangen hat. Es gibt hier seit 1992 das Herbert-Wehner-Bildungswerk[*] und im Juli 2003 haben Sie hier eine Herbert-und-Greta-Wehner-Stiftung aus der Taufe gehoben. Was ist das Ziel dieser Stiftung, die Ihr Lebenswerk ist?

G.W.: Die Stiftung ist äußerst klein, also, sie kann zur Zeit noch kaum etwas oder gar nichts bewegen, kann höchstens Menschen bewegen, auch noch ein Scherflein dazu zu tun. Ich bin damals bei der Gründung des Herbert-Wehner-

---

[*] Herbert-Wehner-Bildungswerk e.V., Kamenzer Straße 12, 01099 Dresden, Telefon 0351/80 40 220, Telefax 0351/80 40 222. Informationen über Bildungswerk, Stiftung und Freundeskreis sind auch im Internet unter www.wehnerwerk.de zu finden.

Bildungswerkes dabei gewesen, ich bin aber nicht der Erfinder des Bildungswerks, und ich bin auch nicht derjenige, der auf irgendeine Weise veranlaßt hat, dieses Bildungswerk Herbert-Wehner-Bildungswerk zu nennen. Ich habe sogar davor gewarnt, als ich das erfuhr. Ich war gebeten worden herzukommen, ohne wirklich zu wissen, was geht da eigentlich vor und habe, als ich das dann hier bei der Gründungsversammlung feststellte, gesagt, der Name Herbert Wehner ist nicht ganz einfach. Es ist bisher immer so gewesen und war danach immer mal wieder der Fall, daß der Name, jetzt nicht mehr der Mensch, weil der Mensch nicht mehr da war, genutzt wurde, um Horrorgeschichten in die Welt zu setzen. Derjenige, der auf diesen Namen kam, ist Mitglied im Stiftungsrat, Peter Adler.*) Er hat gesagt, gerade wegen des Weges, den Herbert gegangen ist, soll dieser Name sein, damit die Menschen hier sehen: Man kann zu neuen Erkenntnissen kommen und kann, ohne sich selber untreu zu werden, neue Wege gehen, weil man erkannt hat: Der Weg, den ich bisher gegangen bin, um zu erreichen was ich erreichen will, war der falsche. Und insofern ist der Name Herbert Wehner für das Bildungswerk und dann für die Stiftung schon ein Hilfsmittel angesichts der zwiespältigen Gefühle der Menschen hier.

L.v.S.: Was ist für Sie, Greta Wehner, das politische Vermächtnis von Herbert Wehner?

G.W.: Ein Vermächtnis ausgesprochen, was soll nach mir sein, das hat er nie. Er war immer wieder für Menschen da, und zwar nicht nur laut und öffentlich, sondern gerade auch im Einzelfall. Er ging auf den einzelnen Menschen zu, griff seine Sorgen auf. Also wenn man sein Leben betrachtet, muß man wohl sagen, sein Vermächtnis ist, daß Politik das Ordnen der Dinge ist, die uns alle angehen. Das bedeutet die Sorgen der

---

*) Peter Adler, geb. 1940, SPD-Landtagsabgeordneter in Sachsen von 1990 bis 2004, 1990 bis 1999 Parlamentarischer Geschäftsführer, 1992 Gründungsvorsitzender des Herbert-Wehner-Bildungswerks, ab 1996 Vorsitzender der Neuen Gesellschaft Sachsen e.V.

33

Menschen aufgreifen und versuchen, die Grundlagen für das Leben in unserer Welt, in unserem Land so zu gestalten, daß Menschen möglichst nicht unter die Räder kommen.

L.v.S.: Sind Sie, Greta Wehner, heute zufrieden oder glücklich über den Zustand der heutigen Sozialdemokratie, oder wünschen Sie sich etwas anderes?

G.W.: Das ist eine gefährliche Frage. Ich bin bei manchem skeptisch, aber eines weiß ich, daß vieles neu geregelt werden muß. Diesen Weg zu finden, der den Notwendigkeiten der Menschen und zugleich den Notwendigkeiten der Gesamtgesellschaft entspricht, ist äußerst schwierig. Ich würde viel mehr den Menschen erklären und sagen, und ich würde auch nicht soviel in Kommissionen machen, sondern die Verantwortung muß ich als Politiker tragen. Ich muß soviel Grips aufbringen, zwar Wissen von Fachleuten aufzunehmen, aber zu verarbeiten und dann zu entscheiden. Daß dieses ein ganz schwerer Weg ist, das ist mir klar. Deshalb verurteile ich jetzt auch keinen. Das einzige ist, ich würde mehr mit den Menschen darüber sprechen, ich würde mehr herausgehen, so wie Herbert es gemacht hat, so daß sie es begreifen. Das zwingt auch, die eigenen Entschlüsse sauber zu machen.

Zweite Heimat Schweden

Vortrag auf einer gemeinsamen Veranstaltung
des Herbert-Wehner-Bildungswerks und der
Deutsch-Schwedischen Gesellschaft in Dresden
am 15. März 2000

Jag vill hälsa er hjärtligt välkommen. Eigentlich war ich ja
davon ausgegangen, daß eine Deutsch-Schwedische Gesellschaft schwedisch miteinander spricht, und ich war
enttäuscht, als ich erfahren habe, daß das nicht der Fall ist.

Emigration

Ich soll über mein Verhältnis zu Schweden sprechen, und ich
denke, daß der eine oder andere fragt: Wieso ist die eigentlich
nach Schweden gegangen? Ich bin 1937 nach Schweden
gekommen, nachdem mein Vater schon 1934 in der Haft in
der Nazizeit ums Leben kam und auch meine Mutter Haftzeiten
hinter sich hatte. Wir wollten einer erneuten Verhaftung meiner
Mutter entgehen und hatten das Glück, die Grenze nach
Dänemark zu überwinden. Dort stellte sich heraus, daß es
keine Arbeitserlaubnis für uns gab. Auch hier bekommen die
Asylbewerber keine Arbeitserlaubnis, solange sie nicht
vollkommen anerkannt sind, und wenn jemand hierher kommt,
um zu arbeiten, dann sagt man "Wirtschaftsflüchtling". Wir
waren in bezug auf Schweden sozusagen beides: Wir waren
politische Flüchtlinge und indirekt auch Wirtschaftsflüchtlinge;
denn meine Mutter hat gesagt: Die Nazizeit dauert länger, und
wenn ihr aus der Schule kommt, dann sollt ihr nicht lernen,
von Unterstützung zu leben, sondern von eurer eigenen Hände
Arbeit.

Mit Hilfe von Freunden gelang es meiner Mutter, erst einmal
so viel Geld zusammen zu bekommen, daß sie mit mir
zusammen von Varde, das liegt an der Westküste von *Jylland*
in der Nähe von Esbjerg, nach Göteborg fahren konnte. Für
meine Mutter war das sehr schmerzhaft. Als wir auf dem
Schiff waren, hat sie bitterlich geweint: Nun ist auch noch
Wasser zwischen unserer Heimat und uns!

Erst Wochen später war dann so viel Geld zusammen gekommen, daß auch mein jüngerer Bruder Peter, er wurde 1926 geboren, nach Schweden kommen konnte. Als er eine Fahrkarte kaufen wollte, haben die Leute zu ihm gesagt: Das geht nicht, du kannst nicht fahren, das Geld reicht nur für eine Kinderfahrkarte, und du bist schon elf Jahre alt. Daraufhin hat mein Bruder das Fahrrad genommen und ist die ganze Strecke von fast 90 Kilometern über Jütland von der Westküste zur Ostküste gefahren, zu Leuten, die wir kannten, der Mann war Eisenbahner. Peter hat gesagt: Meine Mutter hat mir das Geld geschickt und gesagt, ich soll kommen. Der Eisenbahner sagte: Und du fährst mit der Kinderfahrkarte, dadurch ist mein Bruder einen Tag später in Schweden angekommen, und natürlich, jede Frau wird das nachempfinden, wenn ein Elfjähriger im Ausland, in einem völlig fremden Land, nicht zur erwarteten Zeit ankommt, dann hat die Mutter sehr viel Ängste auszustehen. Er kam also am nächsten Tag an.

Da waren wir zusammen in Schweden und haben kein Wort Schwedisch gekonnt außer *tack*, weil man in Dänemark auch *tack* sagt, also "danke". Dabei ist "danke" zu sagen in Schweden sehr, sehr wichtig, äußerst wichtig. Man sagt in Schweden viel mehr "danke" als hier, und ich finde das sehr schön. Die Frage war jetzt: Wie lernen wir Schwedisch? Das heißt, das war für uns gar keine Frage, sondern wir mußten einfach ran. Einmal schickte unsere Mutter uns Einkaufen und sagte: "Geht ein Kilo Grieß kaufen." Wir sind ins Geschäft gegangen und haben gesagt, wir wollen ein Kilo Grieß. *Gris* bedeutet jedoch im Schwedischen "Schwein", und die Leute in dem Geschäft haben uns irgendwie zu verstehen gegeben, daß sie kein *gris* haben. Wir sind also ohne Grieß nach Hause zurückgekehrt. Und da ist meine Mutter selber gegangen. Damals gab es ja noch nicht fertige Packungen, wie man sie heute im Supermarkt kauft, sondern in den Geschäften wurde noch abgewogen. Da hat sie gefragt, ob sie die Schubladen aufziehen darf, das wurde ihr erlaubt, und sie hat auf eine Packung Grieß gezeigt: Das will ich haben, und da haben sie gesagt: *mannagryn*, also nicht "Grieß", sondern *mannagryn*, mannagryn heißt "Grieß" auf Schwedisch.

In der Schule war es sehr merkwürdig, ganz am Anfang, schon in der ersten Woche, war Geographieunterricht, und die Kinder sollten die folgende Frage beantworten: *"Var finns fågelsjön?"* Ich konnte "Vogel" verstehen und habe mir zusammengereimt, daß *sjö* See heißt. Weder meine Mutter noch ich hatten gewußt, daß wir je in unserem Leben nach Schweden kommen würden. Aber ich hatte das Buch von Selma Lagerlöf gelesen, "Nils Holgerssons wunderbare Reise mit den Wildgänsen", und dieses Buch ist, anders als jetzt häufig Bücher hergestellt werden, zwar auf Deutsch, aber die Orts- und Eigennamen sind mit den richtigen schwedischen Buchstaben geschrieben. Und in diesem Buch gibt es den *fågelsjö Tåkern*, und darum habe ich mich auf die Frage gemeldet und geantwortet: "Täkern". Denn als ich das Buch gelesen hatte, wußte ich nicht, daß das "A" mit dem Kringel darauf ein richtiges, ganz ordentliches rundes "O" ist, sondern ich hielt das für eine Art von "Ä". So wurde ich nicht verstanden, weil ich es falsch aussprach. Trotzdem hatte ich recht, und das hat für mich sehr viel bedeutet, daß ich Bescheid wußte und die ganze Klasse nicht. Meiner Meinung nach war es dumm von der Lehrerin, daß sie mich nicht verstanden hat, und daraus habe ich auch gelernt, daß das falsche Aussprechen einer Fremdsprache für den, der zuhört, aber in dieser Fremdsprache zu Hause ist, sehr häufig zum Nichtverstehen führt. Wenn wir Fremdsprachen lernen, müssen wir uns also sehr bemühen, sie wirklich so zu sprechen wie die Menschen sie im eigenen Land hören. Das waren unsere Sprachprobleme.

Wir hatten aber noch viel mehr Probleme. Als wir in Schweden ankamen, hatten wir nichts außer den Sachen, die man tragen konnte. Wir haben dann einige Dinge nachgeschickt bekommen, weil meine Mutter noch von Dänemark aus an ihre Mutter geschrieben hatte, sie sei wieder schwer an Asthma erkrankt. Und der Arzt habe gesagt, sie dürfe auf längere Sicht keinesfalls wieder einen Klimawechsel haben, und sie solle einige warme Sachen, auch Bettsachen und ähnliches schicken. Heute noch habe ich den Schloßkorb, den meine Großmutter gepackt und von Deutschland nach Dänemark geschickt hat und der von Dänemark nach Schweden weitergeschickt worden ist. Darin lag unter anderem eine Bettüberdecke, also ein einfacher, gestreifter, ins Bräunlich-Gelbe gehender Überzug. Davon ist noch ein ziemlich zerschlissenes Erinnerungsstück übrig.

Von der Schule in den Beruf

Allmählich haben wir dann Fuß gefaßt. Meine Mutter und ich waren im August 1937 nach Schweden gekommen, im Oktober habe ich mit der Schule angefangen und ging ins 7. Schuljahr, und ich habe Glück gehabt: Damals gab es zwar noch keine volle acht Jahre Schulpflicht, man konnte aber das 8. Schuljahr als sogenannte Eintagsschule durchlaufen, das war eine Art Berufsschule, wenn man so will, das heißt also auf sieben volle Schuljahre folgte ein Schuljahr mit nur einem Tag in der Woche. Ich hatte dagegen das Glück, daß ich ein richtiges 8. Schuljahr machen durfte und bin sogar noch in das 9. Schuljahr gegangen, aber nur für ein paar Wochen, weil dann die Arbeitserlaubnis kam. Im 7. Schuljahr war ich zuerst in einer Klasse gewesen, in der es sehr viel praktischen Unterricht gab, im 8. Schuljahr bin ich dann in die andere Klasse gewechselt.

Ich muß sagen, ich habe im Vergleich zu den schwedischen Kindern auch Vorteile gehabt, zum Beispiel wenn ich an Fremdworte denke wie *Revolution*. So etwas konnten die anderen alle nicht schreiben, weil sie "revoluchon" sagten, und es dauerte lange, bis die begriffen, wie man das schrieb. Nur mir ging es ja anders herum, ausgesprochen hatten wir es ja wie es geschrieben wird, ich konnte das daher auf Anhieb, und das wurde sehr bewundert.

Ich hatte im 8. Schuljahr dann noch ein Jahr Englisch; die anderen hatten ja schon ein Jahr Englisch gehabt, also habe ich in diesem einen Jahr praktisch für zwei Jahre Englisch gelernt. Davon ist leider kaum etwas haften geblieben.

Mein Traum war damals, Kindergärtnerin zu werden, aber ich hatte keine Chance, in eine Ausbildung hineinzukommen, und so suchte ich mir Arbeiten möglichst da, wo Kinder im Haushalt waren. Auch das war nicht leicht. Ich kann mich lebhaft erinnern, wie ich einmal auf dem Arbeitsamt sehr enttäuscht war: Ich hatte mich um eine der dort angebotenen

Stellen beworben und bekam sie nicht. Aber das Mädchen, das nach mir kam, das bekam sie, und zwar allein deshalb, weil sie im Gegensatz zu mir Schwedin war.

Ich habe dann später noch einmal etwas ähnliches erlebt, 1944 muß das gewesen sein, da habe ich als sogenannte "Parktante" gearbeitet. Wir lebten damals in Göteborg. Ingrid Segerstedt-Wiberg, Tochter von Torgny Segerstedt, eines der hervorragendsten Anti-Nazis in Schweden und Herausgeber der *Göteborgs Sjöfarts- och Handelstidning*, sie war in der *Folkpartiet* und muß erst kürzlich überhaupt als Parlamentsmitglied aufgehört haben, war in Göteborg Kuratorin für Flüchtlingsfragen, und wir haben uns sehr gut verstanden. Sie hat sich auch mit meiner Mutter gut verstanden und geholfen, die sogenannte Parktantenarbeit zu organisieren, indem die Mütter bei ihr anriefen und sagten, daß sie ihr Kind abgeholt haben wollten. Eine Mutter sagte einmal zu Ingrid Segerstedt-Wiberg: Ja, wer ist denn dieses Mädchen, die das macht? Und da hat sie gesagt, ja, die wäre deutscher Flüchtling, und da sagte die: Halt! Mit Deutschen will ich nichts zu tun haben! Inzwischen war nämlich die Neigung der Leute umgeschlagen. Viele Schweden waren während der ersten Kriegsjahre gar nicht so sehr gegen Hitlerdeutschland eingestellt, sondern schienen sich da eher an die Lage anzupassen. Nun war aber das Kriegs"glück" umgeschlagen, und jetzt war für die meisten plötzlich alles, was mit den Deutschen zu tun hatte, eine Belastung. Ich lebte damals mit einem tschechisch-jüdischen Flüchtling zusammen, und daraufhin hat Ingrid Segerstedt-Wiberg gesagt, ich sei Tschechin. Damit bekam ich Arbeit. Mit nationalen Zugehörigkeiten ist es eben oft schwierig.

Ich habe immer alles getan, um meinen Berufswunsch irgendwie zu erreichen und mich dementsprechend zu orientieren. Ich bin sogar in Kurse für werdende Mütter gegangen, obwohl ich selbst fast noch ein Kind war. Aber ich wollte ja etwas lernen.

Ein neues Familienmitglied

1944 kam dann der Kontakt zu Herbert Wehner zustande. Er war damals in einem Lager, und da gab es mehrere, mit denen er sehr gut befreundet war, so auch Kolbjörn Kristiansen, der mit Rut Brandt in einer Jugendgruppe in Norwegen gewesen war. Norweger wurden häufig interniert, wenn sie illegal über die Grenze gekommen waren, weil sie dort im Untergrund gekämpft haben.

Jedenfalls bekam meine Mutter von Bekannten Bescheid, daß da im Lager ein Mann sei, der sehr vereinsamt wäre, ob sie sich um ihn kümmern könne, und so ist der Kontakt zu Herbert Wehner entstanden. Wir haben erst einmal Briefe und Pakete geschickt, und es gelang mit Hilfe von Ingrid Segerstedt-Wiberg, Herbert aus der Internierung herauszukriegen. Er hat dann erst in einer Viskosefabrik in Borås Schwerstarbeit in drei Schichten leisten müssen, was für ihn eine sehr große Anstrengung war, zumal seine Arbeitskollegen beide dabei waren, sich ein Haus zu bauen. Denn Arbeiter konnten sich so ein Haus nicht einfach bauen lassen, sondern sie bauten es selbst, und zwar in der Zeit, die sie nicht in der Fabrik verbrachten. Damals haben in den kleinen Städten und Gemeinden viele Leute beinahe Tag und Nacht gearbeitet, damit sie aus ihren kleinen Mietwohnungen herauskommen konnten.

Wir haben die ganzen Jahre in Göteborg nur in einem Zimmer und Küche gewohnt und zwar ohne Bad, ohne WC, ohne Flur. Man kam vom Treppenhaus direkt in die Küche und von der Küche direkt in das einzige Zimmer, und ich kann mich erinnern, das muß 1939 gewesen sein, da wurden in der unmittelbaren Umgebung der Stelle, an der wir wohnten, Wohnblocks gebaut, von der *Hyresgästföreningen*, das ist der schwedische Mieterverein. Diese Wohnblocks waren für Kinderreiche, mit Badezimmer, mit WC, mit mehreren Räumen. Wir sind während der Bauzeit alle da hin, haben uns die Wohnungen angesehen und fanden das ganz wunderbar.

Ich wollte noch etwas erwähnen, das zeitlich weiter zurückliegt, und zwar kam der Vater meines Vaters. In Schweden sagt man zu den Großeltern *farfar* und *morfar*, *farmor* und *mormor*, also "Vatersvater", "Muttersvater" und so weiter. Ich finde das viel schöner, denn so weiß man gleich, woran man ist. Der Vatersvater hatte eine Gelegenheit bekommen, nach Schweden fahren zu dürfen. Ich vermute, das hing damit zusammen, daß er nach dem Tod unseres Vaters unser Vormund geworden war. Damals war es ja mit den Erziehungsberechtigungen von Eltern noch nicht so wie es heute ist. Die deutschen Behörden haben wohl gesagt, er müsse hin, um zu versuchen, uns zurückzuholen. Dabei wollte er uns nicht zurückholen, aber er war froh über die Gelegenheit zu dieser Reise. Bei uns in Schweden sagte er dann, dieses erinnere ich sehr genau: Ach bin ich froh, daß ich in dieses Land des Sozialismus kommen darf! Ich fand das sehr merkwürdig, weil ich mir unter Sozialismus etwas ganz anderes vorstellte, wobei ich nicht genau weiß, was ich mir eigentlich vorstellte, aber ich weiß, daß ich mir dieses damals ja sehr arme Land, mit sehr armen Lebensverhältnissen für die breiten Bevölkerungsschichten, keineswegs als Sozialismus vorstellte. Ich erwähne das, weil dieses Wort Sozialismus in so vielfältiger Form so oft mißbraucht wurde, daß es leider zur Unkenntlichkeit zerstört worden ist.

Jetzt zurück zu der Zeit ab 1944. Herbert kam dann frei, aber er hatte keine Aufenthaltserlaubnis für Göteborg bekommen, sondern nur für Borås. Als mein Bruder und ich Herbert kennen lernten, waren wir beide begeistert von ihm. Mein Bruder ging dann nach Borås, als der große Metallarbeiterstreik war. Er arbeitete als Metallarbeiter, als Dreher glaube ich. Da er gesundheitliche Probleme hatte, sagte der Arzt zu ihm, er solle sehen, daß er auf dem Land Arbeit fände, und so ging er nach Borås. Auch ich ging dann nach Borås und bekam dort die Chance, eine für deutsche Verhältnisse sehr kurze und im großen und ganzen natürlich auch unzureichende, aber doch immerhin eine Berufsausbildung zu machen und habe dann, als wir nach Uppsala umgezogen sind, als *barnsköterska*, wie der Beruf auf Schwedisch heißt, also als Kinderschwester im Akademischen Krankenhaus Uppsala gearbeitet. Im Dezember 1945 kam ich nach Uppsala, und bis September 1946 haben wir als eine Familie gemeinsam mit Herbert in Uppsala gelebt. Dort kam es zu vielen Kontakten zu schwedischen, aber vor allen Dingen auch zu deutschen Sozialdemokraten. Herbert hat damals als wissenschaftlicher Hilfsarbeiter bei Gunnar Dahlberg gearbeitet.

Wir sind nicht alle vier gleichzeitig nach Deutschland zurückgekehrt. Nach Dresden konnte Herbert wegen seines Bruchs mit dem Kommunismus nicht, aber weil wir damals von Hamburg aus in die Emigration gegangen waren, hatten wir einen Anspruch, nach Hamburg zurückzukommen, und dadurch konnte Herbert mit meiner Mutter nach Hamburg ziehen.

Das war die erste schwedische Spanne in meinem Leben. Sie dauerte von 1937 bis 1947, als ich dann ebenfalls nach Deutschland zurück kam.

Das Ölandhaus

1962 haben wir dann das Haus in Schweden gekauft. Wie ist es dazu gekommen? Meine Mutter war Flensburgerin von Geburt, und sie hatte immer das Bedürfnis, an die Ostsee zu kommen. So haben wir über Jahre an der Flensburger Förde Urlaub gemacht, zuerst auf der deutschen Seite. Aber nach einiger Zeit hatten wir dort nicht mehr genug Ruhe, und vor allen Dingen bekamen die Leute, bei denen wir uns eingemietet hatten, durch uns viel zu viel Unruhe, denn viel zu viele Leute wollten etwas von uns, und die Anrufe wurden immer mehr. Wir sind dann auf die dänische Seite gewechselt, auf die Insel Als.

Dort wollten wir uns seßhaft machen. Der eine Bauer aus der Nachbarschaft mochte meine Mutter nämlich sehr gern. Sie war zu der Zeit schon aus gesundheitlichen Gründen in den Sommermonaten immer wesentlich länger an unserem Urlaubsort als Herbert und ich es sein konnten. Der Bauer fragte, ob sie denn nicht selber etwas haben wolle? Ja, sagte sie, das wäre ganz nett. Und da sagte er: Ja, du kannst bei mir im Garten bauen. Dabei haben wir an zwei Räume gedacht, an ein ganz kleines Häuschen, nicht viel größer als ein kleines Schrebergartenhaus. Der Bauer hat zwei Obstbäume entfernt und im Winter einen Brunnen gegraben. Da stellte sich heraus, daß wir das nicht kaufen durften, weil wir Deutsche waren. Da sagte er: Das macht nichts, dann pachtet ihr eben den Grund. Dann stellte sich aber heraus, daß wir da gar nicht bauen durften, weil die ganze Küstenstrecke unter Naturschutz stand. Der Bauer durfte dort zwar alle Gebäude bauen, die er für die Landwirtschaft brauchte, aber eben nichts für Feriengäste.

Unsere schwedischen Freunde hatten immer gesagt: Ihr könnt doch nach Schweden kommen und in Schweden Urlaub machen. Und auf irgendeine Weise erfuhren sie von unserem Mißgeschick mit der Insel Als. Sie haben uns ein Telegramm nach dort geschickt, 1962, wir möchten doch nach Kalmar kommen. Um zwölf Uhr mittags sollten wir in Kalmar auf dem Bahnhof sein und uns dort mit ihnen treffen. Wir sind also über die Inseln *Fyn* und *Sjælland* nach Schweden, durch *Skåne* und *Blekinge*. Dort waren wir auch in Karlskrona und haben den Rosenbohm (aus "Wunderbare Reise des kleinen Nils Holgersson mit den Wildgänsen") angekuckt. Dann sind wir weiter in den Norden gefahren, nach Kalmar.

Als wir da ankamen, sagte Åke Fors, er war damals Mitarbeiter bei Sven Aspling: Tut mir leid, aber der, der euch das Haus zeigen wollte, mußte unerwartet nach Stockholm und kann es euch heute nicht zeigen. Aber kommt mal mit, ich zeige euch heute Öland. Also sind wir mit ihm nach Öland gefahren. Seine Frau Karin Fors stammte mütterlicherseits von dort; ihr Großvater war Pfarrer auf Öland gewesen. Dadurch hatten sie Beziehungen zu der Insel. Wir fuhren zwischen Runsten und Glömminge, als Herbert plötzlich schrie: Halt an, halt an, da steht "Zu verkaufen"! Und ich habe gekuckt und gesagt: Das ist doch viel zu groß, und da hat Herbert gesagt, du kannst erst mal fragen, wie das mit dem Haus ist. Ja, haben die Nachbarn gesagt, das Haus wäre in Ordnung, und sie wüßten den Preis, ich glaube, es waren 12.000 Kronen. Es war jedenfalls so viel wie der Opel Rekord kostete, den wir damals gefahren sind, und für dessen Ersatz ich immer angespart hatte. Mit diesem Angesparten haben wir dann das Haus angezahlt, das heißt zuerst haben wir Geld von Åke Fors geliehen. Als wir zu Hause waren, haben wir das zurückgezahlt

43

und außerdem noch eine Hypothek aufgenommen. Ja, so habe ich insgesamt 35 Jahre ein eigenes Bett in Schweden gehabt, und wenn wir nach Öland kamen, dann haben unsere Nachbarn gesagt: Wie schön, daß ihr nach Hause gekommen seid. Wir kamen wirklich nach Hause, das war nicht irgendein Urlaubsort für uns, das war für uns Zuhause.

"Ehren-Öländer"

Zwischen meinen Büchern habe ich einen Brief gefunden, der ist ein schöner Hinweis darauf, wie unsere Beziehung zu Öland war. Es handelt sich um ein Schreiben des Handelsattachés der schwedischen Botschaft, Leif Sjöström, vom 26.3.1981 an seinen Botschafter Sven Backlund. Er geht so:

"Als eines der am besten geglückten Vorhaben, um deutsch-schwedisches Verständnis zu fördern, und zwar auf wirtschaftlichem Gebiet, betrachte ich eine Studienreise einer Gruppe Wirtschaftsgeographen der Bonner Universität, die im vergangenen Sommer und Herbst in Schweden durchgeführt wurde. Ulf und ich haben uns bemüht, die Gruppe, die auf eigene Kosten reiste, mit entsprechenden Partnern in Schweden zusammen zu bringen, und man wird froh, wenn man sieht, daß es sich gelohnt hat. Die Gruppe hatte eine Schrift von fast 170 Seiten zusammengestellt, in der die Studenten schildern, was sie auf den verschiedenen Gebieten gelernt haben: Struktur- und Planungsprobleme in der Region Lund-Malmö-Trelleborg, Einzelhandel in Norrköping, regionale Konsequenzen aus dem Einrichten von Arbeitnehmerfonds, Entwicklungsprobleme in Nordschweden sowie die Ökologie der Birkentundra. Diese Schrift also ist wirklich kurz gefaßt und erhellend. Der Leiter der Gruppe ist Professor Boesler und hat alle Ehre verdient. Ein Teil befaßt sich mit Öland, es befaßt sich mit der Topographie von Öland, Geologie, Ökologie und Geschichte."

Im Original schreibt Leif: *"Jag kom att tänka på att hedersöläningen Herbert Wehner...".* Auf deutsch heißt das: *"Ich denke, daß der Ehren-Öländer Herbert Wehner sich freuen wird zu sehen, was junge, tüchtige deutsche Studenten gesehen haben und von "seiner" Insel halten. Falls Du – gemeint*

Sven Backlund – *ihm das Material schicken willst, lege ich Dir ein Exemplar dieses Schreibens bei."*
Das ist also der Originalbrief. Dabei lag ein Begleitbrief von Sven, dem schwedischen Botschafter. Darin heißt es, er hoffe, daß Herbert trotz aller Sorgen sich freut, weil der Frühling gerade anfängt und er hoffe, daß Herbert bald mal wieder Zeit habe, nach Urfeld zu kommen. Damals war dort die Residenz des schwedischen Botschafters, inzwischen sind die ja auch in Berlin. Ich habe dies so ausführlich wiedergegeben, damit überhaupt zu ahnen ist, welche Nähe Herbert und wir zu Schweden entwickelt haben.
Die schwedischen sozialdemokratischen Freunde haben zum Beispiel zu Herberts 60. Geburtstag 1966 einen Scheck übergeben, mit dem Vermerk: Für dein Ölandhaus. Herbert reagierte damals und sagte: Jetzt kaufe ich aber den Schrank. Den wollte er schon seit zwei oder drei Jahren kaufen, aber ich hatte immer gesagt: Das ist zu teuer, es reicht nicht für diesen Schrank. Aber jetzt konnte ich das nicht mehr sagen, weil mit dem Scheck sozusagen die Spitze vom Eisberg weg war. Der Schrank steht hier in Dresden in meiner Wohnung.
Bei uns auf Öland waren nicht nur schwedische Gäste wie Ole und Karin Jödal, das waren die Vorgänger von Sven und Kristina Backlund als Botschafter in Bonn, es waren auch Aina und Tage Erlander bei uns. Tage war *Statsminister*, das entspricht praktisch dem deutschen Bundeskanzler, und die Nachbarn haben sich alle gefreut: Unser Tage ist bei uns im Dorf gewesen, weil ihr hier seid. Sven Aspling ist bei uns gewesen, er war Sozialminister. Der deutsche Bundespräsident, Gustav Heinemann, hatte gesagt, wir wollen auch gerne mal nach Öland, da haben wir ihm geholfen, eine Unterkunft zu finden, und so war Gustav Heinemann mit dem ihm befreundeten Ehepaar Helmuth Gollwitzer nach Öland gekommen. Gollwitzer war Theologe, und die Männer Gustav und Helmuth und Herbert haben bei uns in der sogenannten Sommerküche, einem recht unscheinbaren, schmucklosen Raum, Stunden um Stunden miteinander diskutiert und waren da gar nicht wieder rauszukriegen. Sie haben behauptet, noch nie hättensie einen so guten Ort zum Miteinanderreden gehabt. Auch

Willy und Rut Brandt waren bei uns auf Öland zu Gast. Schon vor der Ölandszeit und auch außerhalb unserer Ferien sind wir in Schweden gewesen, auf verschiedenen Parteitagen, einmal war ich bei der sozialdemokratischen Werbeagentur *ARE-bolaget*, weil die deutsche sozialdemokratische Partei auch so eine Einrichtung gründen wollte und ich übersetzen mußte.

In der Kriegszeit war ein Ausweisungsbeschluß gegen Herbert ergangen, der aber nicht durchgeführt werden durfte, wenn damit eine Gefährdung seines Lebens verbunden war. Nach 1946 hatte der Beschluß zur Folge, daß er nicht wieder einreisen durfte, aber eines Tages im Jahr 1953 kam, ohne daß Herbert auch nur irgend etwas veranlaßt hatte, der damalige schwedische Botschafter Kumlin, der kein Sozialdemokrat war, und sagte: Die Einreisesperre ist aufgehoben. Also waren wir dann das erste Mal 1953 wieder in Schweden zur Tagung der Sozialistischen Internationale in Stockholm. In der schwedischen Zeit in meinem Leben habe ich ungeheuer viel gelernt, auch was Politik betrifft und wie eine Demokratie funktionieren kann. Mir hat ein Wort sehr viel bedeutet, und zwar bedeutet *laglydig*, daß man Gesetze anerkennt, sich danach richtet, und ich halte das immer noch für sehr wichtig, daß man bereit ist, sich wirklich nach Gesetzen zu richten. Was ich dabei gelernt habe ist, daß wenn ich oder eine Gruppe der Meinung ist, daß ein Gesetz nicht den Notwendigkeiten entspricht, man als Gruppe, als Partei dafür wirken muß, daß dieses Gesetz geändert wird, aber solange wie es gilt, habe ich mich nach dem Gesetz zu richten. In einer Diktatur, in der Nazizeit gab es Gesetze, die waren schrecklich, die waren kein Recht, aber dieses ist für mich als unabweisliche Grundhaltung geblieben: In der Demokratie habe ich das, was Recht ist, auch für mich als Recht zu akzeptieren.

Ich habe oft Heimweh nach Schweden gehabt und habe es manchmal jetzt noch.

Die erste "Dienstreise"

Artikel für die "Wehnerpost" Nr. 11, Herbst 2003

Die Reise zum Kongreß der Sozialistischen Internationale nach Schweden stand für mich am Ende meiner beruflichen Laufbahn als Sozialfürsorgerin und am Beginn der fast 37 Jahre an der Seite von Herbert Wehner.

Damals war meine Mutter ernstlich erkrankt, Herbert hatte mich angerufen, ich habe meinen Urlaub genommen und bin erst einmal mit ihm nach Hamburg gefahren, und zwar war das an Herberts Geburtstag, also am 11. Juli 1953. Wir waren erst morgens bei Mutti im Krankenhaus, und dann ging es mit dem Zug nach Hamburg. Abends hatte Herbert im Gewerkschaftshaus noch eine große Veranstaltung.

Am nächsten Morgen zu für meine damaligen Begriffe sehr früher Stunde, vielleicht gegen vier, sind wir abgeholt worden und nach Tremsbüttel gefahren. Dort trafen wir den SPD-Vorsitzenden Erich Ollenhauer, Parteikassierer Alfred Nau, wohl auch Luise Herklotz und eine ganze Reihe von Leuten aus der Bonner SPD-Zentrale, die auch nach Stockholm sollten. Zusammen sind wir weiter gefahren nach Lübeck bzw. Lübeck-Travemünde und haben dort ein Schiff nach Trelleborg bestiegen. Das war damals eine Reise, die viel, viel länger dauerte als sie heute dauern würde. Es war immer noch sehr früh am Morgen als wir abgelegt sind, und irgendwann am Abend sind wir in Trelleborg angekommen.

Auf dem Schiff spielten die anderen dann alle verrückt – nicht Herbert, aber die anderen, denn die sagten, sie kämen nach Schweden, wo man keinen Alkohol kriegt. Und da haben die immer Alkohol gekauft und eben getrunken. Ich fand das furchtbar, denn das kannte ich überhaupt nicht, und da habe ich dann gedacht, so geht das doch nicht weiter, daß die andauernd trinken. Da habe ich gesagt: "Gebt mir auch von dem Schnaps." Dann habe ich den Schnaps genommen und das Glas immer heimlich hinter mir über die Reling gekippt. Nur – das half gar nicht, denn die haben immer neuen Schnaps gekauft, insgesamt vielleicht drei Flaschen Schnaps in zehn bis zwölf Stunden Überfahrt. Ich fand das wahnsinnig. Allerdings habe ich keine Erinnerung an torkelnde Mitglieder der Gruppe.

Von Trelleborg fuhren wir zum Übernachten nach Malmö, von dort ging es weiter nach Stockholm. Die deutschen SPD-Politiker nahmen mich nicht nur Herberts wegen ganz gerne mit, sondern weil sie so eine zweite Person hatten, die außerhalb des eigentlichen Kongreßgeschehens sprachlich helfen konnte. Das war das erste Mal, daß ich – irgendwie indirekt sozusagen, nicht wirklich beteiligt, aber doch als begleitend – dabei war.

Die Frau an seiner Seite

Vortrag vor der Dresdner Seniorenakademie
Wissenschaft und Kunst, am 17. Oktober 2000 *⁾

Mir ist für diesen Nachmittag aufgetragen worden, unter der
Überschrift "Die Frau an seiner Seite. Begegnung mit Greta
Wehner" zu Ihnen zu sprechen, vielleicht auch, was ich gut
fände, *mit Ihnen* zu sprechen.
Nur, um was geht es bei dieser Formulierung, um den Mann,
an dessen Seite sie stand oder um die Frau, die vor Ihnen
steht? Erleichtert bin ich durch den Hinweis, daß dieser Nachmittag ein Teil aus der Reihe "*Dresdner Persönlichkeiten,
Dresdner Institutionen, Dresdner Stadtansichten*" ist.

Herbert Wehners Kindheit, Jugend und Familie
Es geht also vorrangig *um den Mann, Herbert Wehner*, geboren
am 11. Juli 1906 in Dresden-Striesen, Spenerstraße 13, der
am 9. September 1906 in der Erlöserkirche in Striesen getauft
wurde. Wie ich auf einem alten Stadtplan festgestellt habe,
stand die Erlöserkirche an der Ecke Paul-Gerhardt-Straße/
Wittenberger Straße. Von ihr ist nur das Kreuz gerettet worden.
Es befindet sich jetzt auf dem Striesener Friedhof, wie mir der
Pfarrer der heutigen Erlöser-Andreas-Gemeinde erzählt hat.
Ich erwähne die Kirche so genau, weil sie im Leben des Kindes
offenbar eine wichtige Rolle gespielt und vielleicht dazu
beigetragen hat, diesen in einer sozialdemokratisch orientierten
Arbeiterfamilie aufgewachsenen Jungen bis in das Er-
wachsenenleben hinein nicht nur religiös, sondern auch
"revolutionär" zu prägen.
Herbert war als Kind im Kirchenchor der Erlösergemeinde.
Er erzählte mir, dort habe es zwei Pfarrer gegeben, deren

---

*) Ein zweiter Vortrag von Greta Wehner aus dem Herbst 2000 ist an mehreren
Stellen mit diesem hier textgleich. Um Dopplungen im laufenden Text zu
vermeiden, wird er hier ausgelassen. Da er aber auch einige interessante
Passagen enthält, wird dieser andere Vortrag im Internet auf
www.wehnerwerk.de im Bereich "Greta Wehner" unter dem Titel "Herbert
Wehner und das Bauen von Brücken" dokumentiert.

Namen ich vergessen habe, der eine war, wie Herbert erzählte, ein fortschrittlicher Mann und der andere ein konservativer, kaisertreuer Mann. 1918, Herbert war zwölf Jahre alt, war der Kaiser nicht mehr Kaiser, aber das Kaiserbild hing noch immer an der Wand im Gemeindesaal. Dieses widersprach den Vorstellungen des Kindes, dessen Familie durch den Krieg Not und Hunger erlebt hatte und die froh war, daß der Kaiser abgedankt hatte und der Krieg beendet war, und die nun ein sozialeres Deutschland mittragen wollte.

Bei der nächsten Chorprobe nahm Herbert das Kaiserbild herab und stellte es umgedreht gegen die Wand.

Am darauffolgenden Sonntag hatte nicht der fortschrittliche Pfarrer, sondern der konservative seinen Dienst. Er stellte den ganzen Gottesdienst unter diese "Freveltat" des 12jährigen Jungen, der trotz der öffentlichen Anprangerung keineswegs geknickt war, sondern daraus, wie ich vermute, in seiner politischen Widerspenstigkeit eher gestärkt hervorging.

Aber auch seine Religiösität nahm keinen Schaden durch das wenig förderliche Verhalten des alten Pfarrers.

Beides, Religiösität und politisches Denken, hat die Mutter Antonie ihren Kindern, vor allem ihrem ältesten Sohn Herbert früh vermittelt.

Ich habe einen Kinderbrief, den der neunjährige Herbert an seinen Vater schrieb und der von Rudi (Rudolf), dem 1960 verstorbenen Bruder, über die Jahrzehnte gerettet worden war. Darin schreibt das Kind: *"Bitte nur den Lieben Gott das er das Böse von dir nimmt, dann wird schon alles wieder gut werden."* Die Mutter schreibt dazu an den Vater, ihren Mann: *"Habe den Kindern ganz freien Lauf gelassen (...), habe sie nur gebeten zu schreiben was sie denken."*

Aus Herberts Erzählungen weiß ich, daß der Vater bei der Verlegung oder Neuzusammenstellung seines Truppenteils erheblich über den Durst getrunken hatte, deshalb den Truppenzug verpaßte und, auf seine Verurteilung wegen Fahnenflucht wartend, in Zwickau in Haft saß.

Alkohol war ein belastendes Problem des Vaters und damit der Familie, die trotz dieser Belastung sehr liebevoll miteinander lebte.

Die Mutter ist den Kindern eine außerordentlich kluge und liebevolle Begleiterin gewesen. Zugleich wußte sie, welch einen dicken Schädel ihr Ältester hatte. In einem Brief meinte sie später über ihren 18jährigen Sohn, er würde sicherlich einen schwierigen Lebensweg vor sich haben.

Diese Mutter Antonie oder Toni, wie sie genannt wurde, hat ihre Kinder früh mit auf 1.-Mai-Demonstrationen genommen und von ihrem Traum vom Sozialismus erzählt.

Herbert hat bis an sein Lebensende den Geburtstag seiner Mutter beachtet, der am 4. Juli war und von dem er zu sagen pflegte, an diesem Tag fange sein eigener Geburtstag an.

Alkoholabhängigkeit des Vaters ist für das Leben aller Familienangehörigen eine große Belastung; dennoch entwickelte sich Hochachtung und Liebe zum Vater. Zum Geburtstag des Vaters, am 30. April 1943,[*] schreibt er für ihn seinen Dank und seine Gedanken nieder. Hier einige Satzteile aus diesem Brief, den ich nach Herberts Tod zwischen seinen Sachen gefunden habe:

"Ich habe Dir manchmal sagen wollen, wie sehr ich Dich lieb habe (...). Dein Leben war so schwer. Du wolltest viel und gutes, aber Du littest so unter der Gleichmäßigkeit der Alltagsmaschinerie, daß Du Dir dann und wann Luft machen mußtest (...).

Wenn Du ein Unglück damit angerichtet hattest, wenn Muttel darunter litt, und wenn unsere ganze kleine Gemeinschaft Schmerzen hatte, so verstand ich doch - ich darf es sagen – immer, woher es kam und was es war, das Dich selbst so unglücklich gemacht hatte.

Deine Tapferkeit und wie Du mitten im stürmischen Wetter (...) Dein reines Herz bewahrt hast, haben mich immer im innersten angerührt.

Als Du in den Krieg gingst, warst Du keiner von denen, die schrien oder sich betäubten. Da hieltest Du uns in Deiner mannhaften Festigkeit und mit der Ruhe durch die hindurch

---

[*] Herbert erfährt erst im Jahr 1946, daß der Vater bereits 1937 gestorben ist.

doch die herzenswarme Sorge spürbar war, aufrecht (...).
Nachdem Du arbeitslos geworden warst, habe ich oft über die
Tragödie nachgedacht, daß ein Mann wie Du, der ein Meister,
ein Könner in seinem Fach war, so einfach beiseite geschoben
werden kann. Aber helfen konnte ich nicht. Wenn ich auch
manchmal – zu wenig – versucht habe, es Dir leichter zu machen.
Wenn ich dann bemerkte, Du fandest Gefallen und Befriedigung
in Gartenarbeit und anderem, dann war ich froh für Dich.
Es kam der schwere Tag, an dem Du nicht richtig sprechen
konntest. Deine guten lieben Augen suchten uns so und baten
um Verständnis.
Papa – ich hatte es mir fest vorgenommen, Dir und Muttl allzeit
zu helfen. Ich wollte auch das gut machen, was ich in einigen
Jugendjahren, in denen ich wohl zu ausschließlich meiner Ent-
wicklung folgte, versäumt hatte. Warum mußte alles so kommen?
Ach, dieses Warum habe ich in den schweren Jahren, in denen
ich nichts für Dich tun konnte, so tief in mein Herz gebrannt
(...)."
Wer diese Sätze, geschrieben im Alter von gut 36 Jahren im
Rückblick auf Kindheit und Jugend, sorgfältig prüft, der wird
viele Verbindungen zu Herberts späterem Verständnis für die
Sorgen und Nöte der Menschen erkennen. Den Menschen annehmen, so wie er ist, gehörte zu seinen Verhaltensgrund-
lagen.
Zu den eigenen Aussagen Herbert Wehners über seine Kindheit
und Jugend gehört auch das, was er mir vor 55 Jahren im
Oktober, aus Anlaß der Vollendung meines 21. Lebensjahres
schrieb:
"Allmählich formte sich der Gedanke zu dem Plan, Dir aus
meiner eigenen Kindheit, dem Hineinwachsen in spätere Jahre
und davon zu erzählen, wie mich Kindheitserlebnisse begleitet
haben. Einmal setzte ich mich hin und begann zu schreiben
über – Die Kindheit in unserem Leben –; es war meine Absicht,
Dir ein Büchel darüber zu schreiben (...). Dir sei es auf jedem
Fall schon jetzt gewidmet."
Herbert schrieb weiter aus diesem Anlaß:
"Mag noch so vieles gescheitert oder mißglückt sein, was ich
mir vorgenommen oder begonnen habe – einige schöne und

viele eindrucksvolle Erlebnisse aus meiner Kindheit haben mir
immer wieder neue Nahrung und Kraft zu neuem Beginnen
gegeben. Welches Schicksal meine Mutter getroffen hat, weiß
ich immer noch nicht. Aber ich fühle sie mir innig nahe, wenn
ich daran denke, wie sie meinem Bruder und mir an einem
Sonntagmorgen des schrecklichen Winters 1917 vom Sozialismus
und vom Frieden erzählt hat."
Das mir gewidmete Büchel ist leider nie geschrieben worden;
im darauffolgenden Jahr 1946, mit der Rückkehr nach
Deutschland, in die Stadt meiner Kindheit, die Hansestadt
Hamburg, begann das unermüdliche, alle Kraft fordernde
Arbeiten, um nach der Nazidiktatur in den westlichen Be-
satzungszonen ein demokratisches Gemeinwesen aufzubauen.
Herbert war, knapp einen Monat nach der Ankunft in Hamburg,
Mitglied der Sozialdemokratischen Partei Deutschlands ge-
worden.

Anfänge des politischen Engagements

Zur Kindheit und frühen Jugendzeit gehört das, was ich nur
aus Herberts Erzählung weiß und aus einer flüchtigen
Begegnung auf einer Wahlversammlung, wenn ich recht
erinnere, im südlicheren Bereich der alten Bundesrepublik:
Herbert hatte zum Ende der Volksschulzeit Aussicht auf eine
Druckerlehre, doch ehe es dazu kam, war von der sozialdemokratisch geführten sächsischen Landesregierung der
Beschluß gefaßt worden, Kindern aus dem Volksschulbereich
eine grundlegende Ausbildung für die Tätigkeit auf der Ver-
waltungsebene des Landes zu ermöglichen, denn während
der Kaiser- und Königszeit waren diese Tätigkeiten Personen
aus den bürgerlichen Parteien vorbehalten gewesen.
Es wurden damals, wenn ich die Zahl recht erinnere, sechs
Kinder aus dem Volksschulbereich und sechs Kinder aus der
Realschule dafür vorgeschlagen und zu einer Klasse
zusammengeführt. Herbert erzählte, die besten Fachleute
wären ihre Lehrer gewesen, sowohl in Verwaltungsrecht als
auch in normalen Schulfächern. Diese Schulzeit dauerte drei
Jahre.
Die bereits erwähnte Begegnung auf einer Wahlversammlung

erschien mir etwas merkwürdig. Ein mir fremder Mann sagte eine für mich unverständliche Losung zu Herbert, und der antwortete freudig überrascht auf die gleiche Weise. Herbert erklärte mir die Zusammenhänge: Dieser Mann war mit ihm in dieser besonderen Schulklasse gewesen. Leider haben wir in diesen Jahren überhaupt keine Zeit gehabt, um private Erinnerungsbegegnungen zu pflegen. Ich erinnere auch nicht den Namen des Mannes.

Inzwischen werden sich sicher viele von Ihnen fragen, was war denn zwischen der Kindheit und dem Jahre 1944, als ich Herbert in Schweden persönlich und nicht nur per Brief kennen lernte, und dem Neuanfang in Hamburg?

Ich werde die Zwischenzeit nur kurz streifen.

Dabei beurteilen auch die um große Sachlichkeit bemühten Historiker, die aber weder die Person gekannt noch in der Zeit, über die sie reden oder schreiben, erlebt haben, zwangsläufig das, was sie an Nachprüfbarem finden, durch eigene Lebenserfahrungen gefärbt.

Oft genug habe ich in meinem Leben bemerkt, daß zwei Personen, die das gleiche Ereignis nebeneinander erlebten, dennoch nicht das Gleiche darüber berichten. Wieviel eher gibt es da unterschiedliche Wertungen von Verhalten und von Äußerungen, die nach dem Tode eines Menschen erforscht werden?

Was war mit dem Jugendlichen und dem jungen Mann Herbert Wehner?

Mit 16 Jahren wurde Herbert Mitglied in der sozialdemokratisch orientierten Sozialistischen Arbeiterjugend. Ein wißbegieriger Junge, der den Traum seiner Mutter vom Sozialismus umsetzen wollte. Der, als er bei den Kamerawerken in Dresden arbeitete, feststellte, daß entgegen den Vorschriften des Versailler Vertrages dort für militärische Zwecke Geräte hergestellt wurden, dieses öffentlich bekannt gab und deshalb fristlos entlassen wurde.

Im Frühjahr 1923 ist er von Dresden zu Fuß nach Nürnberg zum Arbeiterjugendtreffen gewandert, und er ist dort erstmals Nazis begegnet. Herbert war mit anderen Jugendlichen in der Lorenzkirche zu einer Vesper; als sie nach der Andacht herauskamen, standen Nazigruppen vor dem Kirchportal und fielen über die Gruppe Arbeiterjugend her und verprügelten diese.

Als *wir* in Nürnberg auf dem Kirchentag waren, es war wohl Ende der 70er Jahre, sind wir in Erinnerung an Herberts Erlebnisse jeden Morgen in die Lorenzkirche gegangen. Herbert war schon früh ein eigenwilliger, politisch denkender Mensch, der nicht nur träumen, sondern verändern wollte. Im Oktober 1923 marschierte die Reichswehr in Sachsen ein, weil die zu der Zeit aus Sozialdemokraten und einigen Kommunisten bestehende sächsische Regierung Beschlüsse faßte, die den Gesetzesvorhaben der Reichsregierung, an der die Sozialdemokraten ebenfalls beteiligt waren, entgegenstanden. Dieses und daß dabei zum Beispiel in Freiberg unter den demonstrierenden Arbeitern um die 25 Tote zu beklagen waren, erschütterte die Mitglieder der Jugendgruppe.

Dazu gibt es, in einem Fernsehinterview von Günter Gaus mit dem Titel "Zur Person" von 1964, Äußerungen von Herbert. Gaus' Frage:

"Als 17jähriger, 1923, sind Sie aus der sozialistischen Arbeiterjugend, die der SPD nahe stand, ausgeschieden. Warum?"

Herberts Antwort:

"Warum? Ich möchte sagen wodurch (...). Die Reichswehr marschierte ein (...). In einer unserer Nachbarstädte gab es eine große Zahl Todesopfer (...). Damals spalteten wir uns (...). Ich gehörte zu der Minderheit, die dann vier Jahre lang als eine freie sozialistische Jugendgruppe existiert hat mit zeitweiliger starker Anlehnung an syndikalistische Jugendgruppen."

Da dieses gedruckt und allen zugänglich vorliegt, mache ich jetzt einen Sprung weit in die 40er Jahre hinein.

Für Herbert Wehner war es klar, daß mit der Rückkehr Walter Ulbrichts sozusagen im Troß der sowjetischen Armee der Aufbau einer von der Sowjetunion unabhängigen Arbeiterpartei unmöglich sein würde und zugleich die Rückkehr in seine Heimat Sachsen für ihn mit Lebensgefahr verbunden wäre. Wer Mitglied in der KPD gewesen ist und einen unabhängigen politischen Weg eingeschlagen hatte, war zumindest bis Ende der 50er Jahre, vermutlich noch weit in die 60er Jahre hinein, nicht nur in der späteren DDR, sondern im ganzen Ostblock aufs stärkste gefährdet.

Herbert hörte im Herbst und Winter 1945/1946 in Schweden im Radio Reden von Kurt Schumacher und stellte fest, daß es politische Gemeinsamkeiten gab. Als allmählich postalische Verbindungen möglich wurden und meine Mutter Kontakt zu ihrer jüngeren Schwester Frieda in Hannover bekam, wurde Frieda Schütt Vermittlerin zum Büro Kurt Schumacher, das sich in Hannover befand, wohin Kurt Schumacher nach langjähriger KZ-Haft entlassen worden war.

Es gibt Historiker, die behaupten, Herbert habe den Bruch mit der KPD erst 1946 vollzogen, denn er habe ja noch Kontakt zu einzelnen KPD-Mitgliedern gehabt. Außerdem sei er ja schon viel früher ausgeschlossen worden. Von dem Ausschluß-beschluß hatten während seiner Schwedenzeit weder Herbert noch die kommunistische Partei Schwedens noch die in Schweden lebenden KPD-Mitglieder erfahren. Und der Kontakt, natürlich, Herbert sprach mit einzelnen seiner früheren Genossen, von denen er wußte, daß sie von Zweifeln geplagt waren, weil er sie für einen anderen Weg gewinnen wollte. Ich erinnere den Namen Vitjar Kunze. Ich erinnere Kurt Adam, der mit einer Dänin verheiratet war, den wir bei einer Reise durch Kopenhagen in der zweiten Hälfte der 50er Jahre aufsuchten. Er schwankte immer noch, in die inzwischen bestehende DDR und damit in die Nachfolgepartei der KPD, die SED, zu gehen oder einen Neuanfang zu wagen. Herbert gab Menschen nicht so schnell auf.

Nach dem Ende der DDR bekam ich Post von Kurt Adams Frau, ihr Mann lebte nicht mehr. Sie schilderte, daß sie mit dem gemeinsamen Sohn das Angebot, in die DDR zu kommen, angenommen hatte, weil sie damit rechnete, größere Ausbildungschancen für den Sohn zu erhalten.

Neuanfang 1946

Nach Kriegsende 1945 konnte man sich nicht einfach in den Zug setzen und nach Hause fahren; erst 1946 bekamen wir für September die Einreise- und Zuzugserlaubnis für das ganz erheblich zerstörte Hamburg. Meine Mutter war der Meinung, mit vier erwachsenen Personen sei es unmöglich, bei Verwandten oder Freunden, die bei der großen Wohnungsnot alle beengt lebten, unterzukommen. Alle, außer Verwandte der älteren Schwester meiner Mutter, die am Stadtrand wohnten, waren ausgebombt.

Mein Bruder und ich waren zu Beginn der Emigration Schulkinder und auf Grund unseres Alters vor 1933 noch nicht eigenständig politisch tätig. Deshalb beschlossen wir, Herbert und meine Mutter sollten zuerst fahren, zumal meine Mutter auf Grund ihrer eigenen Haft und des Todes unseres Vaters infolge eines Gestapoverhörs Anspruch auf eine Wohnung in Hamburg hatte.

Der eiskalte Boden bei den Verwandten der Schwester Anna und die winzige Wohnung von Sepp Wagner, der ebenfalls in Schweden in der Emigration gelebt hatte, waren die ersten vier Monate eine notdürftige Bleibe. Unsere alte Wohnung am Wiesendamm war bewohnt. Aber im Schlump gab es eine leere Wohnung, Woche um Woche stand sie leer. Da meine Mutter inzwischen im Krankenhaus lag, ging Herbert Tag für Tag auf das Wohnungsamt, bis er sich eines Tages weigerte, das Wohnungsamt zu verlassen, ehe uns diese Wohnung zugeteilt war. Alle rechtlichen Voraussetzungen waren längst geklärt. Die Beamten konnten nicht mehr zögern, und Herbert und meine Mutter und damit auch mein Bruder und ich wurden dort wohnberechtigt. Diese Wohnung haben wir bis 1982 als Hamburger Unterkunft gehabt.

Gleich nach der Ankunft begann Herbert mit der politischen Arbeit. Der Freund Sepp Wagner, vor 1933 in Hamburg in der Schulbehörde tätig, in Schweden in der Emigration, zwischendurch einmal illegal in Hamburg und nach der geglückten Rückkehr in Schweden wegen dieser illegalen Reise verhaftet, hatte bereits 1945 die Einreiseerlaubnis bekommen, als Hamburger nach Hamburg.

Viel schwerer tat sich die englische Besatzungsmacht damit, einem Dresdner die Einreise nach Hamburg zu erlauben. Sepp Wagner hatte die Verbindung zum Hamburger Landesvorstand der SPD hergestellt. In Hamburg gab es 1946 die

"Sozialistische Arbeitsgemeinschaft", die dem Landesvorstand der SPD zuarbeitete, an dem nur die Mitglieder dieser Arbeitsgemeinschaft teilnehmen konnten; dort hat Herbert am 25. Oktober 1946 ein Referat gehalten, noch im gleichen Monat, in dem Herberts Mitgliedschaft in der SPD festgeschrieben war.

Dieses Referat ist in dem Buch "Selbstbesinnung und Selbstkritik" abgedruckt und erst nach seinem Tode bei Kiepenheuer & Witsch in Köln erschienen.

Herberts Bemühen in Hamburg war, aus seinen Erfahrungen in der Sowjetunion und in der KPD den Menschen zu erklären, daß für ihn die Gründung einer Einheitspartei wie der SED nicht zu einem demokratischen Gemeinwesen führte. Er sprach in den verschiedensten Gliederungen der SPD, er ging auf die Werften in Hamburg, in die Betriebsversammlungen – die Arbeiter dort waren traditionell schon vor 1933 und so auch in der frühen Nachkriegszeit Mitglieder der Kommunistischen Partei.

In der Anfangszeit wurde Herbert von den Arbeitern physische Gewalt angedroht, sie würden ihn mit der Schubkarre auf den Schrott fahren, riefen sie ihm entgegen. Herbert antwortete: Gut, dann kommt her. Seine geistige Überzeugungskraft war stärker, allmählich gab es sozialdemokratische Mehrheiten, auch auf den Werften. Herbert wurde außenpolitischer Redakteur bei der SPD-nahen Zeitung *Hamburger Echo*. Er war rasch verwurzelt und mehr als vollbeschäftigt.

Anfang Juli 1947 trafen mein Bruder und ich ebenfalls in Hamburg ein. Ich hatte für deutsche Verhältnisse eine unzureichende Berufsausbildung und nur den schwedischen Schulabschluß aus dem 8. Schuljahr. Nach einigen Monaten zuhause bemühte ich mich, in die Sozialarbeiter-Ausbildung zu kommen. Ich hattte eine schwedische Säuglingsschwester-Ausbildung und als solche in der Universitätsklinik in Uppsala gearbeitet, aber ich mußte noch ein gutes Jahr als Praktikantin arbeiten und eine schulwissenschaftliche Prüfung ablegen, ehe ich im April 1949 in Kiel mit der Ausbildung anfangen konnte.

Zu dieser Zeit begann schon der Wahlkampf zum Ersten

Deutschen Bundestag. Kurt Schumacher hatte darauf bestanden, daß Herbert für den Bundestag kandidiert. Herbert wollte nicht, er antwortete Kurt Schumacher: "Sie werden mir die Haut vom lebendigen Leibe abziehen", und Kurt Schumacher darauf: "Ja, und du wirst es aushalten." Er hat es doppelt aushalten müssen.

Aus dem Osten, das heißt seitens der DDR-SED, gab es Entführungsversuche und mindestens einen Mordauftrag. Die Kripo in Hamburg nahm einen bewaffneten Mann fest, der zum *Hamburger Echo* gekommen war, aber Herbert nicht erkannt hatte. Es wurde in unseren Briefkasten, der direkt zur Diele der Wohnung seine Öffnung hatte, ein Brandsatz geworfen. Keiner von uns durfte in dieser Zeit alleine auf die Straße gehen. Ein Mann wie Herbert Wehner, der die in der DDR Regierenden kannte und deren politisches Handeln vorausdenken konnte, war ein unerwünschter Hemmschuh für das Wirken der SED in die Bundesrepublik hinein. Um ihn politisch "tot" zu machen, gehörten Schmutzkampagnen durch DDR-Institutionen immer wieder zur Tagesordnung. Und von westlicher Seite war es nicht anders. Vor allem die CDU nutzte Herberts frühere Zugehörigkeit zur KPD bei jedem Wahlkampf als Bürgerschreck. Dennoch wurde Herbert in seinem Bundestagswahlkreis bei jeder Wahl, auch in dem Jahr, als außer ihm in Hamburg kein Sozialdemokrat direkt in den Bundestag gewählt wurde, mit absoluter Mehrheit gewählt.

Vorsitzender des Gesamtdeutschen Ausschusses

Von 1949 bis März 1983 gehörte Herbert Wehner dem Bundestag an.

Auf Drängen Kurt Schumachers, des ersten Nachkriegsvorsitzenden der SPD und damaligen Fraktionsvorsitzenden der sozialdemokratischen Bundestagsfraktion, wurde Herbert Vorsitzender des Ausschusses für Gesamtdeutsche Fragen.

Konrad Adenauer, Vorsitzender der CDU und erster Bundeskanzler der alten Bundesrepublik, setzte alles daran, dieses zu verhindern, aber es gelang ihm nicht.

Herberts Bemühen war, alle Chancen zu nutzen, alle Sowjet-

Noten zu prüfen, alle Vier-Mächte-Konferenzen zu bedrängen, daß die Teilung Deutschlands nicht zu einer unübersehbar langen Tennung führen würde. Adenauer dagegen war als Rheinländer ausschließlich westlich orientiert. Mit den "Sowjets", wie er zu sagen pflegte, könne man nicht verhandeln.

1950/51 fanden bei der UNO Beratungen über das Problem der deutschen Kriegsgefangenen statt, welches einem tragfähigen Miteinander zwischen der Sowjetunion und den Vertretern der westlichen Länder im Wege stand. Damals war keiner der beiden Teilstaaten Deutschlands Mitglied in der UNO, aber es mußte eine Lösung für die infolge der Kriegsgefangenschaft in Not geratenen Menschen gefunden werden.

Der Bundestag beschloß, Abgeordnete und zwei Beamte des noch nicht bestehenden Auswärtigen Amtes nach New York zu schicken. Für die SPD wurde Herbert Wehner benannt, für die CDU Eugen Gerstenmaier, der spätere Bundestagspräsident. Einer der Beamten hieß Raimund Hergt, den anderen Namen weiß ich nicht.

Die USA lehnten es ab, für den ehemaligen Kommunisten Herbert Wehner eine Einreisegenehmigung zu erteilen, es war die Zeit des McCarthy, der überall kommunistische Infiltration witterte.

Kurt Schumacher bestand darauf: Entweder fährt Wehner oder es fährt kein Sozialdemokrat. So bekam Herbert das nötige Visum.

Das nächste Problem war Gerstenmaier. Er weigerte sich, die für Einreisen in die USA nötigen Impfungen machen zu lassen und sagte zu Herbert: Sie sind Sozialdemokrat und müssen solidarisch sein. Nun, die Impfung beider Männer wurde auf dem Flughafen in New York nachgeholt.

Zutritt zur UNO bekam die Gruppe in New York nicht.

Hier halfen Herberts Verbindungen zu Freunden, die dort inzwischen beheimatet waren, ich erinnere den Namen Borochowicz.

Herbert bekam Verbindung zu einer Frau, Rechtsanwältin, Vertreterin der USA bei der UNO, mit der er den Text der UN-Resolution, einschließlich der Überschrift, neu formulierte.

60

Die Sowjetunion stimmte zwar auch diesem Text nicht zu, war aber bereit, sich dem Inhalt entsprechend zu verhalten, und tat es auch.

Damit war die Grundlage dafür geschaffen, daß nur wenige Jahre später die überlebenden Gefangenen aus der Sowjetunion in die Heimat und zu ihren Familien zurückkehren konnten. Darunter waren auch Gefangene, die in die DDR zurückkehrten, zum Beispiel Personen aus der KPD oder frühere KPD-Mitglieder, die infolge der sogenannten "Säuberungen" auf Jahre verschwunden waren. Zu diesen gehörten die Söhne von Max Seydewitz.

Sie denken vielleicht, ich habe Eugen Gerstenmaier unterschlagen, nein, er selber hat sich, kaum in New York, ausgeklinkt, er hatte aus einer Nachricht die Schlußfolgerung gezogen, in der Bundesrepublik würde entschieden, wer Außenminister wird. Da wollte er dabei sein; deshalb flog er sehr bald zurück nach Bonn.

Nun noch ein Hinweis für die überwiegend jungen Rechtsradikalen: Daß ihre Großväter, respektive Väter, überlebt haben und sie selbst geboren werden konnten, liegt an der Hilfe des jüdischen Freundes von Herbert, Borochowicz und an der farbigen Rechtsanwältin, Vertreterin der USA in den Vereinten Nationen in New York vor fast 50 Jahren.

Als am 17. Juni 1953 die Arbeiter in der DDR sich zum Aufstand gegen die erhöhten Normen erhoben, berührte der Ruf der Arbeiter von Hennigsdorf, *"wir sind Arbeiter und keine Sklaven"*, Herbert besonders. Mit den auch im Gefolge des Aufstands steigenden Flüchtlingszahlen aus der DDR in die alte Bundesrepublik und angesichts der daraus folgenden Probleme war auch der Vorsitzende des Bundestagsausschusses für gesamtdeutsche Fragen gefordert.

Der Wahlkampf zum Zweiten Deutschen Bundestag stand bevor. Meine Mutter war schwer erkrankt; viele Wochen war nicht sicher, ob sie überleben würde.

Da sagte Herbert zu mir: "Greta, nimm dir unbezahlten Urlaub", nur ich bekam keinen unbezahlten Urlaub. Herbert meinte daraufhin: "Dann kündige, neue Arbeit findest du immer."

So war ich seit dem Sommer 1953 immer an seiner Seite,

nachdem ich im Februar 1954 meinen Führerschein erhalten hatte, faktisch zu jeder erforderlichen Tag- und Nachtzeit. Zwölf Jahre habe ich das Bundestagsbüro alleine gemacht, und und und ...

In der Führung der SPD

1958 wurde Herbert Wehner zum stellvertretenden Vorsitzenden der SPD gewählt, zum Entsetzen meiner Mutter, die mit Recht davon ausging, daß dann überhaupt keine private Zeit bleiben würde. Erst 1973, auf dem Parteitag in Hannover, kandidierte Herbert nicht mehr für diese Aufgabe, damals war er im vierten Jahr Fraktionsvorsitzender im Bundestag, eine Aufgabe, die alle seine Kräfte forderte. Inzwischen fast 67 Jahre alt, konnte er diese Doppelbelastung, Fraktionsvorsitz und Parteivorsitz mit der Aufgabe Parteiorganisation, nicht mehr verantworten. Die Mitarbeit in Parteivorstand und Präsidium bestand jedoch fort. Ich weiß keinen, der diese Arbeit über einen so langen Zeitraum geleistet hat.

Über Jahre gab es in den 50er Jahren in der SPD Diskussionen über Wahlprogramme und über ein Parteiprogramm. Herbert sagte nach seiner Wahl zum stellvertretenden Parteivorsitzenden dem Vorsitzenden Erich Ollenhauer: Nun müssen wir die Diskussion zu einem Resultat bringen.

Kurt Schumacher war am 20. August 1952 an den Folgen des Ersten Weltkriegs und seiner langen KZ-Haft gestorben; er hatte nur noch einen Arm und ein Bein. Ich habe zu Beginn seines Krankenlagers Nachtwache bei ihm gehalten, bis eine Krankenschwester für ihn gefunden war.

Erich Ollenhauer wurde danach zum neuen Vorsitzenden der SPD gewählt.

Auf dem Godesberger Parteitag im November 1959 wurde das "Godesberger Programm" beschlossen; es löste das Heidelberger Programm von 1925 ab und bildet immer noch die wesentlichen Grundlagen des geltenden Programmes, das im Dezember 1989 in Berlin beschlossen wurde.

Ich finde das Godesberger Programm brauchbarer, weil es nicht so dick ist. Nach meiner Meinung sollen Grundsatzprogramme die Richtung angeben und nicht die Erfordernisse der täglichen Politik regeln. Politik ist das Ordnen der Dinge, die uns alle angehen, wie Herbert Wehner den Begriff erklärte. Die tägliche politische Arbeit braucht Menschen, die bereit sind, in der Tagespolitik Verantwortung zu tragen und diese den Wählern gegenüber zu vertreten. Herbert hat solche Verantwortung übernommen, zum Beispiel am 30. Juni 1960 mit seiner Rede im Bundestag. Nachdem alle Viermächtekonferenzen in der Deutschlandfrage gescheitert waren, mußten neue Ansätze gefunden werden, um Politik für Deutschland als Ganzes machen zu können. Ich bin nach dieser Rede mit Herbert durch die Lande der alten Bundesrepublik gefahren, wo immer die Menschen bereit waren, über neue Wege oder neue Beschlüsse im Bundestag und in der SPD informiert zu werden und zu diskutieren.

Parallel zur Politik in der Bundesrepublik für Deutschland war bereits in den 50er Jahren Europa ein wichtiges Thema. Ich war 1954 im Mai das erste Mal mit Herbert in Straßburg, wo die Gemeinschaft für Kohle und Stahl tagte. Es folgte ein sehr fruchtbares Arbeiten mit dem *Monnet*-Komitee. Jean Monnet war Franzose und hatte den sogenannten Schumanplan ausgearbeitet, der die erste Grundlage für die Gemeinschaft für Kohle und Stahl bildete und damit für den Weg hin zu Europa. Monnet und das Komitee waren keine behördliche Einrichtung, sondern ein freier Zusammenschluß, in dem Personen aus allen demokratischen Parteien und Gewerkschaften wirkten. Sie berieten die Probleme gemeinsam, ohne Beschlüsse zu fassen, und fuhren dann heim in ihre Länder. So weit sie als einzelne Beteiligte bereit waren, vertraten sie das Resultat der Beratungen in ihren Organisationen und Parlamenten. Wir haben im Frühjahr 1999 hier in Dresden beim Herbert-Wehner-Bildungswerk den engsten Freund und Mitarbeiter von Jean Monnet, Max Kohnstamm, zu einer Veranstaltung gehabt. Die Erfahrung und das Wissen solcher Menschen ist nicht mehr lange zu haben, da sie, so weit sie überhaupt noch leben, hochbetagt sind.

Ein entscheidender politischer Einschnitt fällt in die Mitte der 60er Jahre. Der erste Bundeskanzler Adenauer gab sein Amt als Kanzler am 15. Oktober 1963 im Alter von 87 Jahren auf;

gegen seinen Wunsch folgte ihm Ludwig Erhard, bis dahin Bundesminister für Wirtschaft, sein Alter betrug damals auch schon 70 Jahre.

Erhard hatte die Wirtschaft nicht dirigiert, was ihr offenbar in der Aufbauphase ganz gut bekommen ist. Führen war nicht seine Stärke. Aber in der Mitte der 60er Jahre, als es erstmals Einbrüche in der raschen wirtschaftlichen Entwicklung gab, die mit einer für damalige Verhältnisse beunruhigenden Zunahme der Arbeitslosigkeit einhergingen, war Führungsfähigkeit erforderlich.

Von Beginn an hat es persönliche Kontakte zwischen Herbert Wehner und Mitgliedern der CDU, aber auch in gewissem Umfang zur FDP, gegeben.

Zur FDP erinnere ich aus der frühen Zeit den Namen Thomas Dehler, der seine jüdische Frau in der Nazizeit nicht verlassen hat und ihr damit das Leben rettete. Sie war eine wunderbar feinfühlige Frau, die auch ich kennenlernen durfte.

Aus der CDU war es zu Beginn vor allem Jakob Kaiser, der erste Bundesminister für Gesamtdeutsche Fragen, der aus der katholischen Arbeiterbewegung gekommen war.

Kurt Schumacher wollte erst nichts mit Jakob Kaiser zu tun haben, Herbert aber hatte vermocht, kurz vor Kurt Schumachers Tod, die beiden zu einem Gespräch miteinander zusammenzuführen, das Schumacher überzeugt hatte, daß ein Zusammenarbeiten mit Kaiser sinnvoll sei.

Jakob Kaiser erlitt 1957 einen Schlaganfall und schied dann aus der aktiven Politik aus. Er ist 1961 gestorben. Mit seiner Frau, Elfriede Kaiser-Nebgen, haben wir noch viele Jahre bis zu ihrem Tode Kontakt gehabt, auch sie kam aus der katholischen Arbeiterbewegung und war Mitglied der CDU; sie lebte in Westberlin.

Zu Johann Baptist Gradl, Herberts Stellvertreter im Ausschuß für gesamtdeutsche Fragen, entstand ein gutes, ja familiäres Verhältnis. Wenn wir in Berlin waren, waren wir öfter zum Gespräch bei der Familie zu Hause; vor gar nicht langer Zeit schickte der Sohn die Nachricht, daß seine Mutter in sehr hohem Alter verstorben ist.

Es gab vor der Mitte der 60er Jahre Gespräche mit Paul Lücke,

64

dem CDU-Wohnungsbauminister. Ich erinnere, wie ich einmal viele Stunden mit dem Auto vor dem Ministerium stand und auf Herbert wartete, es war in der Zeit vor Weihnachten, und ich konnte in der Wartezeit eine ganze Menge Strohsterne anfertigen.

Später kamen Gespräche mit Baron von und zu Guttenberg hinzu, er war Mitglied der CSU. Wir trafen uns in Deidesheim, wo er ein Weingut hatte, wenn ich recht erinnere war Georg Leber dabei, später sozialdemokratischer Verkehrs- und anschließend Verteidigungsminister.

Mit Georg Leber und seiner Frau waren wir, wohl Anfang der 70er Jahre, zu einer "Privataudienz", wie es protokollarisch genannt wird, beim damaligen Papst. Es ging darum, die Haltung der SPD zu den staatsrechtlichen Fragen der Regelung von Diözesangrenzen, das heißt Kirchenprovinzen der katholischen Kirche, zu erläutern; dabei ging es um die Menschen, die in den ehemaligen deutschen Ostgebieten im heutigen Polen leben.

Die Regierungsbeteiligung der Sozialdemokratie

Die Verbindungen mit Menschen aus den verschiedenen Parteien waren eine Grundlage für die Gespräche im Jahr 1966, die mit der Bildung der großen Koalition erstmals im Nach-Hitler-Nach-Kriegs-Deutschland auf Bundesebene zu einer Regierung unter Beteiligung der Sozialdemokraten führte. Willy Brandt wurde Außenminister, Karl Schiller Wirtschafts-minister, Georg Leber habe ich schon genannt, ich konnte aus Zeitgründen nicht mehr alles überprüfen, deshalb nenne ich nicht alle Minister, außer daß Herbert Wehner Minister für Gesamtdeutsche Fragen wurde.

Das hatte vor allem zwei Folgen, eine witzige und eine, die auch mir viel Arbeit brachte.

Die witzige: Protokollarisch war Herbert Stellvertreter des Außenministers. Die deutsche Botschaft in Paris war damals wiederaufgebaut und gründlichst renoviert worden, mit all dem Geschnörkel und Prunk, wie das deutsche Kaiserreich es geliebt hatte. Das Gebäude sollte mit entsprechendem Prunk eingeweiht werden, Willy Brandt hatte aber zu dieser

Zeit etwas anderes vor und sagte zu Herbert: Du mußt mich vertreten. Das war für uns sehr merkwürdig, denn Herbert ging fast nie zu Empfängen. Im Gewühl stehen und sinnloses Zeug mit allen möglichen Leuten reden, dazu war ihm die Zeit zu knapp. Ich mußte mit, und es gab für die weibliche Begleitung allerlei Bekleidungsvorschriften. Ich mußte ein langes Kleid respektive Rock haben, Handschuhe bis an die Ellenbogen, einen Hut und so weiter. Da ich das nicht alles hatte, mußte ich zur Schneiderin, mußte Zubehör kaufen. Außerdem nahm ich noch einen feinen Rock mit dazugehörigem Oberteil von meiner Mutter mit, das wir meiner andersgearteten Figur etwas anpaßten. Am ersten Tag fanden das Essen und der Empfang in der Botschaft statt; außer dem Essen und dem allgemeinen Empfang gab es auch ein separates Gespräch zwischen Charles de Gaulle, dem Präsidenten Frankreichs, und Herbert. Am nächsten Tag sollten wir zu einem Mittagessen zu de Gaulle; für diese Gelegenheit hatte ich all das neue Zeug mit und, damit es fleckenfrei blieb, am ersten Tag nicht angezogen. Am folgenden Morgen, als wir wieder zur Botschaft kamen, stürzten die Journalisten auf Herbert zu mit den Worten, was sagen Sie dazu, was Willy Brandt gestern Abend auf einer Veranstaltung gesagt hat? – Gar nichts, war seine Antwort, denn er habe den Text noch nicht gesehen. In der Botschaft wurde uns dann mitgeteilt, de Gaulle sei äußerst verärgert und lade uns wegen der Äußerung von Willy Brandt*) aus. Die feine Bekleidung war also unnötig angeschafft worden. Statt de Gaulle lud uns Jean Monnet zum Essen ein und meinte, es sei sicher viel schöner, mit ihm zu essen. Da hatte er recht.

Die andere Folge von Herberts Ministertätigkeit war die Beschäftigung mit dem dringenden Wunsch vieler Menschen, aus der DDR auszureisen. Im Dezember 1966, während eines

---

*) Anfang Februar 1968 meldete eine Nachrichtenagentur, Brandt habe auf einer Veranstaltung in Ravensburg den französischen Staatspräsidenten für verrückt erklärt. Dies stellte sich später als versehentliche Falschmeldung heraus – siehe hierzu Willy Brandt: Erinnerungen, Berlin und Frankfurt am Main 1989, S. 240ff.

Besuchs bei Sven Backlund, dem schwedischen Generalkonsul in Westberlin, erbot dieser sich, einen Kontakt zum Rechtsanwalt Wolfgang Vogel aus Ostberlin herzustellen. Ich erinnere nicht mehr, ob wir Wolfgang Vogel das erste Mal bei Backlund oder im schwedischen Altenerholungsheim, ebenfalls in Westberlin, trafen. In Bonn fanden die Treffen in unserem Zuhause statt. Zu Beginn handelte es sich bei den Ausreisebemühungen überwiegend um Familienzusammenführungen; sehr häufig waren Eltern vor dem Bau der Mauer ohne ihre Kinder nach Westdeutschland oder Westberlin gegangen. Sie wollten die Kinder, die meist bei den Großeltern geblieben waren, nachholen, sobald sie in ihrem neuen Lebensbereich Fuß gefaßt hatten, ein Vorgang, den man in einem nicht geteilten Land als normal empfindet. Durch den Bau der Mauer jedoch war das geplante Nachholen der Kinder gescheitert. Später kamen andere Ausreisegründe hinzu und, immer häufiger, Menschen, die wegen ihres Versuchs, illegal die DDR zu verlassen, in Haft saßen. Das heißt, es ging immer öfter um Menschen, die kein Verbrechen begangen hatten, sondern nur das wollten, was die meisten von Ihnen, die hier zuhören, heute als ihr normales Recht ansehen. Nämlich dort zu leben wo sie wollen, und weil sie dieses versuchten, wurden sie verhaftet und zu Gefängnisstrafen verurteilt.

Ich bekam nicht nur Extraarbeit, weil ich, wenn die Gespräche bei uns zu Hause stattfanden, Gastgeberin war, sondern ich war sehr bald mit den Problemen der betroffenen Menschen befaßt. Es begann mit einem untypischen menschlichen Problem: Wir waren zu einer Veranstaltung in Rheinland-Pfalz, da sprach mich eine Frau an, sie wolle mit Herbert Wehner sprechen. Da Herbert auf die Diskussion achten mußte, um auf die Beiträge der Teilnehmer eingehen zu können, ließ ich mir sagen, worum es ging. Ein junges Paar, nach damaligem westdeutschem Recht noch nicht volljährig, benötigte, um heiraten zu können, in der damaligen Bundesrepublik die Zustimmung beider Elternpaare. Mit gerade 18 Jahren waren sie in der DDR ehemündig. Deshalb gingen sie ohne Wissen der Eltern in die DDR. Dort konnten sie zwar nach einem Jahr, das sie in einem Lager verbringen mußten, heiraten, aber eine Rückkehr in die Heimat wurde ihnen verwehrt. Es hieß, sie wären inzwischen DDR-Bürger. Ich habe Wolfgang Vogel immer wieder auf dieses Paar angesprochen. Meiner Meinung nach, so habe ich gesagt, wäre es nicht richtig, diese Leute als DDR-Bürger zu bezeichnen; denn sie sind nicht aus politischen Gründen dorthin gegangen. Es hat viele Jahre gedauert, und sie haben schon mehrere Kinder gehabt, als meine Bemühungen und die von Wolfgang Vogel endlich erfolgreich waren und die Familie ausreisen durfte. Dieser Fall war der Beginn von fast 20 Jahren Mitarbeit bei den Bemühungen, Familien zusammenzuführen und Häftlinge freizubekommen. Herbert hat die politischen Voraussetzungen für diese humanitäre Hilfe gesichert und politisch schwierige Fälle geklärt, und ich habe mich, auch zusammen mit Helga Vogel, um die Vielzahl der "einfachen" Fälle gekümmert.

Nach der Bundestagswahl im Jahr 1969 wurde Willy Brandt Bundeskanzler und Herbert Wehner Vorsitzender der SPD-Bundestagsfraktion. Zur gleichen Zeit wurde der andere Dresdner, Wolfgang Mischnick, Vorsitzender der FDP-Bundestagsfraktion. Zwischen ihm und Herbert gab es zwölf Jahre lang eine gute Zusammenarbeit.

Es gäbe noch einiges zu schildern, so die Reise zu Erich Honecker wegen der sogenannten "Kofferfälle", 1973, im gleichen Jahr, die Reise unter Leitung der Bundestagspräsidentin Annemarie Renger nach Moskau, Kiew und Leningrad, auch die Reisen mit dem erheblich kranken Herbert Wehner in die Heimat nach Dresden und ins Erzgebirge 1985 und 1986.

Ich hätte noch gerne eingefügt, wie es dem Mitglied der KPD-Bundestagsfraktion im Ersten Deutschen Bundestag, Kurt Müller, ergangen ist, aber alles das muß ich offenlassen und kann nur danken für die Geduld und hoffen, daß der eine oder andere etwas nachdenklich heimgehen wird.

68

Diese Kampagne wird Herbert nicht ins Zwielicht bringen

Rundschreiben an die Mitglieder der SPD-Bundestags-fraktion vom 20. Januar 1994

Liebe Freundinnen und Freunde,
heute vor vier Jahren hat Herbert Wehner seinen letzten Atemzug ausgehaucht. Es war ein schwieriges, aber ehrliches Leben. Ich habe ihn nicht nur in seiner schweren Krankheitszeit Tag und Nacht begleitet, sondern seit 1953 tagein, tagaus mit Herbert gearbeitet und gelebt.

Die älteren Mitglieder der Fraktion, die Herbert noch gekannt haben, sind entsetzt über die Kampagne, die jetzt wieder gegen Herbert geführt wird. Sie beunruhigt mich nicht, denn wir haben das seit Ende der vierziger Jahre in jedem Bundestags-wahlkampf erlebt. Viele in und außerhalb der SPD sind aber beunruhigt. Ich habe den Eindruck, daß einige diese Unruhe bewußt auslösen wollen, weil sie sich davon im Wahljahr etwas versprechen. Tatsächlich schadet aber die Mischung aus Verleumdungen *allen*, die sich ehrlich für unsere Demokratie einsetzen.

Es ist gesagt worden, Herbert habe für "die andere Seite" gearbeitet. Diese Behauptung ist absurd. Herbert hat, gerade auch aufgrund seines eigenen bitteren Erlebens, seinem Land und den Menschen leidenschaftlich gedient und sich in diesem Dienst geradezu verzehrt.

Willy Brandt war ein großer Staatsmann, der für unser Land Unermeßliches geleistet hat, insbesondere, was das Ansehen Deutschlands in der Welt anbelangt. Er hat es als Sozial-demokrat getan, und das dürfen wir ihm nie vergessen.

Herbert hat ihn im Mai 1974 nicht gestürzt. Herbert stand auf dem Standpunkt, daß, wenn Willy bereit gewesen wäre, die Guillaume-Affäre durchzustehen, daß er es dann geschafft hätte. Und Herbert hätte ihm dann beigestanden. Ich weiß nicht, ob Willy Brandt dies damals verstanden hat. Als Willy

69

den Entschluß gefaßt hatte, zurückzutreten, hat Herbert ihn nicht zurückgehalten. Es kam auf Willy an, nicht auf Herbert. Deshalb fällt aber auch auf Willy Brandt kein Schatten. Er hat nachher noch viel Gutes für uns alle getan.

Aus Herberts Papieren geht hervor, daß Herbert Willy über alles informiert hat, was er mit Erich Honecker verhandelt hat. Als Helmut Schmidt Bundeskanzler wurde, hat er auch Helmut alles in Kopie übergeben, was bisher zwischen ihm und Honecker verhandelt worden war. Der Brief von Erich Honecker vom 6. Mai 1974 war nicht an Willy Brandt gerichtet, sondern an Herbert. Der Brief traf ein, als Willy bereits öffentlich seinen Rücktritt erklärt hatte. Er wurde am 15. Juni 1974 Helmut Schmidt ebenso übergeben wie ein weiteres, undatiertes Schreiben Honeckers, das dieser nach dem Rücktritt Brandts geschrieben hatte, und an dem der Brief vom 6. Mai angeheftet war. In dem undatierten Schreiben befindet sich auch die Einladung Honeckers an Helmut Schmidt.

Beim Lesen der Akten sind mir einige Stellen besonders aufgefallen. Sie erklären noch einmal, mit welcher Einstellung Herbert seine Kontakte zu Erich Honecker verfolgte. Es ist gut, wenn ihr darüber informiert seid. Deshalb lege ich Euch in Kopie die Schreiben von Herbert an Erich Honecker vom 2. Dezember 1973 und an Helmut Schmidt vom 15. Juni 1974 bei.*) Das Schreiben vom 2. Dezember 1973 beginnt mit der Wiedergabe einer Aufzeichnung dessen, was Herbert im September desselben Jahres mündlich vorgetragen worden war und enthält im Anschluß daran Herberts Antworten.

Auch sonst gibt es nichts zu verbergen. Herberts Papiere können nach den für Archivbestände dieser Art allgemein geltenden Regeln über die Friedrich-Ebert-Stiftung eingesehen werden.

Was die angeblichen Geheimkontakte Herberts zur SED in den Jahren 1968 bis 1971 anbelangt, so hat ein junger Historiker, der an einer Arbeit über Herbert schreibt, bereits in der letzten Woche aufgeklärt, daß es sich dabei um Gespräche

---

*) Beide Texte werden im Anhang wiedergegeben.

mit Rechtsanwalt Wolfgang Vogel handelt, bei denen es vor allem um humanitäre Fragen ging".*)

Für mich gibt es keine Zeit in Herberts Leben, in der er nicht sorgfältig mit seinem jeweiligen Wissensstand und Gewissen gewirkt und gehandelt hat. Daß er dabei auch Irrtümern erlegen ist, ist menschlich.

Diese Kampagne wird Herbert nicht ins Zwielicht bringen.

Euch allen wünsche ich, daß ihr Euch selbst, gestärkt durch eigenes Prüfen, mit Zuversicht in dieses Wahljahr begeben könnt.

Herzlichst Eure
Greta Wehner

---

*) Vgl. Leugers-Scherzberg, August H.: Die Akte Wehners, in Die Zeit, Nr. 8/1994.

Ich habe ihn 46 Jahre lang gekannt

Stellungnahme vom 1. Oktober 2002 zu Behauptungen
im "Spiegel"-Artikel "Mehr Täter als Opfer?"
(Heft 40/2002)

Schriftstücke aus dem Nachlaß des NKWD*) erscheinen mir
wegen der unglaublich vielen Geschichtsfälschungen, die
mindestens seit den 20er Jahren des 20. Jahrhunderts durch
die KPdSU vorgenommen worden sind, häufig kaum glaubhaft.
Aber sie werden mit Vorliebe zum Geldverdienen durch
Veröffentlichungen genutzt durch Menschen, die diese Zeit
nicht erlebt haben. Mit "Behagen" wird das Leben eines
Menschen benutzt, um "Sensationelles" darüber schreiben zu
können und damit einen Schatten auf die SPD zu werfen, in
der Herbert Wehner mehr als 35 Jahre – von Herbst 1946 bis
Anfang 1983 – für unser Land gewirkt hat, also mehr als
doppelt so lange wie in der KPD.
Ich habe Herbert Wehner 46 Jahre lang gekannt, und als die
"Notizen" geschrieben wurden im gleichen Haushalt gelebt.
Herbert hat die "Notizen" 1946 nicht geschrieben, um sich zu
rechtfertigen, sondern weil er aufgrund seiner Moskauer
Erfahrungen immer damit gerechnet hat, er könne ermordet
werden, und so zu verhindern, daß dann die Geschichte der
KPD, so wie er sie erlebt hatte, im Sinne der KPdSU umge-
schrieben und verfälscht werden könnte.
Günter Reimann, sein Freund aus jungen Jahren, hatte sich
etwa 1932/33 nach einer Reise in die Sowjetunion von der
KPD getrennt, was übrigens nicht zu gegenseitiger menschlicher
Verachtung führte. Als Herbert Wehner erfahren hatte, daß
Reimann in den USA überlebt hatte, wußte er einen sicheren
Empfänger dieses seines Wissens und schickte ihm die
"Notizen".
Wenn der "Spiegel" schreibt, die "Notizen" seien erst 1982

*) Narodny komisariat vnutrennych del – Volkskommissariat für Innere An-
gelegenheiten, Staatssicherheit der Sowjetunion seit 1934.

72

veröffentlicht worden, so trifft dies für die Buchform zu, aber es trifft nicht zu für die Möglichkeit, den Text zu kennen. Mit dem Datum vom 14. März 1957 haben wir in einer großen Zahl die 216 Seiten, originalgetreu, Seite für Seite, vervielfältigt, dazu Herberts Erklärung zu einer Veröffentlichung der Zeitung *Dagens Nyheter*, einen Brief an Adenauer sowie zwei Seiten Pressemitteilungen und ein Anschreiben.

Diese Sammlung hieß bei uns "die graue Mappe". Die Liste, der Personen, die die Mappe erhalten haben, habe ich nicht mehr. Auf jeden Fall hat der *Spiegel* Kenntnis von dieser an viele verteilten Mappe, und ich bin sicher, daß *der Spiegel* bzw. Personen, die beim *Spiegel* waren – oder sind – diese Mappe nicht nur kennen, sondern haben.

Wenn in diesem Bericht des *Spiegels* von heute, wohl um Herbert Wehners Glaubwürdigkeit zu untergraben, darauf hingewiesen wird, Herbert habe 1946 von zwei Verhören, später dagegen von vier Verhören gesprochen, so möchte ich dazu sagen:

1. Herbert hat die "Notizen" ausschließlich aus dem Gedächtnis niedergeschrieben. Wer wie er illegal lebte, sowohl zu Beginn in Schweden als auch vorher, als er über das Baltikum reisen mußte, wo bereits deutsche Soldaten und damit auch die Gestapo herumliefen, durfte keine schriftlichen Unterlagen bei sich haben.

2. Hat nicht jeder von uns erlebt, daß er über eigene Erinnerungen unterschiedlich berichtet hat, und zwar nicht um zu täuschen oder etwas zu verbergen, sondern weil spontane Erinnerungen unterschiedlich wieder auftauchen?

Diesen Grund für die Niederschrift der "Notizen", das Rechnen mit der Gefahr des eigenen, unnatürlichen Todes und damit des Verlorengehens des eigenen Wissens, hat Herbert in der Frühzeit uns, denjenigen, die ihm nahestanden, gegenüber betont.

Alle anderen späteren Interpretationen, zum Beispiel er habe die "Notizen" für Kurt Schumacher geschrieben oder um sich selbst darzustellen bzw. "Fehlverhalten" zu vertuschen, auch daß er sie nachträglich verändert habe, treffen nicht zu.

Rückkehr in seine Heimat

Ansprache zum Treffen des Freundeskreises
Herbert-Wehner-Bildungswerk aus Anlaß der
Enthüllung des Herbert-Wehner-Denkmals
in Dresden am 25. Juni 1998

Unser Treffen fällt zwischen die Jahrestage von Herbert
Wehners Geburt am 11. Juli 1906, vor 92 Jahren, und den
Ereignissen des 17. Juni 1953, vor 45 Jahren. Der 17. Juni
war das politische Datum, an dem Herbert, so lange es ihm
physisch möglich war, Jahr für Jahr auf den Kundgebungen
des Kuratoriums Unteilbares Deutschland den Ruf der De-
monstranten im Osten Berlins und in vielen anderen Orten
der DDR wiederholte:
"Wir sind Arbeiter und keine Sklaven!"
Ihm war wichtig, daß dieses blutig niedergeschlagene
Aufbegehren aus der *breiten Bevölkerungsschicht* kam und
das zugleich herausgeschriene Verlangen nach der *Einheit*
Deutschlands von diesen Menschen getragen wurde.
Herbert Wehner war kein Kämpfer für das Ziel einer Diktatur
des Proletariats, in der ein Teil der Menschen über den Rest
der Bevölkerung herrscht. Er war, auch in dieser frühen Zeit,
ein Kämpfer *für das gleiche Recht für alle Menschen*, nicht
dafür, alle Menschen über einen Kamm zu ziehen, sondern
den *sozialen Rechtsstaat* auszubauen und zu sichern, eine
Aufgabe, die uns ständig bleibt.
Recht und Demokratie haben nur dann Bestand, wenn die
Menschen das Recht nutzen, wo immer Mängel in Erscheinung
treten, mit den Mitteln der Demokratie erforderliche
Verbesserungen zu erkämpfen. Herbert Wehner war für die
Demokratie "bis an die Wurzeln der Gesellschaft", das heißt
auch Demokratie, *Mitbestimmung* in der Wirtschaft, gesetzlich
zu verankern und durchzusetzen.
Dieses "bis an die Wurzeln" hat Bruno Heck, langjähriger
Bundesgeschäftsführer der CDU, Ende der 50er oder Anfang
der 60er Jahre zurückgewiesen. Demokratie als Staatsform,

das war der CDU ausreichend, Demokratie als Lebensform ging ihr zu weit.
Uns und besonders euch, die ihr jünger seid, bleibt noch viel zu tun.
Herbert Wehners Lebensweg wurde, vor allem in Zeiten von Wahlkämpfen, verzerrt. Er wurde als Schreckgespenst hingestellt. Mit weit gröberen Darstellungen als heute mit "Roten Socken" wurde versucht, die Wähler durch Kommunistenangst zu beeinflussen. Im Bundestagswahlkampf 1953 wurden die sozialdemokratischen Bundestagskandidaten Schroth und Scharley aus Solingen als dem Osten hörig verleumdet. Plakate wurden gegen die Sozialdemokraten geklebt, mit der Parole "Alle Wege des Marxismus führen nach Moskau" und dem verzerrten Gesicht eines Sowjetsoldaten darauf.
Als Herbert Wehner in einer Bundestagsdebatte Adenauer diese verleumderische Art, Wahlkampf zu führen, vorhielt, meinte dieser, wenn es die SPD Stimmen gekostet habe, könne die SPD bei nächster Gelegenheit genau die gleichen Methoden verwenden. Selbst dieser Adenauer ermahnte, nachdem er aus der aktiven Politik ausgeschieden war, seine Parteifreunde, pfleglich mit Herbert Wehner umzugehen. Denn er wußte seit langem, daß die Demokratie der alten Bundesrepublik ohne einen Mann wie Herbert Wehner nicht stabil und entwicklungsfähig war.
Herbert Wehner war nicht der Rabauke, als der er jahrzehntelang dargestellt wurde; er war einer, der mit seiner Muttersprache umgehen konnte, folglich Wortspiele nutzte, die aus dem Zusammenhang gerissen unsachlich wirken. Wenn er einen Bundestagskollegen "Kopf-ab-Jaeger" nannte, so klingt das sehr grob, aber dieser Kollege trat eben für die Einführung der Todesstrafe ein.
Herbert konnte sehr erregt und heftig auf falsche Behauptungen des politischen Gegners reagieren. In Film, Foto und Wort beliebten die Medien, ihn in dieser Erregung darzustellen und nicht in seinem geduldigen Zuhören und ebenso geduldigen Bemühen, seinen und der SPD Standpunkt darzulegen. Er war Wochenende für Wochenende draußen im Land, in unzähligen Veranstaltungen, Parteitagen und Konferenzen,

um die Mitglieder der SPD und die Bevölkerung im allgemeinen mit Entscheidungen und Beschlüssen der Partei vertraut zu machen und sie in den folgenden Diskussionen zu erklären. Das Beste an seinen Reden waren nach meinem Empfinden die Schlußworte, in denen er sich sorgfältig mit den Meinungen der Beteiligten auseinandersetzte.

Für Herbert Wehner ging es in der Politik darum, "die Dinge zu ordnen, die uns alle angehen". Und es ging ihm um das Wohl des einzelnen Menschen. Dies war sicher besonders zu spüren bei den Bemühungen um menschliche Erleichterungen zwischen den beiden Staaten des geteilten Deutschland. Eines der Mitglieder unseres Freundeskreises, Wolfgang Vogel, ist derjenige, der das umfassendste Wissen über dieses Wirken Herbert Wehners hat.

Herbert Wehners Kenntnis der *inneren* Voraussetzungen des Systems, das in der DDR und im übrigen Ostblock herrschte, verband sich mit der Erkenntnis, daß ein solches System im Innern desto brüchiger wird, je mehr Erleichterungen oder gar Rechte für die Bevölkerung ihm abgerungen werden. Opposition in der DDR war in den 40er, 50er, bis in die 60er Jahre lebensgefährlich; das Ringen um die Entlassung oppositioneller Gefangener, das Ringen um Besuchsregelungen und Ausreisemöglichkeiten verminderte die Gefährdung der Menschen. Es war ein Schritt hin zu den Ereignissen des Herbstes 1989 und damit hin zur Wiedervereinigung unserer in zwei Staaten gespaltenen Heimat.

Herbert Wehner war mit vollem Herzen Patriot; er liebte seine engere Heimat Dresden und empfand es schmerzlich, durch die Spaltung Deutschlands von ihr getrennt zu sein. Als er 1985, nach dem Ausscheiden aus dem politischen Leben, in Begleitung von Helga und Wolfgang Vogel und mir nach Dresden kam, war er schon schwer krank. Es waren 50 Jahre vergangen seit seinem letzten Besuch bei den Eltern in der Spenerstraße, damals als illegal lebender und wirkender Mann. Trotzdem hat er noch einiges wahrnehmen können.

Das freudigste Wiedererkennen in Dresden war wohl, als wir durch die Kyffhäuserstraße auf die Spenerstraße zufuhren und er den Schulsportplatz vor sich sah, genau dort, wo wir

76

heute das Denkmal enthüllen wollen. Da rief er freudig erregt aus: "Hier habe ich Fußball gespielt." Und er zeigte mir die leeren Fensterhöhlen des Ruinenrestes der Spenerstraße 1b, das Hinterhaus, in dem er herangewachsen war, und zu dem seine Gedanken, als sein Zuhause, die ganzen Jahrzehnte zurückgingen. Aus dem brennenden Dresden floh die Mutter Antonie im Februar 1945 bis ins osterzgebirgische Geising, wo sie später ihren Verletzungen erlag und begraben wurde, ohne erfahren zu haben, daß ihr schmerzlich vermißter Sohn die Schrecken der Hitlerzeit und der Sowjetunion überlebt hatte.

Diesen Mann haben die sächsischen Sozialdemokraten in seine engere Heimat zurückgeholt. Sie wissen und zeigen damit, daß Menschen sich selber treu bleiben können, ja sogar erst dadurch treu sein werden, wenn sie bereit sind, neue politische Orientierungen zu finden, wenn ihnen klar geworden ist, daß der bisherige Weg nicht zum Ziel führt. Menschen sind lernfähig, dieses muß der Menschen wegen akzeptiert werden.

Ein leidenschaftlicher Parlamentarier

Ansprache zur Präsentation der Sonderbriefmarke aus
Anlaß des 10. Todestags von Herbert Wehner in Berlin
am 11. Januar 2000

Eine Briefmarke mit dem Bildnis Herbert Wehners... – er selbst
hätte vermutlich geschmunzelt.
Es gibt wenige Mitglieder des Bundestages, die eine gleiche
Zeitspanne oder gar länger diesem Parlament angehört haben.
Entscheidend sind dabei nicht die fast 34 Jahre, sondern die
aktive Mitarbeit, die mehrfach Richtung gebende Arbeit dieses
Mannes.
Einige Beispiele aus dieser langen Arbeitszeit:
Durch seine Rede vor fast 40 Jahren, am 30. Juni 1960, als
Herbert Wehner sich, ohne vorherige inhaltliche Absprache,
mit der politischen Entwicklung in der Bundesrepublik und
ihrer Einbindung in das westliche Bündnis auseinandersetzte
und diese, nicht veränderbaren, politischen Eckpfeiler als
Arbeitsgrundlage akzeptierte, wurden die Sozialdemokraten
befähigt, die politischen Entwicklungen zu beeinflussen.
Seine Gesprächsbereitschaft war wichtig. Er war fähig, mit
Parlamentariern anderer Parteien vertraulich und verläßlich
zu sprechen und damit Verantwortung für das Ganze, auch
für das ganze Deutschland, zu tragen.
Die stille, sehr intensive Mitarbeit im Monnet-Komitee, getragen
von Mitgliedern aller demokratischen Parteien und Gewerkschaften der damaligen Europäischen Gemeinschaft, war der
wichtige Schritt auf dem Weg zu Europa.
Durch den Weg zur großen Koalition stellte er die Regierungs-
fähigkeit der Sozialdemokraten unter Beweis.
In der sozialliberalen Koalition drängte er auf das strikte Einhalten der Ostverträge und leitete die SPD-Fraktion so, daß
den sozialdemokratischen Bundeskanzlern der Rücken zum
Regieren freigehalten wurde.
Regieren ist weit schwieriger als Opposition zu betreiben.

Regieren in der Demokratie erfordert Kompromisse, eine Regierung ist für das Ganze verantwortlich. Wählerwünsche können nur bruchstückhaft angepackt werden, aber viele Bruchstücke ergeben nach und nach auch größere Gerechtigkeit.

Eine sozialdemokratische Regierung muß fähig sein, mit den Menschen zu reden und ihr Handeln den Wählern verständlich machen.

Die Demokratie braucht Leitbilder. Leitbilder, die nicht als strahlende Sieger über den Menschen schweben, sondern solche, die bereit sind, das tägliche, oft mühsame Arbeiten und Verantwortung tragen, "für das Ordnen der Dinge, die uns alle angehen", wie Herbert Wehner Politik zu erklären pflegte, auf sich zu nehmen.

Die Parlamentarier heute können in dem leidenschaftlichen Parlamentarier Herbert Wehner ein Leitbild finden.

Parlamentarier sind Vertreter des Ganzen. Sie tragen Verantwortung bei allen Abstimmungen, für alle Gesetze. Deshalb müssen sie sich über ihr Fachgebiet hinaus kundig machen und möglichst an allen Plenardebatten teilnehmen, das heißt zuhören. Herbert Wehner achtete diese Verantwortung, zwar nicht allwissend, aber sich über alles informierend und sich eine eigene Meinung bildend, sehr hoch. Er hat sehr selten im Plenum gefehlt. Parlamentarier zu sein, wie er es war, ist kein Traumjob, sondern den ganzen Menschen fordernde Arbeit.

Die Ehrung mit dieser Briefmarke ist eine Ehrung für das ganze Parlament und eine Aufforderung, politische und parlamentarische Arbeit als die wichtigste Grundlage unserer Demokratie zu erkennen.

Wirken für Hamburg

Ansprache auf der Feier zur Benennung des
Herbert-Wehner-Platzes in Hamburg-Harburg
am 16. November 2000

Liebe Harburger, liebe Freunde aus dem ehemaligen Bundestagswahlkreis Herbert Wehners, der das ganze Süderelbegebiet
Hamburgs einschließlich Wilhelmsburg und zeitweilig die
Veddel und Finkenwerder umfaßte! Verehrte Abgeordnete aus
den Parlamenten! Verehrter Bürgermeister Ortwin Runde,
verehrte Senatoren! Lieber Peter Schulz! Lieber Klaus Deubel,
der die Partnerstadt Dresden, zugleich Geburtsort und Sehnsuchtsheimat Herbert Wehners, hier vertritt!
Meine Gedanken gehen zurück in das Jahr 1949. Herbert
Wehner war mit großer Mehrheit in den Ersten Deutschen
Bundestag gewählt worden und wollte von Eimsbüttel in den
Wahlkreis ziehen – eine Wohnung war schon gefunden –, da
sprach der damalige Vorsitzende der SPD, Kurt Schumacher,
ein Machtwort: Deine Aufgabe ist in Bonn, du darfst dich
nicht im Wahlkreis verkriechen. So blieben wir "Beim Schlump",
faktisch als Zweitwohnung, und 33 ½ Jahre mit der Aufgabe
betraut, die Dinge zu ordnen, die uns alle angehen, wie Herbert
Wehner den Begriff Politik erklärte.
Wenn Probleme auftauchten, die auf der Ebene Hamburgs
nicht lösbar waren, dann konnten die "Harburger" sich auf
ihren Abgeordneten Herbert Wehner verlassen. Mir fallen dabei
die Sietaswerft in Neuenfelde, die Ölmühle und die Gummiwerke
in Harburg ein, und, ganz schlimm, die Sturmflut mit über
hundert Toten im Wahlkreis.
Herbert, der regelmäßig die Nachrichten des Deutschlandfunks
hörte, verfolgte in großer Sorge die Entwicklung der Ka-
tastrophe. An diesem 16./17. Februar 1962 fand eine zwei-
tägige SPD-Vorstandssitzung in Bonn statt, an der auch der
Hamburger Bürgermeister und mehrere Senatoren teilnahmen.
Am Morgen des 17. Februar drängte der adoptierte Hamburger

oben: Lotte Burmester mit
ihren Kindern in Flensburg.

unten: Greta und Peter 1934.

B1

oben: Greta Wehners
Jugendgruppe
Anfang der 40er
Jahre in Schweden.

Mitte: Herbert
Wehner mit Greta,
Jens-Peter und Lotte
Burmester in
Uppsala.

unten: v.l.n.r. Greta
und Lotte Burmester,
Herbert Wehner,
Frieda und Viktor
Kunze, Friedel
Wagner 1946 in
Uppsala.

B2

oben: Toni Wehner mit Söhnen Rudi (l.) und Herbert (um 1915).

Mitte: Herbert Wehner als Redakteur in Hamburg.

unten: Herbert Wehner 1968.

B3

links: Herbert und
Lotte Wehner mit
Greta, 50er Jahre.

unten:
Familie Wehner-
Burmester auf der
Treppe vor ihrem
Ferienhaus auf
Öland.

B4

rechts : Greta 1953 auf
ihrer ersten "Dienstreise"
in Schweden.

unten: Greta hält Aus-
schau - SPD-Parteitag
1960 in Hannover, am
Rednerpult Erich Ollen-
hauer, rechts davon
Willy Brandt.

B5

oben: Mai 1973. Im Uhrzeigersinn Herbert Wehner, Erich Honecker, Wolfgang Mischnick, Greta Burmester.

links unten: Die Frau an seiner Seite.

rechts unten: September 1973 in Leningrad, im Hintergrund die "Aurora".

B6

oben links: Bonn 1975. Im Büro
des SPD-Fraktionsvorsitzenden.

oben rechts: im Garten auf dem Heiderhof.

unten: Dresden 1985. Am "Blauen
Wunder".

B7

oben : Schneeberg 1985. Am Filzteich

Mitte: Dresden 1985. Spenerstraße 1b.

unten: Dresden 1985. Im Hintergrund der alte Landtag.

Herbert Wehner den Bürgermeister und die anderen Hamburger, sofort nach Hamburg zu fliegen. Nein, meinten die geborenen Hamburger, das kann nicht so schlimm sein. Der eine meinte: Ich fahre mit dem Zug, der andere: Ich mit dem Auto. Es war schwer, diesen Männern die schreckliche Tatsache begreiflich zu machen.

Hamburg war überhaupt nur noch mit Hilfe einer Bundeswehrmaschine zu erreichen, was dann auch geschah. Der Bürgermeister, alle anderen und Herbert und ich, wir kamen auf diese Weise am Morgen des 17. Februar nach Hamburg. Herbert und ich mußten von Fuhlsbüttel zurück nach Harburg mit einem Hubschrauber über die Wasserwüste, um dann mit einem von *"Phönix"* geliehenen Auto und Gummistiefeln unseren Weg durch die schrecklichen Verwüstungen zu suchen. Die toten Leiber der Kühe, die geborstenen Deiche und verwüsteten Häuser, die Not der Menschen vergesse ich nie.

In der Nacht waren wir dann im Lagezentrum bei Helmut Schmidt, in der Not ein Glück für Hamburg, einen so durchsetzungsfähigen Senator zu haben. Und wohl auch ein Glück für Hamburg und die Nordseeküstenländer, einen so überzeugungsfähigen Abgeordneten im Bundestag zu haben wie Herbert Wehner, der aus eigenem Erleben im Bundestag die finanzielle Hilfe für die von der Sturmflut verwüsteten Landstriche überzeugend vertreten und durchsetzen konnte. Ich freue mich, daß mit der Namensgebung dieses Platzes die Arbeit des leidenschaftlichen Parlamentariers Herbert Wehner geehrt wird, der sich für das Wohl der Menschen in seinem Wahlkreis in Hamburg und im ganzen Bundesgebiet eingesetzt hat. Es ist der dritte Ort, der seinen Namen trägt, nachdem im November 1991 in Bergkamen im Ruhrgebiet der zentrale Platz der Stadt den Namen Herbert Wehners bekam und im Juli 1992 in Leverkusen-Schlebusch die neu erbaute Verbindungsstraße, die in die Gustav-Heinemann-Straße mündet, ebenfalls Herbert Wehners Namen erhielt.

Die heranwachsenden Nachgeborenen brauchen Vorbilder, nicht zum Nachahmen, aber um sich an ihnen zu messen. Herbert Wehners Wirken für den sozialen und demokratischen Rechtsstaat kann ein solches Vorbild sein.

Die Dinge ordnen, die alle angehen

Schlußwort auf der Feier zur Benennung des
Herbert-Wehner-Platzes am 12. Juli 2001 in Dresden

Ich habe eigentlich nicht vorgehabt, etwas zu sagen. Aber ich möchte Hans-Jochen Vogel danken und einigen anderen auch, die einen weiten Weg auf sich genommen haben, um hier teilzuhaben an dem, was wir heute erleben.

Ich habe mit Jochen Vogel heute nicht die erste Namensgebung erlebt. Wir waren schon einmal zusammen, vor fast zehn Jahren im Ruhrgebiet, und haben einem zentralen Platz in dem Städtchen Bergkamen den Namen Herbert Wehners gegeben. Es gibt noch einige weitere Straßen oder Plätze in der Bundesrepublik.

Was hat das auf sich? Ich denke, es geht nicht einfach darum, Plätze mit Namen zu versehen, sondern, Menschen etwas mit auf den Weg zu geben, was, wenn sie es lesen, sie nachdenklich machen und anregen kann, selber Verantwortung in diesem unserem Gemeinwesen zu übernehmen. Dieses ist das Allerwichtigste, was wir den jungen Menschen mitgeben können: Daß sie sich nicht darauf verlassen, daß andere das tun, was sie meinen, was getan werden müßte, sondern daß sie selber anpacken, daß sie selber bereit sind, die Mühen des politischen Lebens auf sich zu nehmen und die Dinge zu ordnen, die uns alle angehen.

Ich danke allen, ich danke der Stadt und den Abgeordneten dieser Stadt, die sich dazu entschlossen haben, daß hier in Dresden, in der Geburtsstadt, mitten im Zentrum der Name Herbert Wehner erhalten bleibt und hoffentlich Vorbild bleibt.

Leben mit der Bergpredigt

Ansprache zur Gedenkstunde des Herbert-Wehner-Bildungswerks aus Anlaß des 10. Todestages von Herbert Wehner in Dresden am 19. Januar 2000

Dieser Tag ist für mich mehr als das Gedenken an das Wirken eines Mannes.

Meine Gedanken gehen zurück zu Herbert Wehners letzten Atemzügen, die ich allein und in großer Nähe und tiefer Zuneigung erleben durfte.

Schon einmal, etwa vier Monate früher, befand er sich in einem Zustand, wo ich mich fragte, ob er in das beginnende Sterben hinübergleitet.

Ich überlegte, wie ich ihm am besten helfen könnte, den Arzt anrufen und damit Unruhe, vielleicht Geschäftigkeit oder gar Krankenhaus als Folge – da er nicht gequält erschien, befand ich Ruhe und Nähe als den besseren Weg.

Ich erzählte ihm, was er in seinem Leben bewirkt hatte, las ihm aus der Bibel vor, das, was ihm immer nahe war, die Bergpredigt, von der er nie lassen konnte, und aus Paulus‘ Brief an die Korinther, *"wenn ich mit Menschen und mit Engelszungen redete und hätte der Liebe nicht, so wäre ich ein tönendes Erz oder eine klingende Schelle"*. Diesen Text, den Herbert mir zu meinem Volljährigkeitstag in ein Büchlein schrieb.

Ich betete für ihn das Vater Unser, mit der Bitte um das tägliche Brot, als Bitte für alles, was wir brauchen und der Bitte um Vergebung denen wir schuldig geworden sind, so wie auch wir zu vergeben haben.

Nach wohl fast drei Stunden, als er aus dem Tief heraus war, sagte mir dieser schon seit langem kaum noch sprachfähige Mann, der in dieser Zeit fast nur noch die Worte *"Danke"* und *"Greta"* zur Verfügung hatte, einen vollen Satz: *"Das hast du gut gemacht."* – Ein größeres Geschenk, eine größere Hilfe für die Stunde des Sterbens kann ein Mensch wohl kaum seinem Nächsten geben.

Dieser Mann, der so still starb, hatte über Jahrzehnte das

politische Leben in der alten Bundesrepublik richtungweisend beeinflußt. Neunmal wurde er mit absoluter Mehrheit in der Partnerstadt Dresdens, in Hamburg, direkt in den Bundestag gewählt.

Die Menschen, *"die da Leid tragen"* (ein Wort der Bergpredigt), waren für ihn Antrieb in der Politik, als Vorsitzender des Ausschusses für Gesamtdeutsche Fragen, für die Menschen, die unter der Spaltung unserer Heimat litten, die Folgen der Spaltung zu mildern.

1950 half er, das Leid der Kriegsgefangenen und von deren Familien zu beheben. Obwohl Deutschland nicht Mitglied der Vereinten Nationen war, konnte Herbert Wehner mit Hilfe einer farbigen Rechtsanwältin, die USA-Vertreterin bei der UNO war, die Resolution zur Lage der Kriegsgefangenen so beeinflussen, daß die Sowjetunion zwar nicht für diesen Beschluß stimmte, aber sich nach dessen Vorschriften richtete und die Registrierung der in ihrem Machtbereich befindlichen Kriegsgefangenen durchführte. Dieses war unabdingbare Voraussetzung für die spätere Entlassung, von der es dann Mitte der fünfziger Jahre hieß, Adenauer habe die Kriegsgefangenen heimgeholt. Ohne die stille Vorarbeit Herbert Wehners wäre kaum jemand zum Heimholen auffindbar gewesen.

Seine stille, sehr intensive Mitarbeit im Monnet-Komitee, getragen von allen demokratischen Parteien und Gewerkschaften der damaligen Europäischen Gemeinschaft, war der wichtige Schritt auf dem Weg zu Europa.

Er hat ständig gedrängt, die Ostverträge zum Tragen zu bringen, sie einzuhalten, weil Recht und Gesetze respektive völkerrechtliche Regelungen Diktaturen durchlässiger machen und demokratische Kräfte stärken und so der Weg zur Überwindung der Spaltung Deutschlands und Europas eingeleitet werden konnte.

Diesem Mann, der nicht nur vorne im Scheinwerferlicht stand, sondern der unendlich viel politische Kleinarbeit, oft auch vertraulicher Art, geleistet hat, ist aus Anlaß seines zehnten Todestages eine Briefmarke gewidmet worden. Nun wird im Zentrum von Hamburg-Harburg, an dem das große Kaufhaus

84

Karstadt liegt, der Platz in Herbert-Wehner-Platz umbenannt. Schon seit der ersten Hälfte der neunziger Jahre gibt es in Bergkamen, einer Bergbaustadt des nordöstlichen Ruhrgebiets, den zentralen Platz als Herbert-Wehner-Platz und in Leverkusen am Mittelrhein die Herbert-Wehner-Straße, eine damals neue, große Verbindungsstraße. Ein Alten- und Pflegeheim im Braunkohlebergbaugebiet westlich von Köln heißt bereits seit Herbst 1990 Herbert-Wehner-Haus.

Die Stadt seiner Sehnsucht, in der er geboren und aufgewachsen war, die für ihn, als Folge der nationalsozialistischen Zeit und der Zeit des sich real existierender Sozialismus nennenden Systems fünfzig Jahre lang nicht erreichbar war, in seinem Herzen aber immer seine geliebte Heimat blieb, hat das Herbert-Wehner-Bildungswerk Sachsen, das sich müht, Menschen zu befähigen, Tragpfeiler der demokratischen Entwicklung in Sachsen zu sein.

Und damit Dank den dort Tätigen und Dank Ihnen allen, die meiner Art des Gedenkens gefolgt sind.

II
Wege nach Sachsen

Unterwegs in Ostdeutschland

Vortrag vor dem SPD-Ortsverein Bad Godesberg Süd
am 30. Juni 1992

Erfahrungen in West und Ost

Ich bin der Bitte, von meinen Erfahrungen zu erzählen, nur
zögernd nachgekommen. Zu Hause bei mir Erfahrungen und
Erlebnisse auszutauschen, im Gespräch auf das Für und
Wider einzugehen, das ist etwas anderes als wenn ich hier
vor euch stehe, vor Menschen sehr unterschiedlichen Alters,
dabei viele ohne eigene Erinnerung an Deutschland vor der
Teilung.

Deshalb möchte ich einige Fakten voranstellen.

Es war nicht der Entschluß der Bewohner des östlichen Teiles
Deutschlands, in den Machtbereich des Ostblocks zu kommen.
Es war Folge des furchtbaren Krieges, den die Deutschen
unter Hitler begonnen und geführt hatten.

Es war nicht der Entschluß der Bevölkerung dieser Sowjetischen Besatzungszone (SBZ), sich als DDR zu konstituieren,
sondern dies war Folge der Aufteilung Deutschlands durch
die Siegermächte und des inzwischen herrschenden Kalten
Krieges.

Die Besatzungsmächte in Ost und West strebten in ihren
Zonen politische Verhältnisse an, die ihren Vorstellungen
entsprachen: im Osten kommunistisch-stalinistisch, im Westen
demokratisch. Aus den Gefängnissen und Konzentrations-
lagern, aus den Ländern der Emigration kehrten manche mit
Illusionen über den Sozialismus und die Sowjetunion nach
Osten zurück. Erich Honecker mag zu denen gehört haben,
Walter Ulbricht zu den Wissenden. In den Westen kamen
Sozialdemokraten, Liberale und Angehörige des Zentrums,
also katholische Demokraten. Vor allem aber Kurt Schumacher,
Fritz Erler aus der Haft, Erich Ollenhauer, Willi Eichler, Willy
Brandt, Herbert Wehner und viele andere aus Ländern, die
uns Schutz und Asyl gewährten.

Wir hatten hier das Glück, durch diese Hilfe demokratische

Entwicklungen einzuleiten. Wir konnten hier zum Beispiel gegen die Demontage der Industrie kämpfen, ohne ins Gefängnis zu kommen.

Dort, im Osten Deutschlands, mußten die Menschen unsere gemeinsame Kriegsschuld gegenüber der vom Krieg ungleich stärker verwüsteten Sowjetunion aufbringen. Die Demontage, das heißt der Abbau von Industrie und Lieferung an den Sieger, wurde dort viel radikaler durchgeführt. Die Wirtschaft mußte ohne Marshallplanhilfe aufgebaut werden. Der Aufbau fand nicht nach den Bedürfnissen der Bewohner Ostdeutschlands, sondern im Rahmen der sowjetischen Planung für den ganzen Ostblock statt. Die Industrieproduktion war bis zuletzt abhängig von der Sowjetunion und auch auf den Vorteil der Sowjetunion ausgerichtet.

Wenn wir das Heute verstehen wollen, wenn wir die Menschen annehmen wollen, wenn wir Bereitschaft wecken wollen, für Sorgen und Nöte Verständnis zu haben, dann müssen wir die Ursachen dieser Nöte kennen. Deshalb die Vorgeschichte. Die Menschen in Sachsen, Brandenburg, Thüringen, Sachsen-Anhalt und Mecklenburg-Vorpommern haben durchweg eine gute Berufsausbildung. Sie haben immer wieder durch Erfindungsgabe den Mangel überwinden müssen, um überhaupt produzieren zu können. Sie sind Menschen wie du und ich, die gelebt hätten wie wir, wären sie 1945 nicht in – zum Beispiel – Magedeburg gewesen. Magdeburg, wie auch Teile Thüringens, waren erst amerikanisch besetzt und wurden dann ausgetauscht, nach den Plänen, die die Siegermächte vor Ende des Krieges vereinbart hatten.

Fritz Erler sagte am 24. Oktober 1963:

"Die Bundesrepublik wird einst aufgehen in einem freien Gesamtdeutschland! Wir sind ein Volk! Da trägt jeder auch des anderen Last."

"Wir sind ein Volk!" drang im Herbst 1989 als Ruf zu uns aus der DDR. Es ist unsere Aufgabe, die wir heute noch leben – und eure Aufgabe, die ihr jünger seid –, diese Last des anderen mit zu tragen, diesen Ausgleich der *für uns mit gezahlten Kriegsschuld* in den nächsten Jahrzehnten auf uns zu nehmen.

Es gibt noch viele Mängel im sozialen Bereich bei uns, die wir bei den erforderlichen Einschränkungen zu Gunsten des notwendigen Ausgleichs nur erschwert und langsam überwinden können. Dennoch werden wir auf lange Zeit bessere Wohnungen, bessere Straßen, bessere Einkommen, insgesamt einen höheren Lebensstandard haben als die Menschen in den ost-nord-ost-deutschen Ländern. Und dieses alles nicht weil wir fleißiger und tüchtiger sind, sondern weil die Menschen dort 46 Jahre lang unsere Last mit getragen haben. Es ist jetzt an uns, zehn bis fünfzehn Jahre ihre Last mit zu tragen, bis ihre Industrie, ihre Straßen so modernisiert und neu gebaut sind, daß sie selbst für sich genug erwirtschaften und uns dann allmählich einholen.

Die Menschen in Sachsen und den anderen östlichen Ländern Deutschlands arbeiten genau so effektiv wie die Menschen in den westlichen Ländern, sofern sie gleichwertige Arbeitsvoraussetzungen haben.

In der *Süddeutschen Zeitung* vom 23. Juni 1992 fand ich ein Zitat des Opel-Chefs Hughes, daß bei Montagearbeiten die Trupps aus den neuen Ländern wesentlich produktiver sind als alle anderen in Europa.

Die Menschen in Ost und West sind nicht einfach Rheinländer oder Sachsen, sie sind Deutsche, untereinander vermengt. Sie sind gleich leistungsfähig und leistungsbereit. Diese Überzeugung habe ich bei den verschiedenen Veranstaltungen, beim Zuhören und Beobachten und in Einzelgesprächen bestätigt gefunden.

Erste Reisen

Ich hatte im Sommer 1990 brieflichen Kontakt zur SPD in Dresden gesucht, weil ich, wie ich es für mich nannte, etwas von Herbert in seine Heimatstadt zurückbringen wollte. Bei jedem meiner Aufenthalte war mir das Wichtigste, zuzuhören, um verstehen zu können, wie sie aus ganz anderen Lebenserfahrungen heraus ihren Weg suchen müssen.

Ich war das erste Mal im August 1990 im SPD-Unterbezirksbüro in Dresden, hatte ihnen Bücher von Herbert mitgebracht. Ich traf dort auch den engsten Mitarbeiter des damaligen Ersten

90

Bürgermeisters, das heißt stellvertretenden Bürgermeisters von Dresden. Wir vereinbarten, daß während des Landtagswahlkampfes weitere Bücher an eine öffentliche Bibliothek übergeben werden sollten.

Die zweite Reise folgte nach der offiziellen Vereinigung, unmittelbar vor der Landtagswahl im Oktober. Ich war gebeten worden, an einer AfA-Versammlung[1] teilzunehmen. Damals begann schon die um sich greifende Arbeitslosigkeit die Menschen zu belasten. Mit der Vereinigung der beiden Währungen war die Exportwirtschaft zusammengebrochen. Die Ostblockländer, die Hauptabnehmer von Produkten der DDR-Industrie, hatten keine Devisen, um die DM-Preise zu bezahlen. Nebenbei bemerkt: Die Treuhand ist keine westdeutsche Erfindung, sie ist eine Gründung der Modrow-Regierung.

Die Lage der Menschen heute möchte ich an einigen Daten aus Chemnitz verdeutlichen, einer Stadt, deren Bevölkerung bis zur Wende im Zunehmen war, die Einwohnerzahl betrug 290.000. In den ersten fünf Monaten des Jahres 1992 zogen nach Ummeldung beim Einwohnermeldeamt 10.000 Menschen nach Westdeutschland, eine unbekannte Zahl pendelt täglich oder wöchentlich nach Westdeutschland zur Arbeit. Oft ist das die erste Stufe zum Wegzug.[2]

Es ist ein Aderlaß an Menschen, jung und beweglich, die in wenigen Jahren dringend für die neuen Betriebe am Ort gebraucht werden. Ein Vakuum, das dann vielleicht aufgefüllt wird durch Zuwanderer aus Böhmen und Polen.

Chemnitz war im Ostblock führend im Maschinenbau, die Fräsmaschinen waren gefragt. Von 4.300 Mitarbeitern des Heckerschen Fräsmaschinenwerks sind nur 980 nicht entlassen. Diese machen obendrein Kurzarbeit mit höchstens drei Monaten Arbeit im Jahr.

Die Werke des Textilmaschinenbaus mit 35.000 Beschäftigten sind zusammengebrochen. Im Zeitraum von zwei Jahren sind 40 Prozent der Arbeitsplätze verlorengegangen.

---

[1] "AfA" ist die Abkürzung für die SPD-Arbeitsgemeinschaft für Arbeitnehmerfragen.
[2] Chemnitz hat heute etwa 250.000 Einwohner.

Zurück bleiben die über Vierzigjährigen und gering Quali-
fizierten. Es sind Menschen, die gehen und die bleiben, die
arbeiten wollen, aber zur Zeit vor dem Nichts stehen, in einer
Umwelt, in der vieles zu haben ist, was es früher nicht gab
und was sie jetzt nicht bezahlen können.

Wir hier im Westen sind gefordert, diesen schmerzhaften
Wandel von der Mangelwirtschaft zur Marktwirtschaft durch
eigene Bescheidung erträglicher werden zu lassen, denn *wir
sind ein Volk*. Wollen wir eine friedliche Entwicklung in
unserem Land, dann müssen die von uns, die wohlhabender
sind, zur Linderung beitragen.

Das, was Bonn als Folge der Vereinigung bevorsteht, ist ein
Kinderspiel im Vergleich zur Lage in Sachsen, Brandenburg,
Mecklenburg (mit den Werften), Sachsen-Anhalt und Thüringen.
Wir haben im Bonner Bereich eine moderne Infrastruktur und
eine verkehrsgünstige Lage. Egal wie es kommen wird, der
Einschnitt wird viel schmerzloser und schneller verheilen als
im Osten.

In den Ländern, von denen ich spreche, sind nicht nur Straßen,
Bahnen, Flughäfen, auch Kanalisation, Trinkwasserversorgung,
verseuchte Böden, nicht rekultivierte Braunkohlentagebaue,
in einem erschütternden Zustand. Drückend lasten auf Industrie und Wohnungsbaugesellschaften der Städte die Altlasten.
Ihr werdet fragen, wie ich es auch tat, was sind Altlasten?
Wenn ich es wiedergebe, wie ich es verstanden habe, sicher
sehr vereinfacht, so ist es folgendermaßen: Kein Betrieb, keine
Wohnungsbaugesellschaft verfügte über eigene Mittel, diese
wurden zentralistisch nach Plan zugeteilt und als Schuld
geführt. Gewinne durften nicht für erforderliche Investitionen
eingesetzt werden – sie gingen zurück an den Staat. Es sind
nach meinem Verständnis Staatsschulden, die heute auf
Grund des Einigungsvertrages in Bankschulden umgewandelt
worden sind.

Wirtschaft und Wohnungsbau werden heute nicht nur durch
die Eigentumsproblematik, sondern auch durch das Alt-
schuldenproblem belastet; es ist kaum noch lösbar, nachdem
diese Schulden den Banken übertragen worden sind und die
Zinsen die Belastung erhöhen. In Dresden, sicher anderswo

auch, hat das zur Folge, daß die städtischen Wohnungsbau-gesellschaften wegen der hohen Verschuldung nicht kredit-würdig sind. Dringend erforderliche Renovierungen können nicht stattfinden. Jetzt wird überlegt, neue Wohnungsbau-gesellschaften der Stadt zu gründen, um mit diesen unbelasteten Gesellschaften kreditwürdig zu werden und wenigstens neu bauen zu können. Aber wie löst man das Problem der Sanierung der vorhandenen Bausubstanz? Im November 1990 fand die geplante Übergabe der Bände des von Herbert und mir vom Jahrgang 1945 an gesammelten "Archivs der Gegenwart" an die Sächsische Landesbibliothek statt. Die Presse in Dresden nahm nicht nur Notiz davon, sondern berichtete teilweise ausführlich darüber – und damit über die SPD.

Im August 1990 sehr ausführlich und später bei allen Aufenthalten in Dresden habe ich etwas mit Erna, damals 84 Jahre, unternommen oder sie mindestens besucht. Erna, eine angeheiratete Kusine von Herbert, die unser Bindungsglied nach Dresden in den Nachkriegsjahrzehnten war. Eine Frau, die mit der Zwangsvereinigung in die SED kam und sehr bald, zum Erschrecken ihrer Freunde, wieder austrat, weil sie so eine Politik nicht wollte. Sie ist, wenn man es so sagen kann, mein Bindeglied zu den nicht politisch Tätigen und zu den Alten.

Nach der ersten Rentenerhöhung war ihr Eindruck: "So viel Geld!" Ich warnte sie, und sehr bald bemerkte sie, wie die steigenden Preise das "So viel" verschlangen.

Für die Alten kommen auch andere Erschwernisse hinzu. Etliche Konsumläden machten dicht oder schrumpften. Die Obst- und Gemüseabteilung verschwand, das bestehende Geschäft war jetzt proppenvoll mit Waren, die der alte Mensch nicht in der Nähe braucht: Alkohol in allen Sorten, Waschpulver in einer Vielfalt, die verwirrt, und massenhaft westliche Dauermilch.

Die Poliklinik, eigentlich eine Arztpraxis in einem alten Einfamilienhaus mitten im Wohngebiet, wird geschlossen. Die Ärztin, die Erna seit fast zwanzig Jahren betreut, wird arbeitslos. Sie ist zu alt, über 50 Jahre, um Kredite zu erhalten, mit denen sie eine eigene Praxis aufmachen könnte. Dieses ist in Radebeul, benachbart zu Dresden wie Godesberg zu Bonn.

In Dresden, auch dort gibt es eine CDU-Mehrheit, wird das Sozial- und Gesundheitsdezernat von einem Sozialdemokraten geleitet.*) Dort wird versucht, diese Zwangsentwicklung zu mildern, indem den Ärzten Gebäude und Einrichtung zu einer günstigen Miete angeboten werden.

Am 23. März 1991 war ich auf dem Landesparteitag der sächsischen SPD. Er fand in der Stahlstadt Riesa an der Elbe statt. Nur ein Jahr und fünf Monate lag die Wiederbegründung der SPD zurück. Nur die allerwenigsten Delegierten hatten persönliche Erinnerungen an die oder gar Erfahrungen mit der SPD vor dem Verbot. Auf der Tagesordnung des Parteitags stand die Diskussion und Beschlußfassung einer Satzung für den Landesverband Sachsen.

Ich fand es sehr bedauerlich, daß kein amtierender Bundesvorsitzender teilnahm. Ich fand es ebenfalls bedauerlich, daß Björn Engholm, der zwei Monate später in Bremen zum Parteivorsitzenden gewählt wurde, nach seiner aufmunternden, wenn auch kurzen Rede und einem Pressegespräch nur kurze Zeit der Diskussion zuhören konnte.

Hier rangen die Menschen eines Landes nach ihren Erfahrungen mit einer allmächtigen Partei SED und der Erfahrung des spontanen und ungeregelten Bemühens von Gruppen aus der Bevölkerung, die Allmacht zu überwinden, in demokratischer Willensbildung um die Gestaltung ihrer Partei. Es war für manch einen eine schmerzliche Erfahrung, mit Wahlen auch Macht, das heißt Handlungsfähigkeit in der Verantwortung der Gewählten bis zur nächsten Wahl, zu vergeben. Ich denke, es wäre hilfreich für das Miteinander gewesen, wenn ein Parteivorsitzender oder werdender Vorsitzender die Sorgen *unmittelbar* wahrgenommen hätte. Ich war auf jeden Fall dabei, vom Beginn am frühen Morgen

---

*) Seit der Kommunalwahl vom 13. Juni 2004 gibt es in Dresden keine CDU-Stadtratsmehrheit mehr. Das Sozial- und Gesundheitsdezernat wird allerdings seit 2001 von einem Christdemokraten geleitet.

94

bis zum Schluß am späten Abend, und habe mich bemüht, ihre Sorgen zu verstehen und mit dem einen oder anderen zu sprechen.

Für Juli 1991 lud mich Manfred Stolpe nach Brandeburg ein. Herbert und ich hatten schon einmal eine Einladung von ihm bekommen, noch als er Kirchenmann war, als keiner von uns geahnt hatte, daß zwei von uns dreien ein einiges Deutschland erleben würden. Herbert hatte damals aufgrund seiner Krankheit die Reise nicht machen können.

Bei meinem ersten Brandenburg-Besuch 1991 habe ich Kontakt zum Bezirksverband Brandenburg der Arbeiterwohlfahrt aufgenommen und von den ungeheuren Problemen der Psychiatrie erfahren.

Die Probleme sind so groß, weil schon vor 1933 Berlin seine psychisch Kranken in das Umland Brandenburg verlegt hatte. Die DDR hat dieses Verfahren in großem Umfang für ihr ganzes Staatsgebiet weiter so gehandhabt. Es erfordert große Kosten, baulicher und personeller Art, hier menschenwürdige Zustände zu erreichen.

Manfred Stolpe wollte, daß ich nicht nur Sorgen, sondern auch die schönen Seiten des Landes Brandenburg kennen lernte. So kam ich bis in die Niederungen des Oderbruchs und zu einem Schiffshebewerk, wo hochhaushoch die Kähne aus dem Odergebiet gehoben werden und über Kanäle und Havel nach Berlin und weiter zur Elbe fahren können. Es ging weiter zum Kloster Chorin, das nicht nur baulich schön von Geschichte, von Herrschaft und Glaubenskraft erzählt, sondern Menschen zu erfüllenden Musikerlebnissen anzieht.

Am zweiten Tag wurde zusammen mit Johannes Rau ein Jahr Partnerschaft NRW–Brandenburg gefeiert. Das Ehepaar Stolpe bekam zwei schwarze Fahrräder als Mitbringsel aus unserem Bundesland. Bis jetzt weiß ich nicht, ob Manfred Stolpe bei seiner unbeschreiblichen Belastung Zeit zum Radfahren findet.

Im September 1991 erreichte mich ein Brief des SPD-Landesvorstands Sachsen mit der Mitteilung, alle Unterbezirksvorsitzenden hätten beschlossen, mich zum Ehrenmitglied in Sachsen zu ernennen. Dieses hat mir einen großen Schreck eingejagt:

1. So etwas gibt es nicht.
2. Unser Organisationsstatut läßt nur *eine* Mitgliedschaft zu.
3. Meine Kräfte sind begrenzt, wie soll ich die Erwartungen und die Verpflichtung, die ich mir selber damit auferlege, erfüllen?

Nach mehreren Fragen und Gesprächen in Westdeutschland habe ich zugestimmt. So bin ich jetzt nicht nur in Bonn, sondern auch in Sachsen beheimatet!

Am 5. Oktober 1991 fand unter der Obhut der Friedrich-Ebert-Stiftung in Leipzig eine Tagung "Sozialdemokratische Traditionen" statt, ich war gebeten worden, ein Grußwort zu sagen. Zu meinem Bedauern waren nur diejenigen Mitglieder eingeladen, die bei der Gelegenheit die Seniorenarbeitsgemeinschaft gründeten. Zugleich wurde dort die Ehrenmitgliedschaft bekanntgegeben, die ich annahm, auch mit dem Gedanken, daß ich sie annehme anstelle von Herbert, der es nicht mehr erleben konnte.

In Leipzig hatte ich Gelegenheit, eine Plattenwohnung von innen kennenzulernen. Das Problem ist meiner Meinung nach nicht die große Blockbauweise, denn die gibt es in allen Großstädten der Welt. Das Problem ist erstens die fehlende Infrastruktur und zweitens die mangelhafte Ausführung, also unzureichender Verputz der Fugen, keine Wärmeregulierung und Isolierung, Hellhörigkeit in den Wohnungen und zwischen den Wohnungen.

In Leipzig konnte ich mir auch ein Weilchen Stille leisten. Dabei entdeckte ich in der Thomaskirche eine Plakatausstellung, die unter anderem berichtete, August Bebel habe dort geheiratet und der Sohn von Karl Kautsky sei dort getauft worden. Paten waren unter anderen Carl Marx und Friedrich Engels. Aufgrund des Altersunterschieds zwischen Kautsky und Marx vermute ich – und auch wegen der Schreibweise mit dem C – daß Karl Marx als Pate benannt, aber nicht bei der Taufe anwesend war. Immerhin, ich finde, dies ist ein amüsanter Hinweis in einer Stadt, in der die SED bis vor kurzem regiert hat, die sich sowohl auf Karl Marx als auch auf Friedrich Engels berief und dabei betont antikirchlich war und religiöse Bindungen mit Mißtrauen betrachtete.

96

Weitere Begegnungen

Im letzten Drittel des Oktobers 1991 fand in Dresden die Tagung der Deutschen Alzheimer-Gesellschaft statt, deren Mitglied und Kuratoriumsmitglied ich bin. Teilnehmer waren hauptsächlich Fachkräfte aus dem Pflege-, Sozial- und Ärztebereich aus Dresden und Umgebung.

Ich vermute, daß meine bis dahin gemachten Erfahrungen halfen, daß ich nicht über ihre Köpfe hinweg redete. Für mich war die Tagung neben dem Interesse an den menschlichen Problemen ein außerordentlicher Genuß: Es gab eine hervorragende Schwerhörigenanlage, die mich jedes ins Mikrophon gesprochene Wort verstehen ließ.

Zur gleichen Zeit fand die Sächsische Kirchenmusikwoche in Dresden statt. Ich konnte in der Kreuzkirche zuhören und Anteil haben am Sonntagsgottesdienst. Es waren Stunden, die mich sehr erfüllt haben.

Wie auch sonst konnten, neben allem Ernst, einige Besuche dazwischen geschoben werden, so im Erzgebirge am Grab von Herberts Eltern und an Orten seiner Kindheitserinnerung oder Ausflüge ins Elbsandsteingebirge, in diesem Jahr ins Polenztal, wo die Märzenbecher wild blühen, oder nach Moritzburg und zur Albrechtsburg in Meißen.

Am 2. November 1991 wurde die Arbeitsgemeinschaft für Arbeitnehmerfragen (AfA) Sachsen in Zwickau gegründet. Ich konnte aus Zeitgründen nicht teilnehmen und mußte mich mit einem schriftlichen Grußwort begnügen.

Der Landesgeschäftsführer Lutz Kätzel schrieb mir hinterher: Die Konferenz wurde von den Gewerkschaften mit Interesse begleitet und sei auch gut in die Presse gekommen. Bei unserer geringen Mitgliederzahl dort – und den negativen Erfahrungen mit SED-Partei und -Gewerkschaft – ist beides wichtig, und was die Presse anbelangt, nicht selbstverständlich.

Am 10. November 1991 kam ich das erste Mal nach Magdeburg, in die Heimatstadt meiner alten, nicht mehr lebenden Freunde Erich Ollenhauer und Ernst Thape. Dort fand die AfA-Konferenz Ost statt, nach meiner Erinnerung mit einer sehr lebhaften Diskussion, besonders der Teilnehmer aus dem Brandenburgischen und aus Sachsen-Anhalt. Wolfgang Thierse und

Rudolf Dreßler hielten die Referate. Die Konferenz endete mit der Magdeburger Erklärung zu Problemen der Wirtschaft, zur Treuhand (es wird dort von 70 Prozent sanierungsfähigen Betrieben gesprochen), zur Struktur- und Beschäftigungspolitik. Außerdem wurden die Notwendigkeiten in den Bereichen Schule, Hochschule und Forschung aufgezeigt. Die Möglichkeit eines Altersübergangsgeldes für die Jahrgänge 1936 bis 1940 wurde gefordert, um die Arbeitslosigkeit in ihren Auswirkungen zu mildern. Besonders wichtig finde ich den Abschlußsatz: *"Wir fordern die Arbeitnehmer und Arbeitnehmerinnen auf, sich politisch zu betätigen."*

Am 16. November 1991 fand für den Unterbezirk Dresden in Radebeul ein Parteitag statt, mit einer beeindruckenden Rede des Fraktionsvorsitzenden der SPD-Landtagsfraktion. Wenn ihr das Mitgliedermagazin "Vorwärts" lest, so werdet ihr seinen Namen, Karl-Heinz Kunckel, nicht das erste Mal dort finden. Für mich ist er eine der großen Hoffnungen für die SPD. Hält seine Gesundheit, dann werdet ihr Jüngeren gewiß auf ihn aufmerksam werden.

Im übrigen war es vor allem ein Parteitag mit Wahlen. Am 28. März 1992 war erneut Unterbezirksparteitag für Dresden, diesmal in Radeberg, der Bierstadt. Hier ging es um die Vorbereitung des Landesparteitages mit Anträgen und Wahl der Delegierten.

Von dort machte ich einen Abstecher nach Berlin-Brandenburg, wo ich abends Gespräche mit Olaf Sund hatte, Staatssekretär bei Regine Hildebrandt. Regine und Olaf arbeiten in einer Weise, daß sie an beiden Enden wie brennende Kerzen sind. Regine Hildebrandt und Manfred Stolpe, das sind zwei Menschen, die für Frauen und Männer die Hoffnungspunkte in einer für viele schwierigen Umbruchszeit sind.

Zurück nach Dresden, am 4. April 1992 zur Landesdelegiertenkonferenz der Arbeitsgemeinschaft Sozialdemokratischer Frauen (ASF) Sachsen. Die Probleme der Frauen sind sehr handgreiflich. Arbeitsmarkt und Frauen, das ist das Thema von Regine Hildebrandt. Die Frauen in der DDR-Zeit waren fast ausnahmslos berufstätig. Das bedeutete nicht, daß sie in jeder Hinsicht gleichberechtigt waren, aber sie waren selbständiger, unabhängiger und in der Lage, Kinder und Beruf sowohl in als auch außerhalb einer ehelichen Gemeinschaft zu vereinbaren.

Gleichberechtigung ist in Ost und West nicht nur eine Gesetzes-, sondern auch eine Erziehungsfrage. Da hinken wir alle hinterher. Die Arbeitsteilung in den eigenen vier Wänden ist überwiegend sehr mangelhaft.

Gleichberechtigung ist nicht Gleichmacherei, aber sie fordert Rücksicht des einen auf den anderen und Teilung der gemeinsamen Aufgaben. Heute machen viele Frauen, die von Arbeitslosigkeit bedroht oder bereits arbeitslos sind, eine schwere Krise durch. 60 Prozent der Arbeitslosen sind Frauen. Sie haben noch weniger Chancen, einen neuen Arbeitsplatz zu finden als die Männer. Ohne Arbeit gibt es keinen Tagesstättenplatz für die Kinder, ohne Tagesstättenplatz keine Arbeit. Manche Mutter zahlt die jetzt hohen Kosten für den Tagesstättenplatz von einem dafür nicht ausreichenden Arbeitslosengeld, um nicht in diesen Teufelskreis hineinzugeraten. Arbeitslosigkeit bedeutet auch, aus einem mitmenschlichen Beziehungsbereich heraus in die Isolierung hineingerissen zu werden.

Dabei kommt mir der Schmerz einer Dresdner Freundin in den Sinn. Sie ist Dozentin an der Pädagogischen Hochschule, Anfang fünfzig. Mit offenbar großer Begabung und spürbarer Hingabe und Abend für Abend sorgfältigster Vorarbeit führt sie ihren Beruf aus. Sie wird in den nächsten Wochen arbeitslos und sagte mir im Mai: "Ich will doch arbeiten." Tränen, die sie nicht zeigen will, dringen in ihre Augen, "ich bin bereit, alles zu machen, ich kann aber nur hier arbeiten!" Sie sagt weiter: "Mein Mann schafft seine Arbeit nicht, wenn ich ihm nicht hier zur Seite stehen kann." Eine Sorge, die sie zusätzlich belastet.

Im Land Brandenburg macht man es anders, für eine Reihe von Jahren hält man diese Fachkräfte. Die Regierung dort ist überzeugt, sehr bald wird im öffentlichen Bereich auch bei uns im Westen begriffen: Dieses Kapital an Wissen brauchen wir bei den künftigen Ost-West-Beziehungen.

Regine Hildebrandt zieht durch das Land. Sie schreit hinaus:

Laßt euch nicht alles gefallen, fordert, setzt euch ein, packt selber mit an. Sie ist die Mutmacherin für Frauen und Männer in ausweglos erscheinenden Situationen.

Am 20. Mai 1992 habe ich im SPD-Ortsverein Dresden-Mitte das Ringen um Verständnis für die Probleme der Mitglieder der Wohnungsbaugenossenschaften miterlebt. Es gibt eine Reihe von Genossenschaften, die nach 1945 gegründet worden sind. Das Grundkapital für den Bau ist auf die gleiche Weise aufgebracht worden, wie alle Investitionen, das bedeutet heute Altschulden. Die Mitglieder selbst haben Anteile gezahlt und Eigenarbeit geleistet, oft mehr als tausend Stunden. Für sie nicht zu bewältigen ist das Problem, daß die Genossenschaften, wie dort üblich, nicht Grundeigentümer sind. Auch innerhalb der SPD läuft die Diskussion kontrovers; die Planung ist, diese Wohnungen dem sozialen Wohnungsbau zuzuschlagen, mit dem Belegungsrecht durch die Kommune. Mir ist nicht klar, wie die durch Anteile erworbenen Rechte, eine Art Bruchteils-Eigentum, auf diese Weise gewahrt bleiben. Es handelt sich in diesem Fall nicht um Entschädigung statt Rückgabe, sondern um Wohnungen, die das Mitglied seit eh und je bewohnt und wo es zum Beispiel dieses Wohnrecht den eigenen Kindern hinterlassen will.

Vom 23. bis 24. Mai 1992 nahm ich am ordentlichen Landesparteitag Sachsen teil. Er fand in Dresden statt, zur Zeit hat der Landesverband seine Geschäftsstelle noch in Chemnitz. Es laufen Bemühungen, Eigentum der SPD in Dresden von vor 1933 und nach 1945 vor der Zwangsvereinigung zurückzuerhalten, um den Landesverband dann dorthin zu verlegen.[*] Der Parteitag hatte den üblichen Verlauf: Sehr diszipliniert, keine ausgedünnten Delegiertenreihen, obwohl er zwei volle Tage dauerte, bis Sonntag abend gegen 19 Uhr (wenn ich recht erinnere). Vom Präsidium wurde er hervorragend geleitet, mit den Anträgen und der Satzung vertraut, zugleich bei Abstimmungen offen für mögliche

---

[*] Die SPD-Landesgeschäftsstelle wurde 1993 nach Dresden verlegt, allerdings nicht in altes SPD-Eigentum, sondern es wurden Räume angemietet.

Unklarheiten über Mehrheiten und Einwände der Delegierten. Von außerhalb sprachen Anke Fuchs, Wolfgang Thierse, Karlheinz Blessing, aber keiner war einen vollen Tag anwesend oder gar beide Tage. Ich weiß, daß keiner Verständnis für meine Vorstellung hat und mir sagt, soviel Zeit wie ich hätte keiner, was auch stimmt.

Aber ich weiß auch, daß Herbert Wehner und ich, als er stellvertretender Parteivorsitzender war, kaum jemals mit Stippvisiten vorliebnahm. Es ist für unsere Gesamtpartei wichtig, daß wir aus dem Westen Denkweisen und Sorgen der Delegierten wahrnehmen. Es reicht nicht, mit hauptamtlichen Mitarbeitern und Vorstandsmitgliedern in Konferenzen zusammenzukommen. Auch wenn die Landesverbände, respektive Bezirke (in Sachsen gibt es keine Bezirke) und Unterbezirke an Zahl zugenommen haben und die Ent-fernungen größer geworden sind, reichen elektronische Hilfsmittel nicht aus. Sie ersetzen nicht die Begegnung.

Ich selbst setze große Hoffnungen für unsere Gesamtpartei – und auf mittlere Sicht für unser ganzes Deutschland – in die Männer und Frauen, die aus der Unterdrückung heraus sozialdemokratische Politik begonnen haben und sie heute tragen.

Ich hoffe, daß ich etwas von meinen Erfahrungen und Erkenntnissen, aber auch von meiner Zuneigung, vermitteln konnte und es euch hilft, zu erkennen, daß die Menschen in Sachsen und Brandenburg, in Thüringen und Sachsen-Anhalt sowie in Mecklenburg-Vorpommern Deutsche sind, wie wir in Nordrhein-Westfalen es ebenfalls sind.

Ich danke für das Zuhören.

Parlament und Parteiorganisation

Rede vor dem SPD-Landesparteitag Sachsen
in Zwickau am 4. Juli 1993

Vor gut einem Dreivierteljahr war ich dabei, als das politische Bildungswerk Sachsen mit dem Namen Herbert-Wehner-Bildungswerk Sachsen gegründet wurde. Daß dies im Hause des Sächsischen Landtages stattfand, war für mich im Hinblick auf Herbert Wehners Leben auf vielfältige Weise symbolträchtig.

Herbert Wehner war ein leidenschaftlicher Parlamentarier; als gerade wählbar, wurde er 1930 kommunistischer Abgeordneter dieses Sächsischen Landtages. 1949 wurde er erstmals, als Hamburger Sozialdemokrat, in den Deutschen Bundestag – und zwar als einziger Hamburger für einen Zeitraum von fast 33 Jahren direkt – als Abgeordneter gewählt. Trotz aller Anfeindungen und Vorwürfe mancher politischer Gegner wegen seines Mitwirkens in der KPD in jungen Jahren, erwarb er großes Vertrauen in seinem Wahlkreis Hamburg-Harburg-Süderelbe.

Herbert Wehner war lange Jahre stellvertretender Parteivorsitzender unserer SPD, eine Zeit, in der ich durch ihn gelernt habe, wie wichtig die solide Arbeit der hauptamtlichen Mitarbeiter unserer SPD ist, und wie wichtig das Hinausgehen der Vorsitzenden in die Unterbezirke, in die Arbeitnehmerkonferenzen (heute AfA) ist, um politische Entscheidungen aus den Parlamenten und dem Parteivorstand auf allen Ebenen zu erklären und verständlich zu machen.

Warum erwähne ich das jetzt? Weil ich mich freue, daß in Herberts Heimat und in Herberts erstem Parlament ein so hervorragender Parlamentarier wie Karl-Heinz Kunckel die SPD vertritt. Weil ich sagen will, daß die Parlamente die Stätten sind, wo wir, wenn wir eine ausreichende Mehrheit haben, unsere Vorstellungen durchsetzen können. Und ich sage es, weil unsere Partei, als *Organisation*, die gleichgewichtige Grundlage ist, um unser Wollen und Tun den Wählern nahe

102

zu bringen und abzustimmen, was wir tun müssen, was wir jetzt tun können. Parlament und Organisation *sind aufein-ander* angewiesen, *sind gleichwertig.* Ich erwähne Herberts politischen Lebensweg, damit ihr auch anderen zugesteht, politisch lernfähig zu sein. So soll auch das Herbert-Wehner-Bildungswerk Sachsen Menschen helfen zu wachsen, politische Orientierung geben, demokratisches Miteinander fördern.

Das Versteigern der Pfeife*) soll auf unser Bildungswerk aufmerksam machen. Und es soll zugleich hinweisen auf Herberts Mitmenschlichkeit und seine Zuwendung zu dem, der Hilfe braucht. Die Arbeiterwohlfahrt, die legitime Tochter der Sozialdemokratischen Partei, gegründet in den Notjahren nach Ende des Krieges 1918/19, hat in diesem Frühjahr in Dresden-Prohlis eine gerontopsychiatrische Tagesstätte, das heißt für gehirnkranke alte Menschen, eröffnet. Herbert selbst hat seine letzten Lebensjahre durch eine solche Demenz-erkrankung verdunkelt verleben müssen. Ich wünsche mir, dass wir mit einer nennenswerten Summe *diesen* Menschen, ihren Familien und den Mitarbeiterinnen und Mitarbeitern einen *Lichtblick* schenken können. Der Versteigerung herzlich "Glück Auf"!

*) Auf dem Parteitag wurde eine Original-Pfeife von Herbert Wehner "amerikanisch" versteigert. Der Erlös von etwa 5500 DM kam der gerontopsychiatrischen Tagesstätte der AWO in Dresden-Prohlis zugute.

Politische Verantwortung tragen

Ansprache auf der Jubilarfeier der SPD Wuppertal am 18. September 1994

Sozialdemokraten in der Verantwortung

Die, die heute 25 Jahre Mitglied in der SPD sind, wurden dies, als die Sozialdemokraten in der Bundesrepublik Regierungsverantwortung trugen. Das begann mit der Großen Koalition im Spätherbst 1966. Unter dem CDU-Bundeskanzler Kiesinger stellten beide Koalitionspartner gleich viele Minister. Neun waren Sozialdemokraten, davon eine Ministerin: Käthe Strobel, Willy Brandt, Gustav Heinemann, Karl Schiller, Georg Leber, Lauritz Lauritzen, Herbert Wehner, Carlo Schmid und Hans-Jürgen Wischnewski.

Diese sozialdemokratischen Regierungsmitglieder haben die Arbeit der damaligen Bundesregierung entscheidend geprägt, sie haben die oft wiederholte Behauptung widerlegt, Sozialdemokraten in der Regierung bedeuteten den Untergang Deutschlands. Diese Frau und diese Männer haben bewiesen: Die Sozialdemokraten sind fähig, unseren Staat verantwortlich zu leiten. Sie haben von 1966 bis 1969 die Voraussetzungen geschaffen für die ersten beiden sozialdemokratischen Bundeskanzler: für Willy Brandt und Helmut Schmidt, für 13 Jahre sozialliberaler Koalition, insgesamt 16 Jahre sozialdemokratischer Regierungsverantwortung.

Dieses sind Erfahrungen, auf die unsere junge Mannschaft unter Rudolf Scharping bauen kann. Ihr alle, die ihr jung und im mittleren Alter seid, setzt eure Kraft in den vier Wochen bis zum Wahltag[*] ein, sprecht mit Nachbarn und Nachbarinnen, mit Kollegen und Kolleginnen. Jede Stimme, die ihr gewinnt, erhöht die Aussicht, daß wir Sozialdemokraten erneut Regierungsverantwortung übertragen bekommen, nicht um

---

[*] Am 16.10.1994 war Bundestagswahl. Die SPD mit Spitzenkandidat Rudolf Scharping sollte ihr Wahlziel, die Regierung Kohl abzulösen, nur knapp verfehlen.

persönlich Macht zu genießen, sondern um in sozial geprägter demokratischer Verantwortung die Lebensgrundlagen für unser Volk zu gestalten. Wo immer wir heute Verantwortung oder Mitverantwortung übernehmen, müssen wir mit den Mitgliedern der SPD und mit den Wählern ehrlich über unsere Ziele und über die Schwierigkeiten der finanziellen Voraussetzungen sprechen. Bestand kann eine sozialdemokratische Regierung nur haben, wenn sie die wirtschaftlichen Voraussetzungen für ihr Handeln kennt und beachtet. Nur dann sind wir sozial handlungsfähig. Wir wollen und können sozial ausgewogener handeln als die Regierenden der letzten zwölf Jahre. Selbst das Wenige, was in diesen Jahren an sozialen Gesetzen geschaffen wurde, wie die Pflegeversicherung, brauchte das zähe Kämpfen unserer sozialdemokratischen Bundestagsfraktion. Einer dieser Kämpfer gehört zu den heute zu Ehrenden: Rudolf Dreßler. Ihm sei von Herzen Dank, auch von meiner Seite.

Sozialdemokraten in der Verantwortung, in Regierungen und Parlamenten, in Parteivorstand und Parteirat, müssen in den Gliederungen der SPD den Mitgliedern ihre Entscheidungen erklären und verständlich machen, indem sie auf Parteitagen der Gliederungen und auf Konferenzen zuhören und diskutieren. Kundgebungsähnliche Veranstaltungen sind nicht ausreichend. Wollen wir in schwieriger Zeit handeln und Einfluß ausüben, dann müssen wir durch Erklären und Überzeugen nicht nur Mitglieder, sondern Mitstreiter haben.

Wer heute 25 Jahre Sozialdemokrat ist, kann wissen: Politische Verantwortung auf diese Weise zu tragen, hat nichts mit dem zu tun, was vielfach politisch Tätigen als Machthunger vorgeworfen wird. Nein, was ich Euch mit auf den Weg geben will, ist: Sozialdemokraten wollen Macht erringen, um das Postulat "sozialer Rechtsstaat" in die Wirklichkeit umzusetzen.

Dieses ist harte Arbeit und kein Machtrausch.

25 Jahre Mitgliedschaft in der SPD gilt bei uns als das erste Jubiläum. Was wir in diesem Jahr nicht feiern können, ist 60 und 50 Jahre Mitgliedschaft. Vor 60 Jahren, 1934, und vor 50 Jahren, 1944, war unsere sozialdemokratische Partei blutig unterdrückt. In Deutschland konnte keiner in eine frei

105

und öffentlich wirkende SPD eintreten. Was aber nicht bedeutet, daß nicht vereinzelt Menschen in das illegale Wirken von Sozialdemokraten hineinwuchsen oder Heranwachsende in den Emigrationsländern Sozialdemokraten wurden.

Aber wir haben hier zehn Mitglieder zu ehren, die länger als 60 Jahre zu uns gehören. Vor ihnen verneige ich mich tief. Darunter ist Hermann Herberts, der 1917, im Hungerwinter des ersten Weltkrieges, im Alter von 17 Jahren Sozialdemokrat wurde. Herbert Wehner hat mir vor 50 Jahren geschildert, wie seine Mutter dem noch nicht elf Jahre alten Jungen "in diesem schrecklichen Winter von Sozialismus und Frieden" erzählte. Ihm habe das sein Leben lang Kraft und Richtung gegeben. Ich denke, Hermann Herberts wird ähnliches Erinnern begleitet haben.

Wer heute 40 Jahre Sozialdemokrat ist, wurde es häufig nach Jahren der Kriegsgefangenschaft. Er – oder auch sie – haben sowohl Niederlagen als auch Siege im parlamentarischen Ringen erlebt. Viele haben am Arbeitsplatz mit Kollegen, mit Menschen in den Vereinen, in ihrer Nachbarschaft, über ihre politischen Vorstellungen und Erfahrungen gesprochen und auf diese Weise Überzeugungsarbeit geleistet. Hier in NRW verhalf dies unserer Partei zu einer starken sozialdemokratischen Mehrheit.

Ihr, die ihr heute über sechzig, siebzig, achtzig und neunzig Jahre alt seid, habt nach Ende des mörderischen Krieges und der Hitlerdiktatur die Organisation der alten Arbeiterbewegung, die SPD, die Gewerkschaften, die Arbeiterwohlfahrt und Genossenschaften wieder aufgebaut. Und ihr habt aus Trümmern und Dreck die Grundlagen unserer Wirtschaft gelegt. Euch allen zu danken ist mir, die ich selber 47 Jahre unserer SPD angehöre, eine besondere Ehre.

Freiheit – Solidarität – Gleiches Recht für alle

Unsere sozialdemokratische Partei ist eine alte Partei. Seit 131 Jahren verkörpert sie das Streben nach sozialer Gerechtigkeit. Als Ferdinand Lassalle 1863 seine Mitbürger und besonders die Arbeiter aufrief, den Allgemeinen Deutschen Arbeiterverein zu gründen, verstand er mit seinen Worten, in der Sprache der damaligen Zeit, unter Arbeiter alle, die "noch eben den Willen haben, sich in irgendeiner Weise der menschlichen Gesellschaft nützlich zu machen". Es war also kein einengender Begriff.

Die sozialdemokratische Partei ist zugleich eine junge Partei, weil sie, im Ringen um die soziale Gerechtigkeit, sich fortwährend verjüngt.

Die sozialdemokratische Partei ist entstanden aus dem Protest der schaffenden Menschen gegen eine Ordnung, die unmenschliche Verhältnisse, Unterdrückung und Ungerechtigkeit zu verewigen suchte. Die sozialdemokratische Partei blieb nicht beim Protest stehen: Sie half den Unterdrückten und Entrechteten, den sozial Schwachen und Ausgebeuteten, sich ihrer Rechte als Staatsbürger bewußt zu werden und diese Rechte durchzusetzen und anzuwenden.

An der Wiege der SPD standen sittliche Postulate wie "Aussprechen, was ist". Die Sozialdemokraten dienen unserem Volk, wenn sie beharrlich und ungeschminkt sagen, was ist. *"Freiheit!"*, nämlich Freiheit für *alle*, ist eines dieser Postulate. Keiner ist wirklich frei, solange sein Nächster noch unfrei ist. Für Sozialdemokraten muß Freiheit immer auch die Freiheit des Andersdenkenden sein.

"Solidarität" gehört zu diesen Postulaten. Als Starker nicht für sich allein sorgen, den Schwachen, den nicht so Klugen mit tragen, das ist Solidarität. Dieses Postulat haben die Sozialdemokraten in das Ringen um die Gestaltung der öffentlichen Angelegenheiten eingebracht.

Unsere Politik ist nicht ein Tauziehen um Interessen, sondern um *Gleiches Recht für alle!*, für das sich Generationen von Sozialdemokraten eingesetzt haben. Dies ist das verpflichtendste Postulat, mit dem sich die Sozialdemokraten als eine Partei erweisen, die wirklich dem Allgemeinwohl dient. Der Staat – *unser Staat* –, für den wir kämpfen und wirken, soll ein Staat der Freiheit sein und bleiben, in dem die tätige Mitverantwortung aller gesichert ist.

Vor fünf Jahren drängten Menschen an vielen Orten in der DDR, auch dort einen Staat der Freiheit – des Rechts – zu schaffen. Es war mehr als das individuelle Recht, ausreisen zu dürfen, wie gerade in diesen Wochen Fernsehbilder von damals den Eindruck vermitteln.

Eine Sozialdemokratische Partei wurde in Schwante, nahe Berlin, danach in vielen anderen Städten gegründet. Wir, hier im Westen, waren unsicher: Sind das Tarnmanöver von SED und Stasi? Gefährden wir Menschen, wenn wir ihnen offen entgegengehen?

Die mörderischen Folgen des 17. Juni 1953, die blutige Niederschlagung des Aufstands der Ungarn 1956, die Zerschlagung des Prager Frühlings stand uns vor Augen. Bald war klar: Das sich wandelnde und dann zusammenbrechende Sowjetsystem ermöglichte den Weg zu Freiheit und Recht und führte weiter zum vereinten Deutschland.

Die Menschen, die bis 1990 als Bürger der DDR im geteilten Deutschland leben mußten, haben in Deutschland den größeren Teil der Kriegsfolgelast tragen müssen. Denn ihre Besatzungsmacht, die Sowjetunion, hatte die schwersten Verwüstungen, die größten Menschenverluste durch den hitlerdeutschen Krieg erleiden müssen. Wir im Westen konnten gegen Demontage kämpfen ohne Lebensgefahr. Die Menschen im SED-Herrschaftsbereich zahlten Widerstand mit Freiheit und Leben in Gefängnissen wie Bautzen.

In den 45 Jahren der Teilung mußte die dortige Wirtschaft sich auf die Bedürfnisse des Sowjetstaates und Sowjetsystems einstellen. Unsere Solidarität im Bereich des Staates, der Länder und Kommunen, bleibt deshalb über Jahre gefordert. Unsere Hilfe für die Menschen und für die Wirtschaft dort ist ein Ausgleich für unsere geringere Kriegsfolgelast, für unsere Möglichkeit, bald nach Kriegsende frei zu wirtschaften. Noch lange ist unsere Solidarität als Sozialdemokraten zu unseren Genossen erforderlich, die gewagt haben, nach 57 Jahren Unterdrückung (1933 bis 1989) wieder eine sozialdemokratische Partei zu gründen. Seit dem 27. September 1990 bilden sie mit uns zusammen die Sozialdemokratische Partei Deutschlands. Alle, die bei uns Arbeit haben, sollten doch wohl eine Spur mehr Solidarbeitrag zahlen können!? Jede Woche auf eine Schachtel Zigaretten oder ein Glas Bier oder eine andere Kleinigkeit des Genusses verzichten?

108

Hilfe für den Osten

In Mecklenburg-Vorpommern, Sachsen-Anhalt, Brandenburg, Thüringen und Sachsen fehlen die Sozialdemokraten, die bei uns Jubiläen feiern können, wie heute in Wuppertal. Die Zahl der Mitglieder der SPD in den Ländern, die über vier Jahrzehnte DDR sein mußten, ist gering.

170 Mitglieder ehren wir heute in Wuppertal. Zum Vergleich: Der Unterbezirk Dresden umfaßt die Stadt und den umliegenden Landkreis Dresden.*) Die Stadt ohne Landkreis hat etwa die gleiche Einwohnerzahl wie Wuppertal. Der Unterbezirk Dresden hat gut 500 Mitglieder; ganz Sachsen hat 5.300 Mitglieder in der SPD. Wie sollen diese unsere Genossen die Mittel und Arbeitskraft aufbringen, nach außen zu wirken, zu werben und zu gewinnen? Dafür brauchen sie unsere finanzielle und mitmenschliche Hilfe.

Das vorwurfsvolle, fragende Reden vom "roten Sachsen" finde ich unverantwortlich. Das "rote Sachsen" liegt 70 und mehr Jahre zurück, eine Zeit, als Hermann Herberts Sozialdemokrat wurde, als Herbert Wehners Mutter vom Sozialismus erzählte. Schon vor 1933 war die SPD in Sachsen geschrumpft. Die Menschen, die vor 1933 Sozialdemokraten mit Organisationserfahrung waren, leben fast alle nicht mehr oder sind so alt wie unsere Wuppertaler SPD-Mitglieder, die heute für mehr als 60 Jahre Mitgliedschaft geehrt werden.

Die Menschen, die aus Tradition Sozialdemokraten wurden, gibt es kaum. Nur wenige erinnern Eltern als Sozialdemokraten. Mitglieder werben in Betrieben – am Arbeitsplatz – ist kaum möglich. Die Industriebetriebe sind zusammengeschrumpft oder aufgelöst, die Arbeitskollegen zerstreut.

Die SED hatte früher sowohl Betriebsgruppen als auch Wohngebietsorganisationen, in denen heute die PDS ihr Wirken aufbaut, in den Plattenbauwohngebieten auch in der Form

---

*) Die Zahl der Unterbezirke in Sachsen wurde im Jahre 1995 von 15 auf 10 reduziert. Dabei wurde auch das Stadtgebiet Dresden mit den Landkreisen Riesa-Großenhain und Meißen zu einem neuen Unterbezirk "Dresden-Elbe-Röder" zusammengefaßt, der mittlerweile etwa 800 Mitglieder hat. Die Mitgliederzahl der SPD Sachsen ist inzwischen unter 5000 gesunken.

von Nachbarschaftshilfe. Ein altes Mittel des solidarischen Handelns der Arbeiterbewegung. Unsere kleine Zahl von Mitgliedern fällt mit gleichem Verhalten kaum auf.

Es ist gut, daß es die "Volkssolidarität", eine Organisation der Hilfe aus der DDR, gibt, heute unter dem Dach des Paritätischen Wohlfahrtsverbandes. Alte Menschen brauchen diese als Sozialstation organisierte Hilfe. Sie ist für viele eine Milderung des Bruchs zu vier Jahrzehnten DDR-Leben, aber auch für manche Mitglieder der PDS Zugang zu den Alten.

Die Arbeiterwohlfahrt mußte 1990 neu beginnen,

1. eine Organisation aufbauen,
2. Mitglieder werben,
3. soziale Einrichtungen übernehmen.

Dabei gibt es nur eine geringe identitätsstiftende Wirkung zur SPD.

Im vergangenen Jahr, auf dem SPD-Landesparteitag in Zwickau, versteigerten wir eine Pfeife von Herbert Wehner. Der Erlös ging an die Sozialstation der Arbeiterwohlfahrt in Dresden-Prohlis. Es reichte zu einer Hebehilfe im ambulanten Pflegedienst und für ein gebrauchtes Klavier für die vorbildliche gerontopsychiatrische Tagespflege. Für viele Delegierte des Parteitages war dies die erste Verbindung zur Arbeiterwohlfahrt.

Laßt euch vom CDU-Gerede von wegen Tolerierung der PDS in Sachsen-Anhalt nicht verunsichern. Wir haben weder die Absicht, die CDU-Fraktion daran zu hindern noch die Fraktion der PDS, nach ihrem jeweiligen Gutdünken parlamentarische Entscheidungen zu unterstützen. Wir können es auch nicht, denn dieses ist Grundlage des freien, demokratischen Handelns in den Parlamenten.

Wir sind Konkurrenten zu CDU und PDS. Wir werben um die gleichen Menschen, als Mitglieder und als Wähler. Die PDS ist für den demokratischen Staat keine Gefahr, so wie es die Kommunisten als SED mit einer Weltmacht, der Sowjetunion, als Stütze gewesen sind. Die PDS ist im Westen eine Außenseiterpartei, in den nordöstlichen und östlichen Bundesländern ein starker Faktor mit einer gut ausgebauten Organisation, mit ausreichenden finanziellen Mitteln und der größten Mitgliederzahl aller politischen Parteien im Osten Deutschlands. Diese Mitglieder ziehen nicht mordend und brandstiftend durch Deutschland wie Gruppen der Rechtsradikalen. So gilt auch für sie die Freiheit des Andersdenkenden. Es ist unsere Aufgabe und die Aufgabe aller demokratischen Parteien, sie nicht zu verteufeln, sondern das Undemokratische durch Politik zu überwinden, Politik, die sich der Sorgen der Menschen annimmt und die Wähler vom Wert der demokratischen Parteien überzeugt.

Dieses gilt besonders für uns Sozialdemokraten, die Demokratie an sich für einen unverzichtbaren Wert halten und nicht "für die Diktatur des Proletariats" sind. Auch nicht für ein bißchen Diktatur, um bessere soziale Verhältnisse zu erreichen, wie mir gegenüber ein Mann meinte, der heute keiner kommunistischen Nachfolgepartei angehört. Gerechtigkeit hat nur in der Demokratie und im Rechtsstaat eine Chance.

Deshalb ist es notwendig, daß Bürgerinnen und Bürger mit ihrer Wahlbeteiligung Verantwortung in unserem Staat mit tragen, sich um das Geschehen in unserem Staat kümmern.

Für die, die 25 Jahre Mitglied in der SPD sind, und für die, die es kürzlich geworden sind, bleibt viel Arbeit. Erklären wir den Weg, den wir Sozialdemokraten in Deutschland, in Europa und in der Welt gehen wollen.

Nutzt die nächsten vier Wochen bis zur Bundestagswahl, um Wähler für unseren Weg zu gewinnen. Es geht nicht um Macht für den einzelnen Kandidaten, es geht um die Macht im Staat, damit dieser unser Staat so gerecht wie möglich gestaltet wird.

Ich danke für das geduldige Zuhören.

Mandate sind kein Berufsziel

Grußwort zur Landeswahlkonferenz der SPD Sachsen
zur Bundestagswahl 1998 am 21. Februar 1998 im
Georg-Landgraf-Haus in Chemnitz

Am 24. Oktober vergangenen Jahres haben wir dieses Haus,
diesen Saal, feierlich wieder in Besitz genommen, einige von
Euch werden dabei gewesen sein. Aber für uns alle ist es das
erste Mal, nach der Renovierung, daß wir eine Landes-
delegierten-Konferenz der SPD Sachsen in diesem 1910 von
den Sozialdemokraten erbauten Hause erleben.
Wir können mit Stolz darauf zurückschauen, was Sozialdemokraten vor uns erkämpft und erlitten haben und unter
welchen schwierigen Bedingungen sie parlamentarische Arbeit
geleistet haben. Für mich ist das auch ein Grund, über den
langen, mühsamen und für die Beteiligten meist ent-
behrungsreichen Weg nachzudenken, den Sozialdemokraten
und ihre Mandatsträger gehen mußten.
Wer von euch das 1997 erschienene Buch "August und Julie
Bebel, Briefe einer Ehe"*) liest, wird einen Eindruck bekommen,
wie unumgänglich es war, daß die Familie, das bedeutet in
dieser Zeit – vor dem Frauenwahlrecht – vor allem die Frauen
der in die Parlamente gewählten Männer, bereit und fähig sein
mußten, die politische Arbeit mitzutragen.
Sozialdemokratische Reichstagsabgeordnete wurden Ende des
19. und Anfang des 20. Jahrhunderts nicht wie 1933, zu
Beginn der Nazizeit, und sehr bald nach der Zwangsvereinigung
zur Einheitspartei 1946 ihres parlamentarischen Mandates
beraubt, aber Haftzeiten wegen "Majestätsbeleidigung" und
Verbannungen aus dem Wahlkreis und dem Familienwohnort
kamen häufig vor.
Ohne Mittragen im politischen Bereich und, wie bei Julie
Bebel, in der beruflichen Grundsicherung war parlamentarische

---

*) Bonn, Verlag J.H.W. Dietz Nachfolger.

Arbeit nicht möglich. Die Kinder mußten über lange Strecken mit einem "Brief-Vater" und hin und wieder mal mit einem "Wochenend-Vater" an *fremdem* Ort vorlieb nehmen.

Dabei muß ich schmunzeln, wenn ich daran denke, daß mein Bruder mit seinen Kindern, als diese klein waren, in Hamburg auf den Hauptbahnhof an den Zug kam, um uns wenigstens mal zu sehen. Oder, daß diese Kinder zur verabredeten Zeit, der Jüngste war damals etwa drei Jahre alt und nannte Herbert "Opa", an der Bundesstraße in Bergedorf standen, damit wir sie mit zu einer Wahlveranstaltung nahmen und der Kleine anschließend zu Hause erzählte: "Opa hat geschreit". Heute gibt es manch einen, der meint, Mitglied des Bundestages zu sein, sei ein "Traumjob". Dies mag mit ein Grund dafür sein, daß "Politiker", was immer die Menschen darunter verstehen mögen, nicht sehr hoch geschätzt werden.

Herbert Wehner sagte von sich selbst, er sei kein Politiker, sondern ein politischer Praktiker.

Manch einer, wenn nicht gar die meisten, sagen heute, ich will mich um ein Mandat bewerben, als sei Parlamentarier sein ein Berufsziel und nicht eine Aufgabe, bei der alle vier Jahre das Vertrauen der Wähler darüber entscheidet, ob die zur Wiederwahl vorgeschlagene Person dieses Vertrauen wert ist und deshalb erneut mit dieser Aufgabe betraut werden kann.

Junge Leute, die Politik als Studienfach und Abschluß gewählt haben, meinen, gerade sie verstünden etwas von Politik. Nach meiner Erfahrung trifft das in den meisten Fällen nicht zu. Als Parlamentarier politische Entscheidungen zu treffen, setzt Lebenserfahrung voraus. Wir brauchen also Bundestagskandidaten, die Lebenserfahrung einbringen, Menschen,die vertraut sind mit der Lebenserfahrung ihrer Wähler, das heißt, hier in Sachsen, Repräsentanten, die aus eigenem Erleben ihre eigene und der Bevölkerung DDR-Vergangenheit im Bundestag einbringen können.

Die eh wesentlich kleinere Zahl Volksvertreter aus dem DDR gewesenen Bereich hat noch viel zu tun, bis der größere Teil der Abgeordneten, der *seine* Erfahrungswurzeln in der alten Bundesrepublik hat, seine innere Spaltung überwunden hat.

Das Parlament braucht Kontinuität, das bedeutet, bei so relativ jungen Repräsentanten wie wir sie als SPD aus Sachsen im Bundestag haben, daß nach dem Wahlresultat von 1994 keine aussichtsreichen Plätze frei sind.

Wir haben in Sachsen ausgesprochen schwache Regionen, die zugleich eine ganz eigene Mentalität haben. Um dort Stimmen zu gewinnen, und das müssen wir, wenn wir als Sozialdemokraten stärker werden wollen, brauchen wir dort anerkannte, geschätzte und verwurzelte Kandidaten. Andere, auch gute Kandidaten, erreichen für sich und ihre Delegierten enttäuschende Listenplätze. Gerade ihre Gegend erscheint ihnen als die wichtigere. Dagegen hilft nur, daß alle Sozialdemokraten mit ihren Kräften und Fähigkeiten zu einem weit besseren Wahlergebnis beitragen als vor vier Jahren.

Sicher, 48 Prozent wären ein Traumergebnis, mit 20 sächsischen Bundestagsabgeordneten in Bonn. Ich spotte nicht, denke ich an Rheinland-Pfalz, da ist es gar nicht so lange her, da pflegte Herbert zu sagen, die Wähler dort sind so schwarz, daß die nicht nur Ruß im Taschentuch, sondern auch im Hemd haben. Wenn ich recht erinnere, dauerte es drei Jahrzehnte Bundesrepublik, bis wir Sozialdemokraten dort die Mehrheit errangen.

So lange wollen wir in Sachsen nicht warten.

Es gibt Wahlkreise, in denen Kandidaten aufgestellt worden sind, die nicht die Erfahrungen der DDR-Zeit in den Bundestag einbringen können. Irgendwann wird das keine Rolle mehr spielen, aber heute ist das noch nicht die richtige Lösung. Der überwiegende Teil der Abgeordneten des Bundestages braucht den Kontakt zu dem "geborenen DDR-Kollegen". Nur durch Begegnen und Miteinander-Gedanken-Austauschen kann die innere Spaltung überwunden werden.

Ihr, die gewählt werdet, ladet unsere Fraktionsmitglieder aus den westlichen Bundesländern zu uns nach Sachsen ein, dieses wird leichter nach dem Umzug des Bundestages nach Berlin, auch so helft ihr, die inneren Schranken zu überwinden.

Wir, die aus Westdeutschland nach Sachsen gekommen sind, auch wenn wir vieles gelernt haben und wie ich hoffe die Menschen richtig verstehen, denken und urteilen auch mit

114

unseren westdeutschen Erfahrungen und vermögen im Parlament heute noch nicht die hier immer beheimatet Gewesenen mit ihren Erfahrungen und Empfindungen zu ersetzen.

Als ich, vermutlich im Herbst 1990, in Geising im Erzgebirge war, sagte mir der dortige Pfarrer, er hätte gerne SPD gewählt, aber es habe dort keinen SPD-Kandidaten gegeben. Es war wohl nicht die Bundestagswahl, vielleicht die Kommunal- oder Landtagswahl.

Manche unserer Genossen, die sich bereit erklärt haben, die monatelange Belastung des Wahlkampfes auf sich zu nehmen, waren mit Sicherheit gewiß oder konnten es zumindest sein, "nur" Zählkandidaten zu sein. Ich habe große Hochachtung vor diesen unseren Genossinnen und Genossen, denn sie tragen dazu bei, Wähler von unseren politischen Zielen zu überzeugen und dadurch Stimmen für uns Sozialdemokraten zu gewinnen und auch hier in Sachsen unsere politische Gemeinschaft zu stärken. Durch euer Verständlichmachen, was wir als Sozialdemokraten wollen, werdet ihr Menschen überzeugen und Wähler gewinnen und damit die Demokratie wieder tragfähiger und handlungsfähiger machen.

Wir sind kein Freizeitverein, um unsere Zeit zu vertreiben und unseren persönlichen Neigungen zu frönen oder persönliche Vorteile zu erringen, sondern wir sind die politische Partei, die unseren Staat *sozial und demokratisch* entwickeln und ausbauen will, die sich dafür einsetzt, daß unsere *Demokratie nicht nur Staatsform, sondern auch Lebensform werden muß.* Dafür lohnt sich das Mühen von uns allen, egal ob wir auf der Liste stehen oder nicht.

Manch einer von Euch, liebe Genossinnen und Genossen, wird dennoch, verständlicherweise, irgendwo im Hinterkopf den Gedanken aufkeimen lassen, die viele Arbeit könnte vielleicht doch für mich die Chance beinhalten, dieser interessanten Arbeit im Parlament näher zu kommen.

Ihr, die in der Reihung der Wahlkreisliste kaum eine oder keine Chance habt, am Wahlabend festzustellen, nun muß ich mein und meiner Familie Leben völlig umkrempeln und zwischen Wohnort und Parlament, das ja sehr bald nach

Berlin umziehen wird, hin und her pendeln, und an den Wochenenden die zu betreuenden Wahlkreise, die ohne eigene sozialdemokratische Abgeordnete sind, politisch mit versorgen, ihr sollt wissen, eure Arbeit in den Monaten vor der Wahl war ein Schritt auf unserem Weg, Demokratie nicht nur als Staatsform, sondern auch als Lebensform – auch hier in Sachsen – zu entwickeln.

Ihr, die ihr als Delegierte über die Reihung der Liste zu entscheiden habt, werdet im einzelnen anderer Meinung sein und bedauern, daß nicht euer Wahlkreiskandidat auf aussichtsreichem Platz steht. Dies ist bei unserer bisherigen Stimmenzahl unvermeidlich, nehmt es als Ansporn, besonders hart zu arbeiten, um die *Sozialdemokraten zu stärken.*

Im Vorfeld der Nominierung gab es die verschiedensten Gesichtspunkte: Die eine Arbeitsgemeinschaft wollte junge Kandidaten, die andere ältere, der eine Unterbezirk meint, sein Kandidat sei wichtiger als der im Nachbarbereich. Was brauchen wir im Bundestag?

Natürlich brauchen wir Fachleute aus allen Lebensbereichen, denn der Bundestag muß alle Menschen unseres Landes vertreten. Abgeordnete dürfen aber keine Fachidioten sein, unfähig und unwillig, sich mit bisher unbekannten Problemen zu befassen; sie müssen sich urteilsfähig machen, um gewissenhaft bei den Abstimmungen entscheiden zu können. Ich weiß, daß nicht alle ihre Arbeit so ernst nehmen wie Herbert und mit ihm dann auch ich. Aber wer die parlamentarische Arbeit ernst nimmt, hat in den Sitzungswochen, und ich spreche aus meiner Erfahrung mit dem Bundesparlament, das auch heute der Grund unseres Hierseins ist, einen 12- bis 15stündigen, ja auch 18stündigen Arbeitstag ohne freie Wochenenden.

Nach Artikel 38 des Grundgesetzes sind Abgeordnete des Bundestages Vertreter des ganzen Volkes, das bedeutet für mich, ein Angehöriger des Bundestages hat an allen Plenarsitzungen teilzunehmen, auch bei Themen und Abstimmungen, die ihn nicht interessieren. Nebenbei bemerkt, die häufig mangelhafte Teilnahme an Plenarsitzungen gehört mit zu den Gründen für den schlechten Eindruck, den Politik bei den

Wahlberechtigten hinterläßt und manchen vom Wählengehen abhält. Das Argument, es fänden ja Ausschußsitzungen zur gleichen Zeit statt, ist für mich sehr fadenscheinig. In der Regel trifft das nicht zu, oder wenn ich vorsichtig bin, traf es zu meiner Zeit, als ich im Hintergrund in Parlament und Parteivorstand mitarbeitete, nicht zu. Herbert Wehner war immerhin Mitglied des Bundestages von 1949 bis März 1983, und vom Sommer 1953 an war ich ohne Unterbrechung dabei. Der Artikel 38 des Grundgesetzes sagt auch über die Stellung der Abgeordneten, sie sind "an Aufträge und Weisungen nicht gebunden und nur ihrem Gewissen unterworfen". Das muß für uns, die sie als Kandidaten nominieren, bedeuten, daß auch wir sehr gewissenhaft auswählen müssen.

Dazu will ich euch, liebe Genossinnen und Genossen, die ihr Delegierte seid, ein warmes Herz aber einen kühlen Kopf wünschen. Vergeßt nicht, es geht nicht für oder gegen den einzelnen, gebraucht werden wir alle, sondern es geht darum, mit den begrenzten Möglichkeiten, die wir haben, unsere Fähigkeit zu stärken, Einfluß auf die Politik zu nehmen.

Dieses Deutschland ist unser Staat, den wir wesentlich mit-gestalten wollen.

Neue Mehrheiten für Sachsen

Grußwort zur Landeswahlkonferenz der SPD Sachsen
in Dresden am 8. Mai 1999

Auf dem Landesparteitag der baden-württembergischen
Sozialdemokraten im Juni 1960 sagte Herbert Wehner den
Delegierten:
*"Deutschland kann nicht unheilbar verfeindete Christliche
Demokraten und Sozialdemokraten ertragen."*
Dieses wurde damals in Bezug auf das geteilte Deutschland
und die Überwindung der Trennung gesagt. Die Folgen dieser
Trennung spüren viele Menschen der breiten Bevölkerungsschichten hier in Sachsen besonders. Zu ihrer Überwindung
brauchen wir in unserem Landesparlament andere Mehrheits-
verhältnisse.
Ihr, die heute als Kandidaten für den sächsischen Landtag
nominiert werdet, habt die schwere Arbeit des Wahlkampfes
vor euch, bei der ihr möglichst viele Sozialdemokraten als
Mitstreiter gewinnen müßt. Das Vertrauen der Mitglieder, das
euch heute hierhergebracht hat, ist für jeden eine Ehre und,
egal, wo ihr auf der Liste stehen werdet, eine sehr große Verpflichtung.
Ihr, die ihr das Vertrauen der Wähler gewonnen haben werdet,
habt euer Gewissen daran zu messen, ob eure parlamentarische
Arbeit und euer persönliches Verhalten den Wählern und auch
uns sozialdemokratischen Mitgliedern Demokratie verständlich
machen kann. Herberts Vorstellung war, so ist es auch in das
von ihm mit geschaffene Godesberger Programm eingeflossen,
die Demokratie bis an die Wurzeln der Gesellschaft auszubauen,
und ich denke, weil die moderne Wirtschaft nicht an den
Grenzen Halt macht, wird dies auf lange Sicht die Aufgabe
des Europäischen Parlaments sein.
Aber zurück auf unsere Landesebene. Ich möchte euch an
einem Beispiel zeigen, dass über mehr soziale Gerechtigkeit
und damit auch über mehr Demokratie nicht nur im
Bundestag, sondern auch in den Landesparlamenten
undLandesregierungen entschieden wird.

Mein Beispiel: In Sachsen zahlen die Krankenkassen für eine ambulante Pflegestunde 14 DM, in Brandenburg 28 DM und in den westdeutschen Ländern 36 DM. Was hat die sächsische Landesregierung damit zu tun? Das Ministerium für Soziales, Gesundheit und Familie hat keinerlei Vorschriften für die Zulassung von privaten Pflegediensten erlassen, sondern verlautbart, wer immer sich selbständig machen will, solle dieses tun, desto mehr Arbeitsplätze würden entstehen. Bisher waren in der Bundesrepublik die Wohlfahrtsverbände die Säulen der ambulanten Pflege, in vielen Fällen auch der stationären Altenpflege.

Diese Verbände zahlen Löhne, die den Tarifverträgen der ÖTV angeglichen sind. Die privaten Pflegedienste sind nicht an die Tarifverträge gebunden, entsprechend gering sind die gezahlten Löhne.

Die Arbeitszeit der häufig nur ein bis zwei Mitarbeiterinnen ist, weil Pflege an allen Wochentagen und zu allen Tageszeiten erforderlich sein kann, nicht nur in viele Tageszeiten zerrissen, sondern unter Umständen gibt es über längere Zeit keine freien Tage und Wochenenden. Die Krankenkassen in Sachsen bieten wegen dieser billigen "Dienste" niedrigere Pflegekostenpauschalen.

Wegen der geringen Löhne der privaten Pflegedienste erhalten die drei Sozialversicherungsträger von diesen Arbeitnehmern geringere Beiträge, und sie zahlen geringere oder keine Steuern. Dabei wären solide Steuereinnahmen auch für unser Gemeinwesen wichtig.

Im Alter wird für viele Menschen in Sachsen nicht nur die Arbeitslosigkeit zu einem Armutsproblem, sondern auch diese nicht tarifrechtlich bezahlten Arbeitnehmer werden es mit ihren zu niedrigen Renten ausbaden müssen.

In Brandenburg sind die Zahlungen der Krankenkassen höher, weil die dortige Landesregierung *Zulassungsbeschränkungen* für private Pflegedienste und *Zulassungsvorschriften* zur Mindestzahl der Mitarbeiter eingeführt hat. Die Kostenberechnung der Pflegestunden orientiert sich an den Tariflöhnen. In Mecklenburg-Vorpommern zum Beispiel werden die Krankenkassenpauschalen ungekürzt nur dann an private

119

Pflegedienste gezahlt, wenn diese nachweisen, daß sie Tariflöhne zahlen.

Mein Beispiel ist sicherlich nur eines von vielen Problemen, die wir Sozialdemokraten anpacken müssen, um Sachsen lebenswert für alle zu machen, nicht nur für Menschen mit guten Arbeitsplätzen und hohen Einkommen, sondern auch für die Schwachen, die ohne Hilfe oder Wegweisung nicht zurechtkommen.

Sozialdemokratischer Landtagsabgeordneter zu sein muß bedeuten, daß man, den Menschen zugewandt, die Probleme des Alltags erkennt und diese in den Mittelpunkt des politischen Wirkens stellt. Es ist zwingend, den Menschen, aber auch sich selbst gegenüber ehrlich zu sein.

Selbst wenn wir die Mehrheit im Parlament gewännen, wir könnten keine Wunder vollbringen. Die Finanzlage in den Bundesländern und Gemeinden läßt keine großen Sprünge zu, aber Umschichtungen, die einen Schritt zu mehr Gerechtigkeit zur Folge haben, sind möglich, das zeigt das Beispiel Brandenburg, bei dem es nicht einmal um höhere öffentliche Ausgaben geht, aber es bringt den öffentlichen Haushalten, in einem sicher sehr kleinen Umfang, mehr Einnahmen, weil der, der Tariflöhne erhält, in der Regel Steuern und Sozialversicherungsbeiträge zahlt.

Ich möchte noch etwas ansprechen, das seit dem 5. Mai durch die Dresdner Blätter geistert. Ich dachte, ich lese nicht recht: "Biedenkopf greift Lucassen wegen Doppelfunktion an." [*] Nun, der Ministerpräsident Sachsens war auch einmal Mitglied des Deutschen Bundestages, und zwar in der 8. Wahlperiode. Und ich erinnere nicht, daß es je einen Bundestag gegeben hat, in dem nicht leitende Gewerkschafter Mitglied und das heißt auch Mitwirkende im Bundestag waren.

Um ganz sicher zu gehen, schaute ich mir die amtlichen Handbücher des 1. bis 13. Deutschen Bundestages durch, und zwar die Mitgliederlisten der jeweiligen sozialdemo-

---

[*] Hanjo Lucassen, geb. 1944, Vorsitzender des DGB-Landesbezirks Sachsen, von 1999 bis 2004 SPD-Landtagsabgeordneter.

kratischen Bundestagsfraktion. Das bestellte Handbuch der jetzigen 14. Legislaturperiode ist erst in diesen Tagen im Buchhandel erschienen, inzwischen habe ich es auch.

Unser derzeitiger Ministerpräsident in Sachsen hatte als Bundestagskollegen den damaligen Vorsitzenden der IG Bergbau und Energie, Adolf Schmidt (Wattenscheid), der ab 1971 zusätzlich Präsident des Internationalen Bergarbeiterverbandes war und Mitglied im DGB-Bundesvorstand. Adolf Schmidt war obendrein auch stellvertretender Vorsitzender der sozialdemokratischen Bundestagsfraktion. Er gehörte zu den stillen, sehr liebenswürdigen Mitgliedern der Fraktion, er hat umsichtig und hilfreich sowohl im Bundestag als auch in seinen gewerkschaftlichen Organisationen gearbeitet. Herbert Wehner hat ihn geschätzt.

Für Herbert war es immer wichtig, daß leitende Gewerkschafter Mitglied in unserer Fraktion waren. Beamte, Lehrer, Angestellte des öffentlichen Dienstes gibt es in allen überörtlichen Parlamenten schnell genug, weil diese am Ende ihres parlamentarischen Mandates in der Regel zurück an ihren sicheren Arbeitsplatz kommen können. Auch hier in Sachsen brauchen wir Gewerkschafter, die in ihrer täglichen Arbeit Kontakt zu den Arbeitnehmern aus den Betrieben haben und deren Sorgen in die Parlamentsarbeit einbringen können.

Am 6. Mai taucht das "Problem" Lucassen in der zweiten Dresdner Zeitung auf, Hanjo wird dort zitiert: "... Es ... wird keine DGB-Wahlempfehlung geben. Es gibt nur die DGB-Prüfsteine", der Kommentator der Zeitung schreibt dazu: "Die klingen über weite Strecken wie das SPD-Programm." Das halte ich keineswegs für ein Wunder, zeigt es doch nur, daß die Politik der SPD den Bedürfnissen breiter Bevölkerungsschichten entspricht.

Herbert Wehner hat die "Prüfsteine" in jeder Wahlversammlung aufgegriffen, hat zu den einzelnen Punkten Stellung genommen, sie mit unserer geleisteten Arbeit und unserem Programm verglichen. Und hat die Arbeitnehmer aufgefordert, "ihre große Zahl in die Waagschale zu werfen", das heißt zur Wahl zu gehen, damit die Prüfsteine eine Chance bekommen, an der Wirklichkeit gemessen zu werden.

Aber wie wäre es, Herr Ministerpräsident, wenn die CDU aus den Reihen ihres Arbeitnehmerflügels, den Sozialausschüssen, führende Gewerkschafter für die Landtagswahl auf aussichtsreichen Plätzen nominiert? Es könnte gut sein für eine gedeihliche Zusammenarbeit, dann, wenn das Gemeinwohl in Sachsen es erfordert.

Ich kann euch, liebe Freunde, zum Schluß nur aufrufen, trotz der Schrecken in Kosovo/Jugoslawien, die uns von einem Teil der politischen Gegner wie Knüppel zwischen die Beine geworfen werden,[*] mit voller Kraft und gutem Mut, den Menschen in Sachsen zu sagen, was *wir* wollen und was *wir verantworten* können. Es gilt, um jede Stimme zu ringen!

Wir wollen einen großen Schritt vorantun und künftig das politische Geschehen in Sachsen entscheidend mitgestalten. Wir haben einen guten Fuhrmann, der die Zügel halten kann und die Richtung weist, Karl-Heinz Kunckel. Dabei noch eines, vernachlässigt die Europawahl nicht, die Kommunalwahlen sind wichtig, sie müssen ein Schritt hin zu einer erfolgreichen Landtagswahl sein.

Gestern war ich in Bautzen, Hans-Jochen Vogel sprach dort auf dem Bautzen-Forum. Beim Abschied gab er mir Grüße für euch mit. Geht mit gutem Mut an eure Aufgabe, wir werden es schaffen, einen großen Schritt voranzumachen. Das Resultat hängt von euch allen gemeinsam und von allen sächsischen Sozialdemokraten ab!

---

*) Im Frühjahr 1999 kam es zu Demonstrationen und Protesten, auch unter Beteiligung der PDS, gegen den Militäreinsatz der Bundeswehr im Kosovo. Insbesondere die Veranstaltungen am 1. Mai waren von diesem Konflikt geprägt.

Einen Neuanfang einleiten

Schriftliches Grußwort an die Delegierten des
außerordentlichen Landesparteitags der SPD Sachsen
in Leipzig am 30. Oktober 1999

Seit Tagen habe ich hin und her überlegt: Wie kann ich all
das, was in den letzten Oktobertagen auf mich einstürzt,
bewältigen. Was kann ich, was will ich, was muß ich tun? Mir
ist inzwischen klar, ich muß mich beschränken. Ich kann
nicht überall sein, auch wenn meine Gedanken zu Euch, zu
unserer sächsischen SPD als Teil der Sozialdemokratischen
Partei Deutschlands gehen.

Seit zehn Monaten, also lange bevor abzusehen war, daß wir
in Sachsen einen außerordentlichen Parteitag haben würden,
steht fest, daß ich ab 29. Oktober das "Haus" voll haben werde
mit Erwachsenen und Kindern. Und seit 75 Jahren steht fest,
daß ich an diesem Wochenende Geburtstag habe und
Menschen, die mir nahe stehen, mit mir zusammen sein
wollen. Es geht einfach über meine Kraft, dazwischen auch
nach Leipzig zu kommen.

Ihr, die Ihr Delegierte aus den Gliederungen der SPD Sachsen
auf dem Parteitag seid, steht vor der Aufgabe, einen Neuanfang
einzuleiten.

Dazu brauchen wir alle unsere Kräfte. Wir können uns nicht
leisten, auch nur einen einzigen, der jetzt aus Funktionen
ausgeschieden ist, zu verlieren.

Wir alle haben Karl-Heinz Kunckel zu danken. Sein um-
fassendes Wissen und seine Erfahrung müssen im vollen
Umfang im neugewählten Parlament genutzt werden.

Zwingt Euch jeweils selbst, Ehrgeiz, Geltungssucht, vielleicht
sogar Herrschsucht zu überwinden. Es geht nicht um das
Bedürfnis Einzelner, sondern darum, das politische Instrument
Sozialdemokratische Partei handlungsfähig und durch-
setzungsfähig zu halten.

Die PDS nennt sich "Partei des Demokratischen Sozialismus",
ohne zu sagen, was sie sich unter Sozialismus vorstellt.
Herbert Wehners Mutter (er war 1906 geboren) hat ihrem

vielleicht zehnjährigen Jungen von ihrem Traum des Sozialismus erzählt.

Mein Großvater besuchte uns etwa zwei Monate vor Beginn des schrecklichen, von den "Nationalsozialisten" entfachten Krieges, 1939 in Schweden, dem Land, das uns Asyl gewährte vor der mörderischen Verfolgung. Er war glücklich, das "sozialistische" Schweden erleben zu dürfen.

Zu Beginn dieses zu Ende gehenden Jahrzehntes wurde ich gefragt, was ich unter "Sozialismus" verstehe. Obwohl dieses Wort meine Großeltern mütterlicher- und väterlicherseits, meine Eltern und mich immer begleitet hat, vermochte ich nicht darauf zu antworten.

Seit Jahrzehnten ist für mich die Frage, welche Gesellschaftsordnung ich will, immer häufiger und dann eindeutig zu dem Begriff "Soziale Demokratie" eingependelt. Ich denke, wir brauchen einen nachprüfbaren Standpunkt unserer politischen Grundlage als Sozialdemokraten.

Demokratie ist unumgänglich. In der Demokratie müssen sich Meinungen und Ziele bündeln, um wirksam werden zu können. Ohne Bündelung fürchte ich, riskieren wir Anarchie, zur Bündelung brauchen wir Parteien.

Wir wollen, ich will, daß auch der Schwache menschenwürdig leben kann. Deshalb will ich eine Soziale Demokratie. Ich bin deshalb Sozialdemokratin seit 52 Jahren.

Ihr, die Ihr auf dem außerordentlichen Parteitag seid, habt die Aufgabe, unseren Landesvorstand zu vervollständigen.

Das allein reicht nicht. Ihr müßt aus dem Schneckenhaus heraus. Für organisatorische Zwecke ist der Ortsverein erforderlich, bei einigen auch das Spüren von Nähe und Freundschaft. Doch wenn wir weiter kommen wollen, müßt Ihr, die Ihr jünger seid als ich, dort dabei sein, wo Menschen Interessen nachgehen, in Vereinen unterschiedlichster Art. Ihr müßt, soweit Ihr Arbeit habt, vorbildliche Kollegen sein, gute Gewerkschafter und im Wohnbereich hilfreiche, freundliche Nachbarn. Damit steigt die Chance, Mitglieder, Wähler zu gewinnen. Wir alle waren nicht fähig, ausreichende Breitenarbeit zu leisten, und Ihr alle müßt noch lernen: Wahlkämpfe können nur das i-Tüpfelchen auf dieser ständigen Breitenarbeit sein.

Der Ort, an dem Politik Gestalt gewinnt, sind die Parlamente. Überall, wo wir parlamentarische Funktionen, wo wir Stadt- und Gemeinderäte, Bürgermeister und stellvertretende Bürgermeister haben, müssen wir das Öffentlich-Sichtbar-Werden ihres Tuns als SPD nutzen.

Die SPD ist nicht Selbstzweck. Sie ist das Mittel, um in den Parlamenten Einfluß zu gewinnen auf die Art, wie mit öffentlichen Geldern umgegangen wird, welche Gesetze zum Regeln des Zusammenlebens der Menschen in Sachsen, in Deutschland, in Europa Gestalt bekommen.

Damit bin ich bei Constanze Krehl, die als Kandidatin vorgeschlagen worden ist.

Manche meinen, weil Constanze Europaabgeordnete ist, könne sie nicht Landesvorsitzende der SPD sein. Ob sie es physisch verkraften kann, wird sie selber am besten beurteilen können. Ob es politisch zu verkraften ist. Ich meine ja. Ich bin sehr froh, wenn sie mit ihrer vieljährigen Europaerfahrung, bei der sie mit Sicherheit aus den Erfahrungen der Sozialdemokraten der Mitgliedsländer der Europäischen Union viel gelernt hat, hier in Sachsen, nicht nur in unsere Partei hinein, sondern insgesamt, der Bevölkerung Europa näherbringen kann. Wir in Sachsen sind nicht nur Bürger Deutschlands, wir sind Bürger Europas. Constanze wird fähig sein, für Sachsen zu handeln, ohne mit Europa Streit zu provozieren. Sie wird unseren Parlamentariern im Landtag auch gegen Biedenkopf manche Hilfestellung geben können.

Die Sozialdemokratische Partei war die Partei, die als erste einen Zusammenschluß der europäischen Staaten im Programm hatte. Herbert Wehner war bereits in den fünfziger Jahren Mitglied der Gemeinsamen Versammlung für Kohle und Stahl, der Vorläuferin des Europäischen Parlaments. Er war von uns Sozialdemokraten sicherlich derjenige, der am intensivsten im Monnet-Komitee mitarbeitete. Das Monnet-Komitee war ein nichtamtlicher Zusammenschluß von Menschen aller demokratischen Parteien und Gewerkschaften der damaligen Europäischen Gemeinschaft. Jean Monnet wird zu Recht "Vater Europas" genannt.

Herbert Wehner hat gleichzeitig auf höchster Ebene Verantwortung in der SPD und im Deutschen Bundestag getragen. Warum sollte das Gleiche, Verantwortung in Europa und in unserem kleinen Land Sachsen zu übernehmen, nicht möglich sein?

Ich halte es für eine große Chance, wenn sozialdemokratisches Wirken in Sachsen auf eine breite Grundlage gestellt wird. Und ich freue mich, daß mit Constanze eine Frau in den Blickpunkt der Menschen gerät.

Ihr alle, Delegierte und Mitglieder der SPD in Sachsen seid aufgerufen, Euch politisch aktiv einzubringen. Wer politisch wirken will, kann nicht nur aus dem Gefühl heraus handeln. Gefühl, das heißt ein warmes Herz, ist erforderlich, um Menschen anzusprechen. Doch um sie zu überzeugen und entscheidungsfähig zu machen, braucht es Kenntnisse, das heißt Erfahrungen.

Die Sozialdemokratische Partei ist aus den Arbeiterbildungsvereinen hervorgegangen. Bildung gehört zu den grundlegenden Traditionen unserer Partei. Ihr selbst habt hier in Sachsen ein politisches Bildungswerk gegründet. Peter Adler schlug den Namen Herbert-Wehner-Bildungswerk vor. Nutzt diese Möglichkeit, aus den Erfahrungen anderer zu lernen, Euch gemeinsam mit neuen Problemen zu befassen, nach Lösungen und Wegen zu suchen, um der Bevölkerung sozialdemokratisches Handeln verständlich zu machen.

Sprecht mit Christoph Meyer, dem Leiter des Bildungswerkes, und sagt ihm, wo Eure Bedürfnisse nach mehr Wissen bestehen, damit die Themen eingeplant werden können. Ihr macht Euch und unsere SPD Sachsen handlungsfähiger, wenn eine weit größere Zahl als bisher die Möglichkeiten des Bildungswerkes nutzt.

Auf ein gutes Gelingen grüßt Euch herzlich Eure Greta Wehner.

Zur Bedeutung von Wahllisten

Rede auf der Landeswahlkonferenz der SPD Sachsen
am 20. April 2002

In der Parteiratssitzung habe ich weder für noch gegen die
Liste gestimmt,*) ich habe aber gesagt, daß ein Bundestags-
mandat keine Versorgungseinrichtung ist.
Ich sage heute dazu: Mitglied des Bundestages zu sein ist
kein Beruf. Sondern Personen aus allen Erfahrungsbereichen
der Menschen, aus allen Berufen und aus allen Regionen
werden im Parlament gebraucht.
Meine Nichtentscheidung am 9. März war für mich erforderlich,
weil ich viel zu wenig über die sächsischen Mitglieder der
SPD-Fraktion im Bund wußte.
Inzwischen habe ich im Bundestagshandbuch nachgeschaut
und dadurch eine gewisse Ahnung, wer zum Beispiel in
welchem Ausschuß Mitglied ist; sicher sagt auch das nur
bedingt etwas über die Wichtigkeit und Intensität der Arbeit
unserer jeweiligen Abgeordneten aus.
Nach allem, was ich weiß, gibt es etliche unter uns, die
durchaus fähig wären, die Arbeit in der Bundestagsfraktion
mitzutragen. Unersetzlich ist wohl keiner.
Um hier sinnvoll zu entscheiden, sollte jeder wissen, welche
Bedeutung die Bundestagswahllisten haben im Gegensatz
zum Direkt-Wahl-Mandat. Ich denke, sie haben politisch
gesehen mehrere Bedeutungen:
1. daß auch die Wählerstimmen, die nicht durch die Wahl
eines Wahlkreisabgeordneten vertreten werden, Einfluß auf
das politische Wirken bekommen.
2. daß die Parteien die Chance haben, auch in den Regionen,
in denen sie keinen Wahlkreis erobern können, durch geeignete
Repräsentanten vertreten zu werden.

---

*) Greta Wehner war seit 2000 als Vertreterin des Unterbezirks Dresden-
Elbe-Röder Mitglied des Landesparteirats der SPD Sachsen. Bei der "Liste"
handelte es sich um den Vorschlag des SPD-Landesvorstands für die
Landesliste Sachsen zur Bundestagswahl 2002.

3. haben wir immer auch Personen gebraucht, die durch nicht parlamentarische Wahlfunktionen belastet waren und deshalb keinen Wahlkreis betreuen konnten, zum Beispiel Willy Brandt (SPD-Parteivorsitzender), Walter Arendt (IG-Bergbau-Vorsitzender) oder heute Gerhard Schröder. Bei allen drei bin ich sicher, sie hätten auch einen Wahlkreis gewinnen können. Hier, bei uns in Sachsen, ist der zweite Grund aktuell. Es gibt Regionen, die mehrere Repräsentanten im Bundestag haben, Leipzig zum Beispiel hat drei. Nun, wenn sie direkt gewählt werden: Alle Achtung und Ehre. Doch unersetzlich, falls sie es nicht alle schaffen, erscheint mir keiner für das politische Wirken der Bundestagsfraktion. Sie deshalb alle drei auf der Liste abzusichern schränkt unser politisches Wirken in anderen Regionen ein, zum Beispiel auch in der Landeshauptstadt Dresden im Unterbezirk Dresden-Elbe-Röder.

Deshalb unterstütze ich die Bemühungen, die Landesliste neu zu reihen.

III
Demokratisierung der Gesellschaft

Soziale Demokratie und demokratischer Sozialismus

Notiz aus Anlaß des Streites über eine Gedenktafel in Bautzen, 28. September 1993

Der Traum von Generationen, die mehr sein wollten als stumpf dahin arbeitende Menschen, für die Gleichheit, Brüderlichkeit, Bildungschancen für alle, das wesentliche Ziel waren.

Die Verzerrung und Vernichtung des Traumes durch die russischen Kommunisten zu der Antwort: "Sozialismus ist die Lehre von der Strategie und Taktik des Befreiungskampfes der Arbeiterklasse."

Die Verteufelung der Sozialdemokraten durch Gruppen in der CDU und rechtskonservative Kreise im Nachkriegswestdeutschland als das das Volk bedrohende Gespenst des Sozialismus.

Die Feststellung Herbert Wehners am 25. Oktober 1946: "Der Sozialismus ist nicht nur eine Frage von Eigentumsverhältnissen an den Produktionsmitteln. Sondern der Sozialismus ist *vor allem* eine *Rechtsfrage* im weitesten Sinne: Den Sozialismus reduziert zu haben zu einer Frage der Eigentumsverhältnisse an den Produktionsmitteln, das habe ich als den möglichen Anfang für die Totalitätstendenzen zu kennzeichnen versucht."

Viele von uns sprechen seit langem überwiegend von *Sozialer Demokratie*, oder von demokratischem Sozialismus.

Auch ich spreche schon lange von Sozialer Demokratie, oft fragte ich mich, was sagt das Wort Sozialismus aus, und bin dann der Meinung, daß *ich* eine Demokratie will, das heißt eine von Wahlentscheidungen abhängige Ordnung, die bemüht ist, Rücksicht auf den Schwachen zu nehmen, eine menschenwürdige Lebenssicherung für alle Bürger, auch für den weniger Begabten, den Kranken, den Behinderten und den Alten anzustreben, das heißt eine *soziale* Ordnung zu schaffen.

Die Voraussetzung dazu ist nicht diese oder jene Form der Eigentumsverhältnisse an den Produktionsmitteln, sondern eine *Rechtsordnung*, in der durch Gesetze zu regeln ist,

130

wie weit der Begabte, der Befähigte, der Gesunde, der Junge von dem Resultat seiner Leistung für den Hilfsbedürftigen abzuzweigen bereit sein muß.

Obwohl das Wort Sozialismus durch das sowjetische System und durch die SED bis zur Unkenntlichkeit verzerrt worden ist und im täglichen Gebrauch das Wort *Soziale Demokratie* inhaltlich verständlicher aussagt, was wir Sozialdemokraten wollen, müssen wir das uralte Wort Sozialismus, als den Traum vergangener Generationen, aus der ihm zugefügten Verzerrung lösen. Sonst werden die Nachwachsenden nicht fähig sein, zu verstehen, was die vorausgegangenen Denker sozialer-demokratischer Bewegungen gesagt und geschrieben haben.

Solidarität über den Betrieb hinaus

Ansprache beim Mai-Empfang der SPD-Betriebsgruppe
Hütte in Salzgitter aus Anlaß des 35jährigen Bestehens
am 28. April 1994

Es bewegt mich sehr, daß ihr heute an die Gründung der
SPD-Betriebsgruppe Salzgitter erinnert und gleichzeitig an
das Begleiten dieser Arbeit durch Herbert Wehner.
Das gemeinsame solidarische Ringen um soziale und
demokratische Rechte der Arbeitnehmer hat lang zurückliegende Wurzeln. Herbert Wehner trug jahrzehntelang in
seiner Aktentasche ein altes Heft bei sich. Es gab keine Maikundgebung, auf der er nicht daraus zitierte. Das Heft ist
schon sehr vergilbt und trägt den Stempel *"Göteborgs Arbetar-
komuns Bibliothek"*. Es heißt "Der Arbeiterschutz und der
Achtstundentag" von Karl Kautsky, gedruckt 1890.   .
Meine Mutter hat das Büchlein Ende der 30er Jahre in
Göteborg geschenkt bekommen. Auch ich will heute hier
daraus zitieren:
*"Die Erfolge der Arbeiter wären aber nicht möglich geworden,
wenn die Widerstandsfähigsten unter ihnen nur für sich gesorgt
und gekämpft, wenn sie sich nicht als die Vorkämpfer, die Leiter
und Organisatoren der gesamten Arbeiterklasse betrachtet
hätten, wenn sie nicht bestrebt gewesen wären, ihre
schwächeren Mitarbeiter, die entweder gar nicht oder wenigstens
nicht allein, ohne fremde Hilfe, im Stande waren, ihre Interessen
zu vertreten, an ihren Errungenschaften teilnehmen zu lassen"*.
Herbert Wehner stellte fest, daß in diesem Satz zweierlei steckt:
Erstens die Lehre von der Solidarität der arbeitenden Menschen
als Unterpfand aller ihrer Errungenschaften und zweitens die
Erfahrung derer, die in jenen Zeiten als die Widerstandsfähigsten bezeichnet wurden, daß sie und ihr Bewußtsein
notwendig sind, damit die Schwächeren in Bewegung kommen
und so Erfolge errungen werden, die allen zugute kommen,
allen arbeitenden Menschen und ihren Familien. *Das* heißt
Solidarität im täglichen Arbeitsleben, im gewerkschaftlichen
und politisch-parlamentarischen Handeln.

Diese 104 Jahre alten Sätze von Karl Kautsky und die 20 Jahre alten Sätze von Herbert Wehner sind und bleiben aktuell. Solidarität, bereit sein, Verantwortung in unserem Staat, im Land, in den Gemeinden und in den Betrieben zu tragen, nicht nur das eigene Wohl im Blick zu haben, ist wichtig wie eh und je. Ihr Jungen habt den Zusammenbruch und die wirtschaftlichen Folgen des Experiments "Sozialismus" *ohne* Demokratie in dem Teil unserer Heimat Deutschland erlebt, der sich DDR nannte. Eure Aufgabe, auch aus dieser Erfahrung heraus, ist, die Ansätze von sozialer Demokratie, die wir im Westen Deutschlands entwickelt haben, nicht zerstören zu lassen, Euch, die Arbeit haben, nicht ausspielen zu lassen gegen die, die arbeitslos und damit heute häufig die Schwächeren sind. Solidarität kann nicht auf den eigenen Betrieb beschränkt bleiben.

Solidarität haben wir im Westen mit den Menschen in den östlichen Ländern unserer Heimat zu halten, die den schwersten Teil unserer gemeinsamen Kriegsschuld der schrecklichen Nazizeit zu tragen gehabt haben.

Solidarische Mitverantwortung endet nicht an den Grenzen des eigenen Staates. Wirtschaft ist heute Weltwirtschaft, um so wichtiger ist die Stärkung der sozialen Seite unserer Demokratie, damit die Arbeitnehmer den weltwirtschaftlichen Schwankungen nicht schutzlos ausgeliefert sind.

Der 1. Mai war vor hundert Jahren ein Kampftag um soziale Gerechtigkeit für breite Bevölkerungsschichten, um den Achtstundentag und damit auch um Zeit für Bildung für die nicht in den Wohlstand Hineingeborenen. Heute müssen wir uns den 1. Mai als Feiertag erhalten zur Erinnerung und zur Mahnung, daß soziale Errungenschaften erkämpft wurden und nur erhalten bleiben, wenn wir verantwortlich und solidarisch für sie eintreten.

In diesem Jahr können wir im Gespräch Kollegen, Nachbarn und Nachbarinnen auf die Verantwortung jedes Einzelnen aufmerksam machen: Macht zum demokratischen Handeln durch das Wahlrecht zu vergeben.

Mit diesem Hintergrund wünsche ich euch und euren Familien einen schönen 1. Mai 1994!

Gewerkschaftliches Engagement

Grußwort zur Jubilarfeier der Gewerkschaft ÖTV
in Dresden am 12. November 1997

Liebe Kolleginnen und Kollegen!
Es erscheint mir etwas merkwürdig, wenn mir hier jetzt das
Wort erteilt worden ist, bin ich doch eigentlich hier, weil auch
ich zu den Jubilaren gehöre.

Geschichte und Gewerkschaften

Mein erstes Gewerkschaftsbuch wurde am 21. Februar 1943
in der schwedischen Stadt Göteborg ausgestellt. Das bedeutet,
daß ich in drei Monaten 55 Jahre gewerkschaftlich organisiert
bin. Damals arbeitete ich in der großen Göteborger Textilfabrik
als Weberin in *Gamlestadens Väveri*; dieses alte Mitgliedsbuch
hat die Nummer 13.468.
Meine Mutter war, als während der Nazizeit eine erneute
Verhaftung drohte, 1937 mit meinem Bruder und mir in die
Emigration über Dänemark nach Schweden gegangen. Unser
Vater hatte bereits 1934 bei einem Verhör bei der Gestapo im
Stadthaus in Hamburg sein Leben eingebüßt.
Wenn es nach meinen eigenen Vorstellungen gegangen wäre,
wäre ich bereits ab Herbst 1939 gewerkschaftlich organisiert
gewesen. Damals ging ich ins Gewerkschaftshaus und wollte
mich in einer zuständigen Gewerkschaft anmelden. Was
arbeitest du, wurde ich gefragt – als Haushaltshilfe, war meine
Antwort. Doch dafür gab es zu meiner großen Enttäuschung
keine Gewerkschaft.
In Wunschberufen war es 1937 als Emigrantenkind unmöglich,
Arbeitserlaubnis zu bekommen. Aus dieser meiner eigenen
Erfahrung empfinde ich die bestehende Asylgesetzgebung oft
als bedrückend.
Meine Tätigkeit als Textilarbeiterin währte nur ein knappes
Jahr. Später konnte ich mit Hilfe der Flüchtlingskuratorin
meinem beruflichen Traum näher kommen, als sogenannte
"Parktante" Kinder betreuen, dann eine Säuglingspflege-
Ausbildung machen und als Schwester im Universitätskranken-

haus in Uppsala arbeiten. Ich blieb aber Mitglied der Textil-
arbeitergewerkschaft. Das bedeutet auch, daß ich zwar
gewerkschaftlich interessiert aber nicht tätig war, und so blieb
es mein Leben lang.

Am 30. Juni 1947 bin ich von Schweden nach Hamburg
zurückgekommen, jetzt im nachhinein erscheint es mir
merkwürdig, daß ich bereits mit dem Datum 1. Juli 1947
Mitglied der Gewerkschaft ÖTV geworden bin, weil mich die
IG Textil und Bekleidung in Hamburg auf Grund meines
Berufes nicht haben wollte, worüber ich übrigens enttäuscht
war.

Nach vorausgegangener schulischer Weiterbildung konnte ich
in Kiel die Ausbildung zur Fürsorgerin/Sozialarbeiterin
absolvieren und anschließend bei der Arbeiterwohlfahrt im
niederrheinischen Ruhrgebiet arbeiten, um die staatliche
Anerkennung in meinem neuen Beruf zu erhalten. Nur 1 ¼
Jahr habe ich anschließend im Kreis Offenbach am Main als
Familienfürsorgerin gearbeitet.

Bei diesen immer nur ein bis anderthalb Jahre dauernden
Arbeitsabschnitten kam es nie zu aktiver gewerkschaftlicher
Arbeit, und dennoch hatte ich viele Kontakte und Begegnungen
mit Gewerkschaftern und Gewerkschaften.

Seit Mitte der 50er bis Anfang der 80er Jahre war ich vermutlich
bei allen Gewerkschaftstagen der IG Textil und Bekleidung,
die Herbert Wehners Gewerkschaft geblieben war, und auf
vielen Gewerkschaftstagen der Gewerkschaft Nahrung, Genuß
und Gaststätten, aber auch schon mal bei der ÖTV, der IG
Metall und anderen – und natürlich bei den DGB-Bundes-
kongressen. Herbert war in all den Jahren Redner auf den 1.-
Mai-Kundgebungen des DGB, einmal sogar in Zürich auf der
zentralen Deutsch-Schweizer Maikundgebung, und da ich ihn
mit unserem Auto überall hingefahren habe, war ich dabei.

Von 1954 bis 1983 habe ich ihm Jahr für Jahr das Material
für seine Redevorbereitungen herausgesucht, ihm zugehört
und erlebt, wie er die geschichtlichen Wurzeln der Arbeiterbewegung mit den gegenwärtigen Sorgen der Gewerkschafts-
mitglieder und den politischen Notwendigkeiten und
Möglichkeiten verbunden hat.

135

Schon 1863 hat Ferdinand Lassalle erklärt, welche Menschen-
gruppen er mit der Bezeichnung Arbeiter beschrieb: alle, "die
noch eben den Willen haben, sich in irgend einer Weise der
menschlichen Gesellschaft nützlich zu machen". "Arbeiter"
ist so verstanden kein einengender Begriff; jeder von uns kann
sich davon angesprochen fühlen.

Damals vor hundert und mehr Jahren waren die Lebens-
umstände der breiten Bevölkerungsschichten unvergleichlich
schlechter als heute. Selbst in meiner Kindheit und Jugend
lebten wir wirtschaftlich in weit ärmlicheren Verhältnissen
als Menschen in niedrigen Lohngruppen oder als Arbeitslose
heute. Dennoch fanden die Arbeiter die Kraft, gewerkschaftlich
und politisch für bessere Lebensverhältnisse, für Demokratie
und soziale Gerechtigkeit zu kämpfen.

Grund genug, die Menschen heute hier in Dresden, in Sachsen,
in ganz Deutschland aufzurufen, sich nicht in Nischen zu
verkriechen, sich nicht nur gewerkschaftlich, sondern auch
im politischen Bereich für soziale Demokratie einzusetzen.

Nach dem Krieg sind in Westdeutschland die Gewerkschaften
nicht wie vor 1933 als Richtungsgewerkschaften der verschiedenen politischen und religiösen Gruppierungen gegründet
worden, sondern es entstanden einheitliche Industriegewerkschaften, die mit dem Motto Hans Böcklers angetreten
sind, nicht nur "als Lohn- und Tarifmaschinen" zu wirken,
"sondern überall dabei zu sein, wo gewirtschaftet wird", wie
ich es aus meinem Gedächtnis zitiere.

Daraus folgt der keineswegs abgeschlossene Kampf um die
Mitbestimmung. Herbert nannte das die "Demokratisierung
der Gesellschaft bis an ihre Wurzeln".

Wege und Umwege von Ehrungen

Herbert Wehner ist einer der Preisträger des Hans-Böckler-
Preises des DGB. Auch heute noch erhalte ich jeweils eine
Einladung zu den festlichen Veranstaltungen, der Verleihung
des Preises an die neuen Preisträger. Besonders berührte
mich die Verleihung der Mannheimer Medaille an Herbert
1986. Er selbst war schon ein schwer kranker Mann, der
gerade noch die Kraft hatte, den Festakt bewußt zu erleben.

136

Mannheim spielt eine besondere Rolle in der Geschichte der Gewerkschaften. 1906 fand in Mannheim ein Parteitag der Sozialdemokratischen Partei Deutschlands statt. Auf diesem Parteitag wurde beschlossen, daß von da an die Arbeiterbewegung aus *zwei* Säulen bestehen solle, die eine Säule, die politische Partei SPD, die andere Säule, die Gewerkschaften, *beide unabhängig voneinander und eigenverantwortlich,* miteinander befreundet und, politisch gesehen, aufeinander angewiesen. Wenn immer in unserer Geschichte die demokratischen Grundrechte begrenzt oder ganz unterdrückt wurden, nahmen beide, Gewerkschaften und Sozialdemokratische Partei, Schaden.

Die Mannheimer Medaille wurde von der IG Metall gestiftet und erstmals 1986 verliehen; die Verleihung erfolgt jeweils an eine Person aus dem politischen Bereich, die sich um das Verhältnis zu den Gewerkschaften verdient gemacht hat, und an einen herausragenden Gewerkschaftler. Bei der erstmaligen Verleihung 1986 waren das Herbert Wehner und der langjährige Vorsitzende der IG Metall, Eugen Loderer.

Auch zur Verleihung der Mannheimer Medaille erhalte ich weiterhin die Einladungen.

In diesem Jahr bat mich die Postgewerkschaft in Hamburg um Erlaubnis, eine Herbert-Wehner-Medaille stiften zu dürfen; sie wurde im September erstmals vergeben. Erste Trägerin ist die langjährige Abgeordnete des Hamburger Parlaments, Elisabeth Ostermeier. Sie lebt und wirkt im ehemaligen Bundestagswahlkreis Herbert Wehners. Elisabeth Ostermeier und ihr Mann haben in der Nazizeit Haftzeiten erleiden müssen. Der erste männliche Preisträger dieses Jahrs ist Pastor Günter Harig aus Lübeck, der für sein mutiges Eintreten beim Gewähren von Kirchenasyl geehrt worden ist.

Bei der Veranstaltung der Postgewerkschaft mußte ich leider aus gesundheitlichen Gründen absagen. Das tut mir besonders leid, weil ich viele gute Erinnerungen habe, nicht nur an Gespräche mit der Postgewerkschaft, sondern auch mit anderen Gewerkschaften, Gewerkschaftsmitgliedern, Personal- und Betriebsräten in Herberts altem Bundeswahlkreis, den er fast 34 Jahre im Bundestag vertreten hat. Wobei er als einziger

Hamburger Bundestagsabgeordneter immer mit absoluter Mehrheit gewählt worden ist. Von diesen 34 Jahren habe ich 30 Jahre im Hintergrund mitgetragen.

Zum Abschluß taucht vielleicht die Frage an mich auf: Warum findet die Feier deiner 50jährigen Gewerkschaftsmitgliedschaft so verspätet statt?

Die Gewerkschaftsvorsitzende Monika Wulf-Mathies schrieb mir am 30. September 1993: "Gerade habe ich die Urkunde für Deine 50jährige Gewerkschaftsmitgliedschaft unter-schrieben. Gerne würde ich sie Dir persönlich überreichen...". Dazu kam es nicht, bevor sie nach Brüssel ging und ich nach Dresden. Es gelang uns nicht, gleichzeitig in Bonn zu sein. Auf dem Kirchentag in Leipzig traf ich die ÖTV-Mitarbeiterin Hiltrud Broockmann und sagte ihr, daß ich gerne meine Urkunde hätte. Darauf schrieben mir die Bonner, ich solle zu ihrer Jubilarfeier kommen, damit sie mir die Urkunde überreichen könnten. Aber nein, schrieb ich zurück, mein Lebensmittelpunkt ist seit Juni 1996 Dresden. Und so bin ich heute hier und hoffe, daß ein wenig aus der Geschichte der Gewerkschaften in der alten Bundesrepublik den einen oder anderen, die auch Grund zum Feiern haben, sinnvoll zum eigenen Nachdenken und Handeln sein könnte.

Uns allen wünsche ich noch ein gutes Zusammensein.

138

Soziales Handeln und politische Praxis

Rede zur Verleihung der Marie-Juchacz-Plakette auf der Bundeskonferenz der Arbeiterwohlfahrt am 30. Oktober 2000 in Würzburg

Als mich im Frühjahr die Nachricht erreichte, daß mir in diesem Jahr die *Marie-Juchacz-Plakette* der Arbeiterwohlfahrt verliehen werden sollte, war ich vor allem erschrocken und allmählich auch erfreut und verwundert, denn ich bin zwar mehr als 50 Jahre Mitglied, habe aber nur sehr wenig im Rahmen der AWO gearbeitet.

1947 bin ich aus der Emigration zurückgekehrt und eineinhalb Jahre später begann zu Ostern in Kiel mein engerer Kontakt zur AWO. Ich habe dort meine Sozialarbeiter-Ausbildung angefangen und natürlich auch abgeschlossen. In dieser Zeit und vermutlich bis 1955 nahm ich an den Sozialarbeiter-Treffen der AWO teil, später hatte ich dazu leider nicht mehr die nötige Zeit, das Arbeiten mit Herbert Wehner wurde zu umfangreich.

In Kiel hatte ich Christa Hasenclever als Dozentin. Sie ging nach Abschluß meiner Ausbildung zum Hauptausschuß der AWO nach Bonn und wurde dort zuständig für Ausbildungsfragen der AWO. Lotte Lemke*) lernte ich bei den Sozialarbeiter-Treffen kennen und schätzen. Als ich ihr 1953 mitteilte, daß ich nun mit Herbert arbeite, das heißt im politischen Bereich, war sie erst ärgerlich über Herbert, das legte sich aber bald, denn beide schätzten sich sehr und verließen sich auf das Urteil des jeweils anderen.

Als sie schwer krank und hilflos darniederlag, auch Herbert war schon krank und konnte selbst keine Briefe mehr schreiben, aber noch seine Unterschrift, bekam sie eine Postkarte von uns, und wie mir erzählt wurde, hätte sie diese

---

*) Lotte Lemke (1903-1988). Sie war ab 1930 Geschäftsführerin der Arbeiterwohlfahrt, leistete in der Nazizeit Widerstand und wurde 1946 erneut zur Geschäftsführerin der AWO berufen. Sie war ab 1953 stellvertretende Bundesvorsitzende und von 1965 bis 1971 Bundesvorsitzende der Arbeiterwohlfahrt.

immer bei sich haben wollen. Erinnerungen an Lotte Lemke wecken bei mir immer warme Gefühle der Dankbarkeit.

Als ich in Moers am Niederrhein bei der AWO mein Jahrespraktikum machte, suchte ich sie auch auf, weil Willy Könen, der zuständige Geschäftsführer in Düsseldorf, sich sagte, die Greta macht schon die Arbeit, und die Neueinstellung einer Fürsorgerin, wie es damals hieß, immer weiter verzögerte. Es war nicht nur, daß ich für zwei arbeiten mußte, ich riskierte, die staatliche Anerkennung nicht zu erhalten, weil ich fast ein Dreivierteljahr ohne fachliche Anleitung arbeiten mußte. Finanzprobleme hat es im Sozialbereich offenbar auch damals schon gegeben.

So verbindet mich mehr mit Lotte Lemke als mit Marie Juchacz, und dennoch bin ich besonders dankbar, daß ich mit dieser Ehrung mit ihr in Verbindung gebracht werde. Mit der Frau, der ich vermutlich nicht begegnet bin, auf jeden Fall nicht so persönlich, daß ich eine Erinnerung an sie habe, die vom Alter her meine Großmutter hätte sein können, wobei sie bis zu zehn Jahre später geboren wurde als meine Großeltern.

Manches, was ich über ihre Lebensbedingungen und über ihren Einstieg in das politische Leben gelesen habe, deckt sich mit den Erzählungen aus meiner Familie und ist mir deshalb vertraut.

Da ich in dem Sitzungsprogramm keine Redezeit für mich eingeplant gefunden habe und mich deshalb mit meinem Dank für die Verleihung der Plakette beschränken muß, werde ich nur ein paar Punkte nennen, die Marie Juchacz zur Gründung der AWO im Dezember 1919 genannt hat und von denen ich meine, daß sie immer noch Richtschnur für unser Arbeiten sein müssen.

Marie meinte damals, daß es sich nicht einfach um eine Neugründung als Wohlfahrtsverband handelte, sondern um die Zusammenfassung der bisher auf diesen Gebieten geleisteten Arbeit.

Um was handelt es sich:

a) Hilfe zur Selbsthilfe vermitteln,

b) vorbeugen, statt zu heilen,

c) pflegen, wo Heilen nicht mehr möglich ist,

d) Schulung von Sozialarbeitern,

e) an der Praxis orientiertes Wirken mit politischen Forderungen verbinden.

Für *mich* bedeutet dieses, Menschenwürde für die ermöglichen, die ohne Hilfe aus ihrer Not nicht herauskönnen.

Im Gegensatz zu den bürgerlichen Hilfsorganisationen, die damals weiter zu den überlieferten Anschauungen hielten, Hilfebedürftigkeit sei hauptsächlich in persönlicher Minderwertigkeit und Schuld des Einzelnen begründet, war Marie Juchacz und mit ihr die sozialdemokratische Arbeiterschaft der Ansicht, *Wohlfahrtspflege ist Aufgabe des Staates, dessen Glieder die Menschen sind*, in dem jeder nach seinem Können verpflichtet ist, zur Erfüllung der sozialen Staatsaufgaben beizutragen. Diese Grundfeste des demokratischen Staates hat ihre Wurzeln in der Solidarität der alten Arbeiterbewegung. In diesem Absatz, der sich auf Marie Juchacz' Gedanken stützt, Wohlfahrtspflege ist *Solidarität*, treffen meine Vorstellungen mit denen von Marie zusammen.

Hinzu kommt das, was ich unter a) bis e) genannt habe, wobei für mich besonders das e) – an der Praxis orientiertes Wirken mit politischen Forderungen verbinden – wesentlich ist.

Solidarität ist erforderlich, nicht nur in unserem Gemeinwesen, sondern ebenfalls zwischen den Arbeiterwohlfahrts-Organisationen in den Ländern der alten Bundesrepublik und denen der östlich-nordöstlichen Länder des heutigen Deutschland.

Die Arbeiterwohlfahrt als Ganzes darf nicht über die krassen finanziellen Unterschiede hinwegsehen, mit denen die Menschen und deren Organisationen in Ost und West leben müssen.

Ich vermag hier keine Lösungsvorschläge zu machen. Das Mittel, welches uns gegeben ist, heißt, das an der Praxis orientierte Wirken *mit politischen Forderungen verbinden*. Hier beziehe ich mich auf die schweren Mängel der Pflegeversicherung in Bezug vor allem bei der Beurteilung der Pflegestufen bei Demenzkranken. Ich nenne ebenfalls die großen finanziellen Sorgen der Pflegedienste der Arbeiterwohlfahrt in den ost-nordostdeutschen Ländern.

Der Arbeitseinsatz unserer hauptamtlichen Mitarbeiter in den Sozialstationen und Heimen ist genauso qualifiziert, zeitlich im Osten sogar höher als im Westen, aber sie haben einen niedrigeren Tariflohn. Der Lohn ist dabei vielleicht noch hinzunehmen, wenn die Folgen in den sozialen Sicherungen nicht so einschneidend wären. Weniger Lohn ergibt geringere Kranken- und Pflegekassenbeiträge und geringere Beiträge für die Angestellten- respektive Invalidenversicherung; die Folge sind geringere Altersrenten.

Die Folgen des vom Naziregime angezettelten Krieges und der *darauf* zurückgehenden Teilung Deutschlands werden für die Arbeitnehmer im Osten noch ein Menschenleben lang fortgeschrieben.

Was die Krankenkassen anbelangt, so ist die Folge des niedrigeren Lohnes unmittelbar für die Finanzierung unserer sozialen Einrichtungen bedrohlich. Die Pflegesätze müssen wegen der geringer vorhandenen Mittel niedriger als im Westen berechnet werden; das bringt die AWO in Sachsen, die im Gegensatz zu den wimmelnden Kleinstpflegediensten, die keine Tariflöhne zahlen (die im Osten eh geringer sind als im Westen), an den Rand der finanziellen Leistungsfähigkeit.

Die Arbeiterwohlfahrt als Organisation ist im Osten, zumindest in Sachsen, schwach. Ehrenamtliche Helfer fehlen ganz. Die wenigen Mitglieder, die es dort gibt, sind überwiegend alte Leute, die zum Großteil Mitglied sind, weil sie erwarten, daß man etwas für sie tut, und nicht, um die eigenen Kenntnisse und Erfahrungen einzubringen, um das Miteinander zwischen jung und alt, Gesunden und Kranken, Behinderten und Nichtbehinderten, auch im ehrenamtlichen Bereich, solidarisch mitzutragen.

Ich weiß, daß auch im Westen Deutschlands ehrenamtliche Betreuungsarbeit, zum Beispiel in den Altenheimen, in den letzten zwanzig und mehr Jahren immer mehr abgenommen hat. Aber dort, wo ich seit über vier Jahren lebe, in Sachsen, fehlt sie ganz.

Die Arbeiterwohlfahrt, als Kind der Sozialdemokratie, ist nicht nur deshalb organisatorisch schwach, weil die SPD im Osten, vor allem auch in Sachsen, nur eine sehr geringe Mitgliederzahl

hat, sondern weil aus der DDR-Zeit, als heutiger Wohlfahrtsverband (angeschlossen an den Paritätischen Wohlfahrtsverband) die *Volkssolidarität* die Zeit der DDR überlebt hat. Für
viele alte Menschen war diese 1990/1991 wie ein Fels, an den
sie sich im Zusammenbruch aller vertrauten Ein-richtungen
halten konnten.

Die Volkssolidarität steht auch heute noch überwiegend der
PDS nahe und hat Einrichtungen und Personal zu einem
beachtlichen Teil in die Zeit des geeinten Deutschland hinüber-
gerettet. Aus der DDR-Zeit stammt auch die Lebenshaltung:
Die Volkssolidarität bietet uns Rentnern dieses oder jenes,
sie betreut uns als Mitglieder, und nicht, was ich für wesentlich
halte, *ich will*, aus der solidarischen Haltung, wie sie uns Marie
Juchacz vorgelebt hat, mich um den, der schwächer ist,
kümmern, ich bin Mitglied, *weil ich* beitragen will, unsere
Gesellschaft menschlicher zu gestalten.

Ich erinnere aus meinen letzten Jahren in Bonn, daß auch
dort zum Beispiel Busausflüge von der AWO angeboten wurden,
was mich, als ich das bemerkte, sehr befremdete.

In der alten Bundesrepublik konnten nach zwölf Jahren
Hitlerzeit Menschen wie Lotte Lemke und die Generation
meiner Eltern die AWO mit ihren Erfahrungen aus der Zeit
von 1919 bis 1933 wieder aufbauen.

Nach dem Ende der DDR, 57 Jahre nach 1933, gab es nur
ganz vereinzelt bereits sehr alte Menschen, die Erfahrungen
oder auch nur Erinnerungen an die AWO hatten. Dies ist ein
wesentlicher Grund dafür, daß die AWO zum Beispiel in
Sachsen als Organisation schwach ist und über ihren
besoldeten Mitarbeiterkreis hinaus nur wenige Mitglieder hat.
Daraus ergeben sich beispielsweise Probleme, Revisoren zu
finden, die nach der Satzung auch wählbar sind.

Ich denke, hier setzt mit Recht meine Forderung an: Wenn
wir unsere Wurzeln mit Marie Juchacz nicht leugnen wollen,
haben der Bundesverband und die AWO-Verbände der einzelnen
Länder der alten Bundesrepublik die *solidarische Verpflichtung*,
den AWO-Verbänden in Ost-Nordostdeutschland beizustehen.
Hier kann es nicht bei leeren Worten bleiben, sondern hier
ist soziales Handeln mit politischer Praxis zu verbinden. Auch

wenn die AWO heute kein Teil der SPD ist, ihr Kind bleibt sie trotz allen Wandels.

Obwohl ich nur unzureichend informiert bin, muß ich dennoch versuchen, einige Worte zum Tarifstreit in Sachsen zu sagen. Ich habe unter anderem auch den Antrag 16-02 des Landesverbandes Saarland gelesen. Ich wäre sehr für gleiche Löhne in Ost und West, wenn ihr mir sagen könnt, wie unsere Einrichtungen im Osten das finanzieren können.

Eine wesentliche Ursache der Schwierigkeiten des AWO Landesverbandes Sachsen ist Folge des politischen Handelns der CDU Sachsens. Die CDU-Regierung Biedenkopf hat dort bewußt keine Vorschriften erlassen, um die Zulassung von privaten Pflegediensten zu regeln. Sie ist der Meinung, je mehr Personen sich in diesem Bereich selbständig machen, desto weniger Arbeitslose tauchen in der Statistik auf.

Andere Länder, zum Beispiel Brandenburg oder Mecklenburg-Vorpommern, haben einige Voraussetzungen eingeführt, unter anderem eine Mindestzahl der Mitarbeiter bei den privaten Pflegediensten. Nur dann ist Pflege ohne maßlose Ausbeutung sowie die Zahlung von Tariflöhnen möglich. Denn ohne diese Voraussetzung wird von den Kassen kein voller Pflegesatz bezahlt.

Die ungezählten Kleinst-Pflegedienste in Sachsen zahlen meist weit unter Tarif und haben Arbeitszeiten mehrfach über den Tag zerstückelt, da sie personell nicht in der Lage sind, Schichtarbeit einzuführen. Pflege ist nun mal zu allen Tages- und Wochenzeiten erforderlich. Die Kranken-und Pflegekassen drücken mit Hilfe der Niedriglohnanbieter die Pflegesätze herab.

Die freien Wohlfahrtsverbände sind in der Bundesrepublik die tragenden Säulen der Sozialarbeit; sie verrichten nicht nur die Tagesarbeit zum Wohle der Hilfebedürftigen, sondern tragen zur Entwicklung unseres Sozialsystems bei. Ich brauche nur an das Sozialzentrum in meinem Wohnbereich zu denken. Nach zähem Ringen ist von der Leiterin Rita Schawohl als Modellprojekt von 1993 bis 1995 die Einrichtung einer gerontopsychiatrischen Tagespflege durchgesetzt worden. Diese erste Tagespflege in Dresden kommt ohne jeden Luxus aus, aber sie vermittelt Geborgenheit. Noch immer gilt sie als Vorbild.

Erst kürzlich ist ein weiteres Modellprojekt aus der Modellphase herausgetreten. Es ging um die Vernetzung der verschiedensten Dienste des Sozialzentrums, um optimale Pflege im ambulanten und halbstationären Bereich zu erreichen. Im einzelnen kann ich auf diese Beispiele nicht eingehen, ich will damit nur deutlich machen, daß Wohlfahrtsverbände einen Beitrag zur Entwicklung der Pflege leisten, den private Pflegedienste überhaupt nicht erbringen können. Wohlfahrtsverbände brauchen nicht nur der Löhne wegen ausreichende Pflegesätze, sondern auch Planung und Verwaltung sind unerläßliche Kosten, um unsere Sozialarbeit nicht verarmen zu lassen.

Solche Kosten haben Mini-Pflegedienste nicht.

Es ist ein politisches Problem und nicht allein eines, welches zwischen der Gewerkschaft und der AWO auszukämpfen ist. Und wenn in der Sächsischen Zeitung vom 25. Oktober geschrieben wurde, die Mitarbeiterin der AOK in Sachsen, Carmen Wanka, habe gesagt, es "sei Aufgabe der Träger, so zu wirtschaften, daß die Arbeit ordentlich vergütet werden kann", so frage ich sie, was versteht sie unter wirtschaften? Pflege kann nicht unendlich rationalisiert werden. Menschen sind keine Technik, keine Maschinen. Hat sie mit dem Slogan "AOK – die Gesundheitskasse" vergessen, daß es Krankheit und Alter gibt, wo der Mensch den Menschen braucht?

Die Verwaltungsarbeit ist in unseren Einrichtungen rationalisiert, technische Hilfsmittel werden genutzt, wie ich sie mir vor zehn Jahren nicht träumen ließ. Nein, hier muß wirklich politisch gewirkt werden, *und* die Verbände der AWO in Westdeutschland müssen in der Tradition von Marie Juchacz solidarisch den AWO-Verbänden Ost zur Seite stehen. Wir alle, die Mitglieder der AWO sind und bis 1990 in der alten Bundesrepublik gelebt haben, haben mehr oder weniger, in manchen Fällen sogar unmittelbar, etwas gut zu machen. Ich danke für die Marie-Juchacz-Plakette und für das Zuhören und hoffe, alle Seiten sind etwas nachdenklich geworden und bereit zum solidarischen Miteinander.

August Bebel hatte Familie

Ansprache auf einer Veranstaltung des SPD-Unterbezirks Pirna zur 85. Wiederkehr des Todestages von August Bebel auf der Festung Königstein am 12. August 1998

Lassen Sie mich, liebe Freunde und verehrte Teilnehmerinnen und Teilnehmer dieser Gedenkstunde für den politisch tätigen Menschen August Bebel, ein wenig an die Voraussetzungen seines Lebens erinnern. Mein Leben mit einem ähnlich herausragenden Menschen veranlaßt mich dazu.

August Bebel hatte Familie, und ohne diese hätte er sicher nicht in diesem Umfang die politische Arbeit leisten können. Am 9. April 1866 heirateten der Drechsler August Bebel, 26 Jahre alt, seit 1866 in Leipzig wohnend, und Julie Otto, 23 Jahre alt, Arbeiterin in einem Putzmachergeschäft. Putzmacher hat nichts mit Saubermachen, sondern mit Mode zu tun. Im Januar 1869 wurde die Tochter Frieda geboren. Zu diesem Zeitpunkt war Friedas Vater schon fast anderthalb Jahre Mitglied des Reichstages, was er mit wenigen kurzen Unterbrechungen bis 1913 blieb. Das Kind war noch kein Jahr alt, als der Vater August Bebel seine erste Haftstrafe wegen "staatsgefährdender Lehre" antreten mußte.

Während der zwölf Jahre Sozialistengesetz war August Bebel zusätzlich, des öfteren für längere Zeit, aus dem Familienwohnort Leipzig und der Lebensgrundlage der Familie, der Drechslerei, verbannt. Julie Bebel, die Mutter des Kindes, trug die Verantwortung für den kleinen Betrieb, der mit einem Geschäftspartner betrieben wurde. August Bebel blieb nur die Möglichkeit, Kundenwerbung für die erzeugten Produkte zu betreiben.

Die damals gültige Verfassung war nicht davon ausgegangen, daß Menschen, die von ihrer Hände Arbeit leben, Reichstagsabgeordnete werden sollten. Die Vermögenden, Wohlsituierten stellten die Mehrzahl der Abgeordneten in der Zeit des Dreiklassenwahlrechts. Sie konnten dieses Wahlamt ohne Diäten ausüben. Erst 1906 wurde die Verfassung geändert, so daß den Reichstagsabgeordneten eine Entschädigung von

3.000 Mark im Jahr gezahlt wurde. Diese Errungenschaft, die heute bei vielen Menschen in Verruf gekommen ist, ermöglichte es auch Menschen aus den breiten Bevölkerungsschichten, für den Reichstag zu kandidieren und dieses Wahlamt auszuüben, ohne daß Familien zusätzlich zu den Problemen der häufigen Trennung materielle Not erleiden mußten.

Das, was die frühen Sozialdemokraten im 19. Jahrhundert erkämpft haben, ist und bleibt der Grundstein, auf den wir heute, auch hier in Sachsen, wieder bauen können.

Ich selber habe 1938, als ich in Schweden in der Emigration war, von meiner Mutter zur Vollendung meines vierzehnten Lebensjahres das von August Bebel 1879 erstmals veröffentlichte Buch "Die Frau und der Sozialismus" geschenkt bekommen, ein Buch, das August Bebel in der Haft geschrieben hatte und das bereits im Monat nach dem Erscheinen verboten worden ist.

Ich denke, zum Verbot hat nicht nur der Titel "Sozialismus" geführt, ein Begriff, der in unserem Jahrhundert mehrfach verzerrt und mißbraucht worden ist. Nationalsozialismus und real existierender Sozialismus haben diesen Traum vieler Menschen, dieses Leitbild, das Hoffnung und Antrieb bedeutete, um eine gerechtere Gesellschaft zu erringen, vielleicht für immer beschädigt. Zum Verbot hat sicherlich auch der Schritt August Bebels geführt, die Frauen als selbständige, politische Menschen anzusprechen und zu achten.

Zu dieser seiner Überzeugung mag auch die gute Partnerschaft und das verantwortliche Mit-Tragen des familiären und politischen Lebens durch seine Frau Julie geführt haben. Julie Bebel hat die Zeit des Wahlrechts auch für Frauen nicht erlebt. Würde sie heute hier unter uns sein, würde sie die Frauen aufrufen, ihr Wahlrecht am 27. September zu nutzen.*)

Manch einer sagt mir heute, was bringt's, und was bringt uns die Demokratie. Ich möchte Ihnen, Männern und Frauen, mit auf den Weg geben, aus einem langen Leben mitten in der

---

*) Am 27. September 1998 war Bundestagswahl.

Politik: Die Demokratie – und zwar ohne alle begrifflichen Anhängsel – ist die einzige Staatsform, die wir bisher kennen, die mehr Gerechtigkeit, mühsam und langsam, erreichen kann. Dafür braucht es Demokraten, viele Menschen in unserem Land, die diese Demokratie tragen wollen.

Demokratie kann nur dann wirksam werden, wenn viele Menschen sie nicht nur als Staatsform hinnehmen, sondern als ihre Lebensform in der Familie, in der Schule, ja bis an die Wurzeln der Gesellschaft, wie Herbert Wehner es einmal benannt hat, praktizieren.

Der Einstieg dazu kann die Bundestagswahl im September sein. Dazu uns allen Glück auf!

Menschenbrüder und Menschenschwestern

Ansprache zur Eröffnung der Jiddischen Woche in Dresden am 5. Oktober 2002

Viele von uns leben in Sorge um die Frage: Krieg oder Frieden in unserer Welt, und nicht wenige unter uns bangen um Freunde, weil immer noch keine den Israelis und den Palästinensern gerecht werdende Friedenslösung gefunden wurde. Das klingt wie ein schlechter Anfang für die festliche Eröffnung der Jiddischen Musik- und Theaterwoche. So widersprüchlich es scheint, deutet es dennoch auf die 2000jährige Geschichte jüdischen Lebens in Europa.

Die jiddische Sprache wurzelt in der Sprache, die im ersten Jahrtausend in den Gegenden um die Rheinstädte Speyer, Worms und Köln gesprochen wurde, nachdem jüdische Menschen mit den Römern in diese Gegenden gekommen waren. Sprachlich glichen sie sich ihrer Umgebung an, religiös und damit in ihrer Lebensweise und in ihrer Bildung unterschieden sie sich von der Ursprungsbevölkerung, in der Lesen und Schreiben weitgehend unbekannt war.

Als die großen Seuchen des Mittelalters auftraten und die Menschen Mitteleuropas dahinrafften, ihre in gesonderten Wohngebieten lebenden jüdischen Nachbarn aber als Folge der Einhaltung ihrer religiösen Hygienegesetze verschont blieben, entstand der Vorwurf der Brunnenvergiftung mit der Folge von Haß, Mord und Vertreibung. Ihre neue Heimat wurden die osteuropäischen Länder, vor allem Polen und Litauen. Ihre Sprache aus dem Rheinland nahmen sie mit und entwickelten sie zu dem ausdrucksfähigen Jiddisch, dessen Verbreitung und Weiterentwicklung abgebrochen wurde, als das furchtbare, unbeschreibliche Morden der 30er und 40er Jahre des 20. Jahrhunderts stattfand, bei dem fast alle Menschen jüdischen Glaubens oder jüdischer Herkunft in Europa durch Menschen aus Deutschland auf furchtbare Weise umgebracht wurden. Durch Menschen, die nicht mehr in der Unwissenheit des Mittelalters lebten.

Um den jüngeren Teilnehmern dieser Jiddischen Woche eine

erfaßbare Zahl dieses Mordens zu geben, nenne ich hier die Familie meiner großen Jugendliebe, Arnošt aus Prag, der kürzlich im Alter von 81 Jahren verstorben ist. Die Familie bestand, wenn ich recht erinnere, aus 56 Personen, drei davon haben überlebt, Arnošt und seine Schwester Anita, die in letzter Minute im Alter von 19 und 14 Jahren nach Norwegen und später nach Schweden entkommen konnten. (In Schweden lernten wir uns kennen.) Außer den beiden überlebte nur noch eine Cousine, deren Mann nichtjüdischer Herkunft war.

Egal in welcher Not oder unter welchen schwierigen Bedingungen Menschen jüdischer Herkunft oder Bindung lebten, *Lernen*, nicht nur im religiösen Sinne, sondern Lernen in jeder Hinsicht, war und ist wichtig, und so hat es im Laufe der Jahrhunderte immer wieder hervorragende Leistungen sowohl im jiddischsprachlichen Teil als auch im deutsch- oder anderssprachlichen Teil der Menschen jüdischer Herkunft gegeben. Nur ein paar Namen seien hier genannt: Moses Mendelssohn, der im intensiven Gedankenaustausch mit Gotthold Ephraim Lessing stand, der Komponist Felix Mendelssohn-Bartholdy, auch Karl Marx gehört in diese Reihe und Heinrich Heine, Albert Einstein und Marc Chagall. Der 1904 in Polen geborene, 1934 in die USA emigrierte Schriftsteller und Nobelpreisträger Isaac Bashevis Singer hat sein Leben lang auf Jiddisch geschrieben, ebenso wie der früher geborene Scholem Alejchem, nach dessen Buch das Musical *Anatevka* entstanden ist, aus dem uns die ganze Hoffnung, der Schmerz und die Liebe erfahrbar ist, in der die Juden Osteuropas vor hundert Jahren gelebt haben.

Ich möchte noch auf die diesjährige Leipziger Buchmesse hinweisen, auf der in diesem Jahr Litauen das Gastland ist. Litauen hatte bis zu den Schrecken, die von unserem Land, Deutschland, ausgingen, eine große jüdische Gemeinde, und seine Hauptstadt Wilna wurde das Jerusalem des Nordens genannt. Zu den wenigen Menschen, die das Morden durch die SS Nazideutschlands überlebt haben, gehört Mascha Rolnikaite, sie ist inzwischen 75 Jahre alt. Sie war ein Kind, als dieses Morden begann und sie ihr Erleben auf Jiddisch niederschrieb. Dieses Tagebuch ist jetzt erstmals unzensiert auf Deutsch erschienen.

Vermutlich wird es nicht nur mich, sondern den einen oder anderen nachdenklich stimmen, daß in diesem Land Deutschland, von dem die Vernichtung der lebendigen jiddischen Kultur Osteuropas ausgegangen ist, eine Jiddische Musik- und Theaterwoche begangen wird. Ich hoffe und wünsche, daß dort, wo Freude und Heiterkeit angebracht ist, auch Wissen mit in das tägliche Leben genommen wird, Wissen um Toleranz, Rücksichtnahme und Achtung vor dem Menschen neben uns, vor dem Menschen, der anders aussieht, andere Traditionen hat, andere Lebenserfahrungen hat, und nie vergessen wird: Er ist mein Menschenbruder, sie ist meine Menschenschwester, mit dem gleichen Recht wie ich.

IV
Pflegeerfahrung und Sozialpolitik

Mitmenschlich arbeiten und leben

Ansprache zur Namensgebung Herbert-Wehner-Haus in Kerpen-Brüggen am 1. Oktober 1990

Liebe Frauen, liebe Männer, liebe Bewohner dieses Hauses, liebe Mitarbeiterinnen und Mitarbeiter, Freunde der Arbeiterwohlfahrt, liebe Gäste und lieber Johannes Rau, dir danke ich, daß du mit deinen Worten und deiner Anwesenheit den Männern und Frauen dieses Hauses die Ehre erwiesen hast, sie, die Alten, hineingenommen hast in das politische Geschehen unserer Tage, und zugleich ihnen ein Vermächtnis Herbert Wehners gegeben hast.

Für uns alle ist es ein Wagnis, diesem Haus den Namen Herbert-Wehner-Haus zu geben. Ihr, die ihr diesen Wunsch hattet und ich, die ich dem zugestimmt habe, haben damit eine besondere Verpflichtung übernommen, den Vorstellungen Herbert Wehners von der Würde jedes Einzelnen nachzustreben. Den Menschen anzunehmen, wie er ist, seine Art, zu sein, zu respektieren.

Ihm in der Schwachheit von Alter und Krankheit, in physischer und psychischer Hilfsbedürftigkeit auf eine Weise beizustehen, daß seine Würde bewahrt, nicht gekränkt oder gar zerstört wird.

Jeder Frau und jedem Mann, die in diesem Hause zu Hause sind, muß der Weg offen sein, seinen Fähigkeiten entsprechend, Verantwortung für das Ganze zu tragen. Dieses erhöht nicht nur die Lebensqualität in diesem Haus, sondern es ist die Grundlage unserer Demokratie, jedem Bürger Mitverantwortung zuzutrauen oder diese bei ihm zu wecken. Es gibt manchen alten Menschen, der gerne im Garten arbeitet, schafft die Möglichkeit dazu. Es gibt Frauen, aber auch Männer, denen auch im Alter Mitverantwortung im Küchenbereich Freude bereitet, wo das zutrifft, überwindet organisatorische Hindernisse.

Herbert Wehner hat in gesunden Jahren, wenn er Zeit hatte, mit großer Sorgfalt die Abwäsche gemacht, als er es nicht mehr konnte, hat er bis zuletzt versucht, mit dem Wischtuch

154

in der Hand zu helfen oder wenigstens dabeizusein. Frauen und Männer, die hier wohnen, haben in der Regel ein arbeitsreiches Leben hinter sich. Auch wenn alles im Alter langsamer geht, mühsamer ist, fällt es manchem schwer, nichts zu tun.

Ihr, die ihr in diesem Hause helfend arbeitet, greift die vorhandenen oder wieder erwerbbaren Kräfte jedes einzelnen Menschen auf. Ihr Frauen und Männer, die ihr hier euer Zuhause habt, schaut euch um, wo ihr mit euren Kräften *euer* Zuhause gestalten könnt.

Alt sein schließt häufig krank sein ein, besonders wenn geistige Kräfte abnehmen, psychische Veränderungen auftreten, sind wir noch nicht so Alten, noch nicht so Kranken, gefordert, besonders natürlich die, die hier im Hause arbeiten.

Auch der schwer Behinderte, der mit seinen geistigen Kräften nicht mehr in der Lage ist, die täglichen Verrichtungen sinnvoll zu bewältigen, ist ein Mensch, der sein Leben in gesunden Jahrzehnten sinnvoll gestaltet hat. Versuchen wir, dieses Leben mit Hilfe der Angehörigen kennenzulernen, so gelingt es uns nicht selten, Restfähigkeiten zu mobilisieren. Wo dies nicht mehr geht, hilft es uns zumindest, den Schwerkranken mit Achtung zu begegnen. Im Gespräch mit Angehörigen wecken wir aber auch *deren* Verständnis und helfen, Vereinsamung zu mindern.

Bei einem Haus, in dem viele Menschen leben, die in ihrem Leben sehr unterschiedliche Gewohnheiten entwickelt haben und sehr unterschiedliche physische und psychische Schwierigkeiten haben, ist es wichtig, *daß wir*, die Verantwortung tragen, Heimleiter, Pflegekräfte, Haus- und Küchenpersonal, daß jeder Einzelne bereit ist, *über*greifend zu arbeiten, die Arbeit des Anderen zu achten, ihm zu helfen, Schwächen zu überwinden.

Nur wenn wir solidarisch *miteinander* umgehen, haben wir Kraft und Geduld, solidarisch mit unseren alten Mitbürgern zu leben.

Die Arbeiterwohlfahrt ist ein Sproß der alten Arbeiterbewegung, möge jedem hier im Hause bewußt sein und bleiben, daß das Eintreten des Stärkeren für den Schwachen, den Schwachen *teilhaben* zu lassen an den Errungenschaften des Stärkeren, die Basis dieser alten Bewegung ist.

Im Lande Nordrhein-Westfalen sind öffentliche Aufgaben an die freien Verbände delegiert. In meinen Augen hat das nur Sinn, wenn wir als Arbeiterwohlfahrt, als Caritas, als Diakonisches Werk und andere Verbände bereit und in der Lage sind, etwas *mehr* für die Menschen zu tun als das Gesetz vorschreibt, daß wir *gute Gesetze* durch warme Mitmenschlichkeit noch *besser machen*.

Allen Bewohnern und allen Arbeitenden in diesem Hause möge der Name Herbert Wehner helfen, Mitmenschlichkeit zu erfahren und zu geben. Dies ist meine Bitte und mein Wunsch an Sie alle. Ich danke.

Leben mit Demenzkranken

Rede vor einer Tagung des Europäischen Bildungswerks
im Haus Frau und Beruf in Brandenburg/Havel
am 12. November 1992

Vor über einem halben Jahr bin ich Ihnen in Brandenburg
das erste Mal flüchtig begegnet. Mein Eindruck war, daß Sie
Frauen sind, die durchweg im Beruf gestanden haben.
Frauen, die nach dem Gesetz gleichberechtigt sind mit den
Männern, die aber dennoch mehr belastet waren und sein
werden als ihre Partner. Haushalt und Kinder ruhen immer
noch vor allem auf den Schultern der Frauen. Wo Frauen
mehr Zeit in berufliches und politisches Wirken investieren
können, steht meist auch eine Frau im Hintergrund. Die
Mutter und Großmutter der Kinder.
Sie alle haben schmerzlich erlebt, wie die zwar unzureichende,
aber Sie alle mit Arbeitsplätzen versehende Wirtschaft der
DDR zusammengebrochen ist und kaum neue wirtschaftliche
Grundlagen entstehen.
Viele von Ihnen werden vor drei Jahren neugierig, vielleicht
sogar froh, die politischen Veränderungen erlebt haben.
Vielleicht ist auch die eine oder andere unter Ihnen, die
beitragen wollte, Demokratie zu wagen.
Ich stelle dieses mein Nachdenken über Ihre Lage dem mir
vorgegebenen Thema "Die Alzheimersche Krankheit" voran,
weil ich überzeugt bin, Sie sind durch Ihre Lebenserfahrung
reifere Menschen als junge Frauen und Männer, die in
Westdeutschland ohne Umbrüche den Beruf Altenpflege
wählen.

Pflege braucht Menschlichkeit

Menschliche Reife, mitmenschliche Verantwortung ist
Voraussetzung für gute Pflege, besonders wenn alte Menschen
an Hirnleistungsstörungen erkranken.
Gehbehinderung, Blindheit, Herzschwäche, eine zum Tode
führende Krebserkrankung und vieles mehr hat für den
Menschen nicht zur Folge, daß er *nicht* sagen kann was er

157

will oder was er *nicht* will oder daß er sich *nicht* darauf einstellen kann: "Um neun Uhr kommt die Pflegerin und hilft mir." Dieser alte Mensch wird nicht überrumpelt, aber der Demenzkranke erinnert nicht, weiß nicht, kann zu Beginn der Erkrankung seine Wünsche nur unzureichend, im Laufe der Zeit gar nicht mehr äußern und später Sprache nicht mehr verstehen.

Er oder sie kann den Helfenden als Eindringling empfinden. Angst und Aggressionen können ausgelöst werden, wenn wir Pflegenden es aus Zeitnot *nicht* fertigbringen, dem Kranken als einem Mitmenschen zu begegnen, den wir achten. Seine emotionale Kontaktfähigkeit anzusprechen, zum Beispiel, daß wir uns wie ein Gast in seinem Zimmer oder seiner Wohnung benehmen, uns beim Eintreten vielleicht erst von ihm leiten lassen, um danach mit Zuspruch und Ansprache, auch wenn die Wörter unzureichend oder gar nicht verstanden werden, von uns aus den Kranken zu den nötigen Pflegemaßnahmen zu leiten.

Eine freundliche Stimme, ein herzlicher Händedruck und Blick bei der Begrüßung, vielleicht eine gemeinsame Tasse Tee braucht mehr Zeit als wenn ein auf *andere* Weise Kranker bereits darauf wartet, im Bewußtsein: "Jetzt bekomme ich Hilfe zum Waschen und Anziehen." Aber es *spart* Zeit und *auch* die *eigenen* psychischen Kräfte, wenn ich durch mein Verhalten Ablehnung und Aggression verringere oder vermeide. Aggressionen dürften wohl meist durch Angst oder verletztes Schamgefühl hervorgerufen werden, und ich vermute, sie treten eher verstärkt bei Menschen auf, die früher sehr selbständig und verantwortlich tätig waren.

Wir müssen, wenn wir gute Pflege leisten wollen, uns über das Leben des Kranken in gesunden Jahren informieren, damit wir seine Empfindlichkeiten, seine Vorlieben, seine Stärken kennenlernen. Wir sollten Restfähigkeiten nutzen, um den Kranken sinnvoll zu beschäftigen und uns selber als Pflegende zu entlasten. Das trifft für beruflich Pflegende genauso zu wie für Angehörige. Es ist für Sie als beruflich Pflegende notwendig, Zeit für Gespräche zu haben. Leider ist das ein finanziell schwer abzudeckendes Problem. Angehörige brauchen

Ihren Rat, und Sie sollten das Miteinander von Angehörigen und Kranken beobachten und auch *sich* beobachten lassen, weil die Angehörigen nicht nur durch Worte, sondern auch durch die Art Ihres Umgangs mit dem Kranken Hilfe erfahren. Und Sie sollten, wo immer es geht, den pflegenden Angehörigen mit Rat und Zuspruch helfen.

Pflege im familiären Bereich ist hier in Brandenburg eine besonders schwere Arbeit. Die Wohnungen sind für einen unruhigen Demenzkranken reichlich eng und hellhörig. In Zeit und Ort desorientierte Menschen stören meist nicht nur ihren Lebensgefährten, sondern auch die Nachbarn. Der Drang zum Herumrennen führt schnell zum Verlaufen und Herumirren. Es kann notwendig sein, Nachbarn zu informieren. In späteren Stadien von Alzheimer und anderen Demenzerkrankungen mit Inkontinenz wird das Wechseln der vollen Hose zu einem großen Problem, wenn in den engen Bädern kaum Zwei nebeneinander stehen können. Vielleicht müssen Kranker und Pflegender – wenn es schief geht – nacheinander in die Wanne. Oder im Altbau, wo es überhaupt keine Toilette in der Wohnung gibt? Ich glaube, da stoßen wir an die Grenze dessen, was in der Familie geleistet werden kann.

Es ist eine schwere Arbeit, die Sie vor sich haben. Aber eine schwere Arbeit gut gemacht, das gibt neue Kraft. Sie selbst brauchen auch eine Aussprachemöglichkeit mit im Beruf erfahrenen Kräften. Sie müssen lernen, daß auch schwerste Krankheit und Tod zu unserem Leben gehören. Dieses anzunehmen, ist auch ein Stück Menschenwürde. Sie können damit in Ihrer eigenen Menschlichkeit wachsen.

Sie haben vielleicht den Eindruck, daß ich zu allgemein spreche. Mir liegt aber daran, daß Sie spüren, was *ich* als *notwendige* Voraussetzung für gute Pflege erachte. *Sie* sind *noch* wichtiger als der Arzt, weil Sie täglichen Kontakt haben und – leider – die meisten Ärzte bei der Meisterung der täglichen Schwierigkeiten sehr ratlos dastehen. Medikamente sind nur sehr bedingt einsetzbar. Die Zuwendung des gesunden Menschen zu dem kranken Menschen ist bei der Alzheimerschen Krankheit und den anderen Hirnleistungsstörungen weitgehend auch die grundlegende Medizin.

Die Diagnose ist zwar aus medizinischer Sicht unterschiedlich zu bewerten, der Verlauf nicht ganz identisch, aber pflegerisch sind weitgehend die gleichen Probleme zu bewältigen. Ich denke, daß Sie während Ihrer Ausbildung von medizinisch kompetenter Seite mehr über die diagnostischen und medikamentösen Seiten dieses Erkrankungskreises erfahren. Ich will versuchen, Ihnen einiges aus der Erfahrung des betroffenen Familienangehörigen zu schildern, und zwar bezogen auf Erkrankungen, die ihren Beginn im achten oder neunten Lebensjahrzehnt haben. Es ist die Gruppe, durch die die Zahl, innerhalb derer aber nicht der Prozentsatz der Erkrankungen zunimmt.

Die zu Beginn unseres Jahrhunderts von dem Arzt Alzheimer geschilderten Erkrankungen betrafen Menschen etwa ab Mitte des fünften Lebensjahrzehnts. Die gleichen Verlusterscheinungen werden mit 45 bis 50 Jahren nicht auf das Alter geschoben, sondern eher als Krankheit erkannt.

Herbert Wehners Erkrankung

Als mein Mann 1982, im Alter von bald 76 Jahren, klagte, er wisse oft nicht, wie die Mitglieder der Bundestagsfraktion heißen, deren Vorsitzender er war, meinte der Neurologe, den wir persönlich schätzten, er wäre froh, in so einem Alter ein so gutes Gedächtnis zu haben.

Nun, Herbert hatte immer ein außergewöhnlich gutes Gedächtnis. Es gab keinen Namen, den er nicht wußte, er wußte, wo ein Buch steht, oft auch, wo das ihm Wichtige darin zu finden ist. Für einen solchen Menschen ist Gedächtnisverlust sicher besonders quälend. Der damit einhergehende Sprachverlust war für den, der ein *Meister* der Sprache war, sehr deprimierend. Auch die Depression, die folgte, schätzte der Arzt als normale Folge des Ausscheidens aus der Arbeit ein. Auch vorher schon tat er eine Verwirrung im Zusammenhang mit einer Prostataoperation mit dem Hinweis ab: "kommt vor bei so alten Männern, geht wieder weg". Erst im Laufe der Jahre wurde rückwirkend erkannt, daß das alles Anzeichen der beginnenden Demenz waren.

Ich versuchte, auszugleichen, aufzufangen mit Vorlesen,

160

oben: Auf Öland, 1986.

unten: Helga und Wolfgang Vogel zu Besuch.

B9

oben: Herbert Wehner Ende der 80er Jahre.

unten: SPD-Parteitag September 1990 in Berlin. Mit Oskar Lafontaine und Willy Brandt.

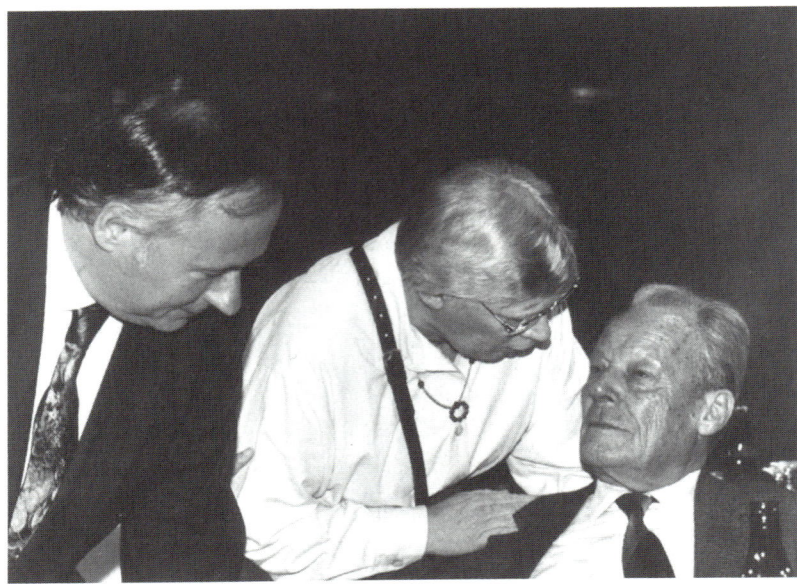

oben: Lektüre in ihrer Wohnung in Dresden.

Mitte: Greta Wehner 1999.

unten: Zweite Heimat Schweden.

links: Geh- und Sitz-
hilfe ist auf längeren
Strecken unver-
zichtbar gewesen.

unten: Sommerfrische
auf Öland 2002.

oben: Sonnenuntergang auf
Öland (links im Bild Margarete
Füßer).

unten: Mit Christoph Meyer in
Kalmar, Sommer 2002.

oben: Im Herbert-Wehner-Bildungswerk, mit Hannelore Rollow.

Mitte: Herbst 2000. Hamburg bekommt einen Herbert-Wehner-Platz (v.l.n.r.: Klaus Deubel, Ortwin Runde, Greta Wehner).

unten: Sommer 2001 Dresden hat einen Herbert-Wehner-Platz (v.l.n.r.: Hans-Jochen Vogel, Peter Adler, Klaus Deubel, Greta Wehner).

B14

oben: Lektüre im Garten des Herbert-Wehner-Bildungswerks.

unten: 11. Juli 2003: Konstituierende Sitzung des Stiftungsbeirats (im Uhrzeigersinn: Greta Wehner, Franz Müntefering, Constanze Krehl, Jürgen Schmude, Peter Adler, Hanjo Lucassen, Christoph Meyer, Klaus Deubel).

oben : Vor dem Herbert-Wehner-Bildungswerk, mit Renate Weber.

unten: 2004, im 80. Lebensjahr.

Spazierengehen, Hausarbeit, zum Beispiel Abwaschen, Abtrocknen, Kartoffeln pellen. Alles Arbeiten, die er in gesunden Jahren, in der seltenen Freizeit, gerne und sorgfältig gemacht hatte. Erst las er noch Zeitungen, nach und nach nur scheinbar, und erkannte ab und zu noch eine Überschrift, zeigte erfreut auf ein Wort, bis allmählich eine Zeitung nicht mal mehr zum Blättern reizte. In der Küche kam es zu dem verzweifelten Ausspruch: *"Nichts kann ich mehr, nichts kann ich mehr"*, als ich dummerweise sagte: *"Das Geschirr ist nicht abgewaschen."* Es war nur übergewischt im Geschirrschrank gelandet. Aber die Küche und der Wischlappen blieben bis zuletzt, Januar 1990, Anziehungspunkt.

Zur passiven Beschäftigung, wenn man es so sagen kann, gehörte Briefeschreiben, das heißt ich schrieb und ließ ihn das Geschriebene lesen und unterschreiben. Auch dieses blieb ein Interesse, bis wenige Tage vor dem Tod, allerdings vorgelesen und ohne selbständige und dann ganz ohne eigene Unterschrift. Die selbständige Körperpflege wurde immer mühsamer, zuerst reichten Handreichungen, zum Beispiel Rasierpinsel mit Creme und Apparat bereitzustellen, später in die Hand geben, bis Selbstrasieren etwa vier Jahre vor dem Tod nicht mehr ging.

Die ersten vier bis fünf Krankheitsjahre waren zwar mühsam, mit zunehmenden Defiziten in allen Lebensbereichen, aber die Nachtruhe war ungestört. Die körperliche Verfassung war ohne starke Einbrüche, und er war fähig, sich angepaßt zu verhalten. Dies änderte sich 1987 sehr rasch. Hilfe bei allen Verrichtungen war erforderlich. Alleinsein war gekoppelt mit Nichtwissen, was ist. Der Drang zum Herumlaufen ohne Orientierung nahm zu. Starke Verwirrung mit dem Erleben von nicht vorhandenen Ereignissen. Desorientierung im eigenen Haus. Dabei helfen wollend, den Müll unbemerkt hinausbringend bei strömendem Regen, mit dem Müllbeutel herumirrend.

Herbert hatte seit langer Zeit einen Diabetes, spritzte Insulin. Eine diabetische Neuropathie des Darms belastete unbeschreiblich. Kombiniert mit der Desorientiertheit gab es keine Stelle, Stühle, Papierkorb, Fußmatten vor der Haustür oder neben dem Gartentisch, alles war, mehrfach täglich, Ersatz für das WC. Nächtliches Umherwandern, Stuhlentleerung, genauso Urinieren, zum Beispiel an die Wand vor der offenen Tür des beleuchteten Badezimmers, etwa anderthalb Jahre lang, bis die körperlichen Kräfte so herabgesetzt waren, daß ein Krankenbett mit Gittern verantwortbar war, weil die Möglichkeit des Kletterns nicht mehr bestand, machten es nötig, alles, was Schaden nehmen konnte oder woran Herbert sich verletzen konnte, zu blockieren und zum Beispiel Möbel mit Matten zu polstern, um Verletzungen bei zunehmender Häufigkeit von Stürzen zu vermeiden.

In diese Zeit fielen aggressive Reaktionen, auch über einen längeren Zeitraum heftige Gegenwehr beim Insulinspritzen. Mir war durchaus klar, daß es sich nicht um boshafte Reaktionen handelte. Der Neurologe betonte: "Das ist nicht gegen dich gerichtet." Das läßt sich leicht sagen und ist auch mit dem Verstand zu begreifen.

Ich möchte es mit dem folgenden, *mich* heute noch tief berührenden Beispiel verdeutlichen. Trotz starker Medikamente blieb es bei drei bis vier breiigen bis dünnen Stuhlentleerungen, die trotz Windel in Wäsche und Oberbekleidung quollen. Sicher ein bedrückender Vorgang für einen von Haus aus äußerst sauberen, ordentlichen Mann. Bei dem zu schildernden Vorgang ging das Ausziehen, Waschen, frisch Anziehen ohne Abwehr. Als alles fertig war, stand dieser arme Mann drohend vor mir und holte mit geballter Faust zum Schlag aus. Unmittelbar vor meinem Gesicht öffnete sich die Faust, es wurde zu einem zärtlichen Streicheln. Hier war in dem kranken Gehirn offensichtlich ein Danke-sagen-wollen fehlgeschaltet und plötzlich doch noch in die gewollte Bahn gekommen. Ich erzähle das so ausführlich, weil es *Ihnen* helfen kann, bei entsprechenden Situationen nicht nur mit dem Verstand, sondern auch mit dem Herzen zu wissen, was in dem kranken Menschen vorgeht.

Menschen mit Hirnleistungsstörungen zu helfen setzt voraus, nicht nur auf Worte zu hören, auch das Wort ist so manches Mal fehlgeschaltet. Ja kann Nein, Nein kann Ja bedeuten. Achten Sie auf Reaktionen. Sie werden spüren, ob Sie die

Bedürfnisse, die Wünsche dieses kranken Mitmenschen erreicht haben. Auch in seiner größten Schwäche und Hinfälligkeit bleibt der Kranke emotional empfänglich, auch emotional mitteilend, wenn wir lernen, das zu verstehen. Ich sagte oft *"Herbert hat gesagt"* und berichtigte dann: *"Er hat mich wissen lassen"*, ihm standen kaum noch Worte zur Verfügung. Bis zuletzt. *"Greta"* und *"Ja, Ja"*, waren 24 Stunden vor seinem letzten Atemzug die letzten Worte.

Und vergessen Sie nicht, der alte, kranke Mensch hat sein Leben gemeistert wie Sie selbst und wie ich. Er hat Anspruch auf unsere Achtung. Bewahren wir seine und damit auch unsere eigene Menschenwürde.

Letzte Jahre mit Herbert Wehner

Eröffnungsansprache auf dem 1. Deutschen Alzheimer
Kongreß in Stuttgart am 4. September 1997

Krankheit ist Krankheit

Demenzen spielten in der Nachkriegszeit keine Rolle. Wer in
den vierziger oder in den fünfziger Jahren 80 oder 90 Jahre
alt wurde, wurde wie ein Wunder bestaunt. Eine entsprechende
Ausbildung heute, ohne die Studierenden der sozialen und
der pflegerischen Berufe mit dem Verlauf der Demenzerkrankungen bekanntzumachen, ohne ihnen das Wissen zu
vermitteln, wie man den Kranken, den pflegenden Angehörigen Rat gebend und helfend zur Seite stehen kann, halte
ich für unverantwortlich. Das Gleiche gilt für Ärzte, und zwar
bereits in der Grundausbildung. Nicht erst in der Qualifizierung
zum Facharzt für Neurologie und Psychiatrie. Frühzeitiges
Erkennen der Demenz hilft uns, den Kranken richtig zu
begegnen, die wenigen medikamentösen Möglichkeiten zu
nutzen und dadurch das Leid der Kranken und der pflegenden
Angehörigen zu mindern.

Unsere Parlamentarier müssen die Auswirkungen der Gesetze,
in denen das Wirken der Solidargemeinschaften, Kranken-
und Pflegekassen geregelt wird, überprüfen.

Die Kassen müssen ohne abschreckende Bürokratie miteinander arbeiten können und den Kranken nötige pflege-
rische und medizinische Hilfe gewähren.

Die Hilflosigkeit Demenzkranker ist in der Regel nicht bei
kurzen Begegnungen zu erkennen. Demenzkranke sind unfähig,
ihre Not zu schildern. Ihre Hilflosigkeit im täglichen Leben
spüren sie zu Beginn der Erkrankung durchaus, sie werden
aber um ihrer Selbstachtung willen bemüht sein, dieses
Fremden gegenüber zu verbergen, indem sie Fragen mit Floskeln und mit Verhaltensweisen aus ihrer gesunden Zeit beantworten. Mein Mann antwortete auf die Frage: "Wie geht es
Ihnen?", solange er überhaupt fähig war, zu antworten: "Gut."
Für unsere Abgeordneten im Bundestag ein Beispiel aus den
letzten Wochen: Eine demenzkranke Frau lebt alleine, wird

von Verwandten mit betreut, dreimal täglich besucht durch eine Krankenschwester der Sozialstation, die Einnahme der Medikamente wird überwacht, die Frau befindet sich in einem befriedigenden Zustand. Dann wird die Kostenübernahme für Medikamentengaben infolge von beschlossenen Spargesetzen durch die Krankenkassen gestrichen. Die Sozialstation kann nicht ohne Vergütung arbeiten. Die Frau ist daher ohne die gewohnte Betreuung und die daraus folgende Tages-strukturierung, und so ist sie hilflos. Die Verwandten fanden sie nach langem Suchen völlig verkotet und verwirrt in einem Keller. Die Folge: Die Frau mußte in ein Krankenhaus ein-gewiesen werden.

Ich frage Sie alle: Ist das menschenwürdig? Kostensparend ist das bestimmt nicht. Das Gleiche geschieht in vielen Orten in Deutschland. Zur Krankenhausentlassung dieser Frau war von der Krankenkasse mündlich ein Schwesternbesuch dreimal täglich zugesichert worden. Der schriftliche Bescheid allerdings begrenzte diese Zusage auf einmal täglich. Die betreuenden Fachkräfte können diese Begrenzung nicht verantworten und gehen zur Zeit ohne Bezahlung zu dieser Frau. Auf Dauer kann aber keine Sozialstation ohne ausreichende Kosten-übernahme die Arbeit leisten. Sollen alte, kranke Menschen regelmäßig ins Krankenhaus pendeln? Der zwanzig-, fünfzig- oder achtzigjährige Diabetiker, der sonst gesund ist, kann sein Insulin selbst einteilen und selbst spritzen. Aber der Demenzkranke kann es nicht. Er bricht ohne Hilfe zusammen. Die Krankenkassen sind ursprünglich auf die Bismarcksche Gesetzgebung zurückzuführen, gegründet im vorigen Jahr-hundert, zur Beruhigung der um soziale Sicherheit ringenden Arbeiter. Es entstand eine Gesetzgebung vorrangig für diese berufstätigen Menschen. Nach hundert Jahren sollten wir endlich erreichen, daß Krankheit in jedem Lebensalter gleichwertig als Krankheit gilt. Der Demenzkranke braucht nur deshalb Pflege und medizinische Hilfe, weil er krank ist.

Ver- und Erkennen

Dieses Abschweifen meiner Gedanken in das politisch Notwendige ist Folge meines Miterlebens der Demenz des

Mannes, der zu seiner Zeit Vorsitzender der Arbeitsgruppe Sozialpolitisches Programm der sozialdemokratischen Bundestagsfraktion war, bei deren Arbeit es auch darum ging, das für den Menschen Notwendige mit dem volkswirtschaftlich Möglichen zu paaren.

Mitglieder dieser Bundestagsfraktion sind vermutlich die ersten gewesen, die etwas von der beginnenden Gedächtnisstörung bemerkt haben. Herbert Wehner, der ein beneidenswert gutes Gedächtnis gehabt hatte, klagte eines Tages zuhause, er als Vorsitzender erinnere des öfteren nicht die Namen der Fraktionsmitglieder, die sich während der Sitzung zu Wort meldeten. Ich sprach mit einem befreundeten Neurologen über diesen seinen Kummer. Doch "M. L.", wie wir ihn nannten, meinte: "Für 76 Jahre hat der Herbert ein gutes Gedächtnis." So nahm ich die Gedächtnisstörung hin, als zum Alter gehörend. Ich sprach mit einem Parlamentarischen Geschäftsführer der Fraktion und bat ihn, Herbert zu helfen und ihm die Namen zu nennen, die ihm nicht einfielen. Gleichzeitig hatte ich gesagt: "Das müßt ihr tun, wenn ihr wollt, daß er die Periode zu Ende macht."

Auch eine in diese Zeitspanne fallende Verwirrtheit nach einer urologischen Operation wurde mit den Worten weggewischt: "Kommt vor bei alten Männern." Mich hatte das sehr merkwürdig berührt, daß ein Mensch, der den ganzen Tag im Krankenhausbett gelegen hat, abends sagte: "Nun laß uns endlich nach Hause gehen, damit ich ins Bett gehen kann." Darüber hinaus dürfte es wohl ein gutes halbes Jahr keine weiteren für mich oder andere bemerkbaren Einschränkungen gegeben haben.

Der nächste Einschnitt, auch wenn ich zu dieser Zeit noch nicht an Krankheit dachte, war der vergebliche Versuch, an der Schreibmaschine sitzend, einen Buchbeitrag zu schreiben. Das Thema: "Mein Elternhaus", ein für Demenzkranke lange gegenwärtiges Thema, das aber in diesem Fall über die Fähigkeit hinausging, es schreibend zu formulieren. Der Herausgeber des Buches war sehr verärgert, daß dieses lange vorher gegebene Versprechen nicht eingelöst wurde. Zeitpunkt: Einige Monate nach Ausscheiden aus der Parlamentsarbeit 1983.

Ähnlich, wieder einige Monate später, mit einer seit Jahren angestrebten Fernsehaufnahme – nicht von Herbert angestrebt, sondern von den Fernsehleuten – ursprünglich von Günter Gaus, dann von Reinhard Appel (ZDF) geplant. Ebenfalls zurückgehend bis in die Kindheit. Mein Versuch, Reinhard Appel davon abzubringen, scheiterte. So bestand ich darauf, daß das Studio, um Vertrautheit und damit für Herbert Sicherheit zu vermitteln, mit Gegenständen von zu Hause hergerichtet wurde, weil die Aufnahme zu Hause angeblich nicht möglich war, weil sie die Technik nicht so lange im Studio entbehren konnten. Doch die ganze Arbeit scheiterte, obwohl auf meinen Vorschlag hin das Gespräch mit dem Betrachten und Befragen anhand von Fotos beginnen sollte. Reinhard Appel war damals verärgert und hat erst viel später begriffen, daß Herbert kein unwilliger Mann war, sondern ein Kranker, der so eine Arbeit nicht mehr leisten konnte.

Das Befinden meines Mannes war depressiv-antriebslos geworden. Auch das fanden Ärzte normal für einen Menschen, der bis ins hohe Alter äußerst intensiv gearbeitet hatte. Herbert litt unter diesem Zustand. In diese Zeit fielen vermutlich auch die mit verzweifelter Stimme gesagten Worte: "Nichts kann ich mehr. Nichts kann ich mehr." Wenn ich mich recht erinnere, hatte ich zuvor beanstandet, daß er das Geschirr nur abgewischt und nicht abgewaschen in den Schrank gestellt hatte. Ich selber lernte daraus, vorsichtig mit den zunehmenden Defiziten umzugehen.

Um ihn nicht ins Leere fallen zu lassen, begann ich, etwa für einen Zeitraum von zwei Jahren, vorzulesen, oft fünf bis sechs Stunden am Tag. Es mußten Bücher sein, die seinen lebenslangen Interessen entsprachen. Es konnten sowohl deutsch als auch schwedisch geschriebene Texte sein. Das erwähne ich besonders, weil ich einmal bei einer Erkrankung meiner Mutter in Schweden den Eindruck hatte, die Ärzte haben das nicht für voll genommen, weil sie mit mir, obwohl sie mich nicht erkannte, deutsch sprach und mit den Ärzten schwedisch sprach. Na ja, auch verschiedene Sprachen kann ein Demenzkranker offensichtlich noch sprechen. Für mich war dies eine anstrengende, aber auch kostbare Zeit. Unser letztes Vorhaben dieser Art war das Alte Testament, das heißt die hebräische Bibel, leider schafften wir sie nicht bis zu Ende.

Allmählich hatte ich den Verdacht, daß Herberts Befinden nicht altersgemäß, sondern krankhaft war. Weil ich ärztlicherseits dazu keinen Hinweis bekam, fragte ich mich selber, was das sein könne. In diesen Jahren begann der Begriff "Alzheimer" häufiger aufzutauchen. Meine Freundin Heike, Buchhändlerin, empfahl mir das Buch "Der 36-Stunden-Tag".*) Ich erkannte viele Verhaltensweisen und Probleme wieder und wurde durch die Hinweise darin sicherer, mich Herbert gegenüber richtig zu verhalten. Eine junge Ärztin aus meinem Freundeskreis, die sich einige Jahre vorher als praktische Ärztin niedergelassen hatte und die wir seit ihrer Kindheit kannten, meinte allerdings: "Alzheimerkranke leben nicht länger als ein bis zwei Jahre." Mit diesem Satz im Gedächtnis wundert es Sie, verehrte Teilnehmer dieses Kongresses, sicher nicht, daß ich dafür bin, bereits in der ärztlichen Grundausbildung Kenntnisse über Demenzerkrankungen zu vermitteln.

Die Diagnose "Alzheimer" ist bei Herbert Wehner ärztlicherseits nie gestellt worden. Diese Diagnose stammt von einem Hamburger Boulevardblatt, von dem Herbert sagte, es drucke das, was die Leute denken sollen – die formulieren das selber anders. Die von mir notierte Diagnose des in den letzten drei Lebensjahren sich intensiv kümmernden Neurologen "M.L." lautet: "Chronisch progredientes hirnorganisches Psychosyndrom". Das Krankheitsbild sei Folge des jahrzehntelangen Diabetes.

Der Weg zur Hilflosigkeit

Der Weg zur völligen Hilflosigkeit ging in Etappen. 1981. Aus Anlaß seines 75. Geburtstages hatte die Hebräische Universität in Jerusalem beschlossen, ihm die Ehrendoktorwürde zu ver-

---

*) Mace, Nancy; Rabins, Peter: Der 36-Stunden-Tag. Die Pflege des verwirrten älteren Menschen, speziell des Alzheimer-Kranken, übersetzt und mit einem Anhang von Michael Martin, 4., erweiterte und aktualisierte Auflage 1996, Verlag Hans Huber.

leihen, die einzige, die er angenommen hat - von einer Universität, die sie sehr selten verleiht. Die Arbeitsbelastung und sein Gesundheitszustand waren Anlaß, daß wir die Reise nach Jerusalem vor uns herschoben. Der dann für Mai 1983, das heißt schon in der Krankheitszeit (aber als sie noch kaum bemerkbar war), vorgesehene Reisetermin fiel flach, weil ich erkrankt war.

Im Februar 1984 wurde die Ehrung in Bonn durchgeführt. Das Wenige, was Herbert in der Lage war zu sagen, entsprach keineswegs dem ihm verliehenen Titel. Ich war damals noch nicht schlau genug, um darauf zu kommen, ihm einen kleinen Text zu schreiben. Er selber hatte lauter Sätze zusammengefügt, die andere ihm in Gratulationsbriefen geschrieben hatten. Und der einzige spontane Satz, den er zum Schluß äußerte, klang rührend unbeholfen: "Ich werde immer helfen." Ein Satz, der typisch für sein Leben war. Ich denke, die meisten, die ihn damals hörten, spürten, daß vor ihnen ein kranker Mann stand.

Im Dezember 1985 fand in Ahlen eine große Konferenz der SPD statt. Unsere Freunde wollten unbedingt, daß wir dabei seien. Weil ich vermutete, daß ihm das passive Dabeisitzen quälend vorkommen müßte, schrieb ich ihm ein kurzes "Grußwort", das seiner Art zu sprechen entsprach. Mich hat es sehr berührt, wie er vor meine Überschrift das Wort "Mein" schrieb, also "Mein Grußwort" daraus machte und den Text unterstrichen hatte, um seine Betonungen hervorzuheben.

Im gleichen Monat wurde ihm der Hans-Böckler-Preis des Deutschen Gewerkschaftsbundes verliehen. Hans Katzer, der CDU-Bundestagskollege und Gewerkschafter, hielt die Festrede, und Herbert sollte über Mitbestimmung reden, ein Thema, das ihm sehr am Herzen gelegen hatte. Herbert hatte bis auf das erwähnte Grußwort seine Reden und Artikel alle selbst geschrieben. Redemanuskripte bestanden im allgemeinen nur aus Stichworten. Ich hatte keine Erfahrung, aber auch keine Zeit. Denn auch wenn es für alle so schien, daß alles noch sehr automatisch ging, ich mußte schon sehr viel helfen. Ich hatte also keine Zeit, eine Rede auszuarbeiten und auch keine Erfahrung. Deshalb gab ich Freunden alle Äußerungen von

Herbert, die ich über Mitbestimmung hatte, und bat sie, mir zu helfen. Und den Text, der daraus entstanden war, las ich dann vor, ganz langsam, ihn immer anblickend, ob er positiv oder negativ darauf reagierte – einiges setzte ich dann noch hinzu.

Die Teilnehmer dieser Ehrung – es war eine sehr, sehr große Veranstaltung, erlebten dann vier Jahre und einen Monat vor seinem Lebensende in diesem völlig überfüllten Saal Herberts letzte Rede. Und ich sage ausdrücklich "Herberts letzte Rede", Herberts. Denn er hatte den Text mit einer solchen Teilnahme gesprochen, daß einige zu mir kamen und sagten: "Das ist ja wieder ganz der Alte, der redet ja wie immer."

Ein Journalist kam zu mir und sagte: "Herr Wehner liest ja ab." Ich sagte: "Ja, er kann es nicht anders." Aber es war inhaltlich, in der Art der Sprache, seine Rede, und seine innere Beteiligung. Ich habe auch ein Foto, wo man deutlich sieht, hier liest nicht einer nur ab, er spricht über das, was ihn betrifft. Nur formulieren konnte er es nicht mehr. Rückwirkend gesehen, war dieses etwa dreieinhalb Jahre nach Beginn der Demenzerkrankung.

Im Bundeshaus konnten sie nach seinem Ausscheiden aus dem Bundestag nicht verstehen, daß Herbert spontan keine Widmung mehr schreiben konnte. Trotz meines Hinweises schickten sie uns Bücher, so daß ich ihm den Text jeweils vorschreiben mußte und zusätzlich das zu schreibende Wort buchstabierte und zeigte, was jeweils kam. Die Folge war: Etwas, was früher nebenher gemacht wurde, war für ihn inzwischen Schwerstarbeit.

Im Mai 1986 wurde Herbert die Ehrenbürgerschaft der Stadt Hamburg verliehen und im September des gleichen Jahres die Mannheimer Medaille der Gewerkschaft IG Metall. Auf beiden Veranstaltungen hat er nicht mehr reden können. Ich war froh, daß er wenigstens Freude durch die Begegnung mit alten Freunden hatte.

Von Mannheim aus fuhren wir in das nahegelegene Lokal "Zur Kanne" in Deidesheim. Jahre vorher hatten wir es zufällig bei einer Veranstaltung entdeckt und uns vorgenommen, dort noch einmal hinzufahren und Mittag zu essen. Leider war es

170

zu spät. Herbert wußte nicht, wo er war, und neue Erlebnis-
fähigkeit und Freude über das Essen und die schöne Umgebung
ging nach der Belastung der vortägigen Feier über seine Kräfte.
Herbert hatte immer schmerzerfüllt gesagt: "Ich werde meine
Heimat nie wiedersehen", Dresden. Die Dresdner wissen, daß
Dresdner ihre Heimat überaus lieben, auch wenn sie Jahrzehnte nicht da waren. Dieses "Nie wieder" bedrückte mich,
und ich entschied mich, eine Möglichkeit im Frühsommer
1985 wahrzunehmen und so zu lenken, daß wir vor allem
Orte der Kindheit und nicht allerlei Sehenswürdigkeiten
aufsuchen würden. Die Straße, in der er geboren und aufgewachsen war, wo er als Junge Fußball gespielt hatte, brachte
ihn dazu, mit wenigen Worten Erinnerungen mitzuteilen. Der
Filzteich im Erzgebirge, in dem er als Fünfjähriger Schwimmen
gelernt hatte, ließ sein ganzes Gesicht strahlen.
Anderthalb Jahre später, November 1986, hieß es: Fahrt doch
noch einmal. Es hat doch Herbert so viel Freude gemacht.
Diese Reise hätten wir nicht mehr machen dürfen. Von mir
nicht organisiert, war sie Folge eines Dankbriefes, den ich
geschrieben hatte, und zwar an den sächsischen Landesbischof
der evangelisch-lutherischen Kirche, Johannes Hempel, der
inzwischen, vor nicht langer Zeit, in Pension gegangen ist.
Dieser Brief hatte also zur Folge, daß ein Besuch bei dem
Bischof eingeplant worden war. Wir fuhren auch hin, aber
Herbert war an diesem Vormittag völlig hilflos. Nicht einmal
fähig zu einer Höflichkeitsformel. Ich bin überzeugt, er hat
nicht gewußt, wo er war. Es war ganz schrecklich. Die Reise
als solche war eine Überforderung.
Im Sommer 1987 wollte ich nicht mehr in unser Haus nach
Schweden fahren. Ein früherer Bundestagskollege besuchte
uns in Bonn und fragte: "Wann fahrt ihr nach Schweden?"
Herbert darauf: "Ja, wann denn?" Na ja, dachte ich, wenn er
gerne will, dann muß ich es wagen. Das Ölandhaus war für
Herbert unser eigentliches Zuhause. Er liebte es sehr, wir
hatten es 25 Jahre vorher gekauft. Es war auch die einzige
Stelle, wo wir in all den Jahrzehnten ungestört und sozusagen
normal leben konnten. Aber um einen Demenzkranken zu
versorgen, ihm zu helfen und ihn im Auge zu behalten, war

es weit weniger geeignet als unser Bonner Zuhause. Die ersten zwei Monate verliefen unauffällig, mit einer Aus-nahme: daß Herbert einen seiner Geburtstagsgäste nicht erkannte. Einen Monat später brach alles zusammen: Verwirrung, Wahn-vorstellungen, wie ich sie neun Jahre vorher mit meiner Mutter am gleichen Ort erlebt hatte. Aber dieses Mal war ich alleine mit dem Kranken. Damals konnten Herbert und ich gemeinsam die Belastung tragen. Die Nacht – ein Kampf, ein Kampf ohne Gewalt, ein Ringen darum, den Mann davon abzuhalten, in die Dunkelheit hinauszulaufen, weil er meinte: "Die Leute warten auf mich. Sie brauchen Hilfe." Jeder hier wird wissen: Es wäre sinnlos gewesen, ihm zu sagen: "Du redest Unsinn." Es galt, abzulenken, Zeit zu gewinnen. Unter anderem sagte ich und tat es auch: "Ich werde telefonieren und Heike bitten, Hilfe zu schicken, denn wir können erst, wenn es hell ist, den Weg durch die Wälder finden."

Ich bat die Freundin Heike, zurückzurufen, was sie auch tat. So konnte ich, scheinbar korrekt, Herbert von ihrer Hilfe berichten. Erst nach sieben Stunden wurde Herbert ruhiger und war nachts um zwei bereit, ins Bett zu gehen und schlief erschöpft ein. Zwei Tage später hatte ich Begleitung für die Rückreise organisieren können, und wir fuhren zurück in unser Bonner Zuhause.

Bis zu seinem letzten Atemzug

Von da an war Herbert endlich in dauernder fachärztlicher Begleitung. Wahnvorstellungen traten noch öfter auf. Als seine Körperkräfte ihn noch dazu bringen konnten, dem Wahn nachzurennen, bin ich einmal ein paar Stunden mit Herbert im Auto kreuz und quer durch Bonn gefahren. Dort im Auto konnte ich sicher sein, daß er nicht entwischt. Herbert wollte geradeaus, aber er gab es immer erst nach der Ampel zu erkennen. Ich nutzte die Kreuzung zum Abbiegen, um nicht zu weit weg zu kommen, und sagte: "Zu spät, falsch eingeordnet, an der nächsten Ampel." Das brachte keinen Protest, denn er hatte immer respektiert, daß ich die Verantwortung beim Fahren trug. Näherte ich mich dem Wege nach Hause, gab es Widerspruch.

In der gleichen Zeit kam es vor, daß Herbert unbemerkt den Müllbeutel nahm, den Mülleimer draußen nicht fand und in der Siedlung herumirrte. Das heißt, er konnte etwa im gleichen Zeitraum durchaus feststellen: Da ist zuhause – und andere Tage überhaupt nicht. Dies geschah auch einmal bei strömendem Regen. Ich fand ihn erst nach einer halben Stunde völlig durchnäßt an der Hauptverkehrsstraße stehen, immer noch mit dem Müllbeutel in der Hand. Was mich damals besonders bedrückt hat, das war, daß mir am nächsten Tag eine Nachbarin sagte: "Ja, mein Mann hat ihn da stehen sehen." Und, warum mich das besonders erschüttert hat, an sich waren die Nachbarn hilfsbereit rundum: Der Mann war Arzt. Der hätte ja wohl so viel im Kopf haben müssen, daß er, wenn ein Mann bei strömendem Regen mit einem Müllbeutel ein ganzes Stück von zu Hause weg steht, sagt: "Na, Herr Wehner, wollen wir nicht mal eben zurück zu Greta gehen?" Das hätte er sicher auch getan bei dieser Anrede.

Das Helfen wollen ist eigentlich positiv zu bewerten, aber es kann belastend für den Pflegenden sein. Ich hatte gelernt, es zu ertragen, daß er den Müll rausbringen und alles mögliche in der Küche wollte. Es entsprach nämlich dem Bedürfnis des Kranken. Er hat immer helfen wollen.

Auch im Hause fand Herbert sich bald nicht mehr zurecht. Die Tür von Bad und WC, die Tür zum Gästeklo, sie standen offen. Herbert ging vorbei. Er sah nicht, daß er dort eigentlich hin wollte, er saß unter Umständen genau gegenüber von der Tür auf einem Stuhl und verrichtete seine Notdurft. Stühle, Papierkörbe, die Wand – alles diente als Ersatz. Und ich dachte, er suche ein Urinal, so wie Männer es auf der Arbeit haben. Ich ließ ein Urinal einbauen, nur das war es nicht. Er hat einfach Orte und Gegenstände nicht mehr erkannt. Dabei sah er gepflegt und ordentlich aus, sagte danke, begegnete, wenn es ihm gut ging, Besuchern freundlich. Wäre ein unerfahrener Gutachter des medizinischen Dienstes zu ihm gekommen, dieser hätte seine Hilfs- und Pflegebedürftigkeit nicht erkannt.

In diese Zeit fiel auch seine unruhige Frage, die er oft wiederholte: "Wo ist...? Wo ist...?" Ich habe erst nicht gewußt, was

er meinte, und dann zeigte er auf das Bild meiner Mutter.
Sie war zu dem Zeitpunkt etwa sieben bis acht Jahre tot.
Merkwürdigerweise hat er sonst überhaupt nicht nach Personen
gefragt oder gesucht. Auch nach Gegenständen nicht. Er hat,
zum Beispiel, auch nie den Verdacht gehabt, man würde was
verstecken – ich vermute, das hat mit dem großen Vertrauensverhältnis zu tun, das zwischen uns bestand. Einmal
hat er allerdings nach seiner Pfeifentasche gesucht. Das ist
also das einzige Mal. Die hatte ich versteckt, weil er angefangen
hatte, den Tabak in den Mund zu stecken statt in die Pfeife,
oder ihn in ein Weinglas zu schütten. Als er suchend im Wohn-
zimmer herumging, fragte ich ihn, ob er seine Pfeifentasche
suchte. Auf sein Ja gab ich ihm die Tasche, und er versuchte,
mit viel Mühe, die Pfeife zu stopfen und anzuzünden. Das
Letzte gelang gar nicht. Ich hielt ihm dann das Streichholz an
die Pfeife, aber er gab es nach einer Weile auf. Eine 64 Jahre
lang geübte Tätigkeit, die für ihn mit Behagen verbunden war,
hatte er verlernt.

Die mir vorgegebene Zeit reicht nicht, den weiteren Verlauf
ausführlich zu schildern. Herbert hatte "nebenbei" einen
insulinpflichtigen Diabetes, der besonders in Zeiten mit Tag-
und Nachtrhythmusstörungen sehr belastend war. Ich mußte
ihn wegen des Insulinspritzens und des anschließend
erforderlichen Frühstücks auch nach einer sehr unruhigen
Nacht aus dem morgendlichen Schlaf wecken. Dieser unzureichende Schlaf war für mich eine sehr große Belastung und
brachte mich fast an den Rand meiner Kräfte. Nur eine meiner
Freundinnen, die Heike, war fähig, mit Herbert so umzugehen,
daß ich tagsüber hin und wieder mal eine Stunde Entlastung
hatte.

In den letzten drei Monaten seines Lebens kam dann noch
Birgit dazu, eine gerontopsychiatrisch ausgebildete Krankenschwester, werktags von 8 bis 14 Uhr. Sie hatte vorher an
einem gemeinsamen Projekt von Landeskrankenhaus und
Diakonischem Werk gearbeitet, das leider eingestellt wurde,
weil eben Modellprojekte sehr häufig zusammenbrechen, wenn
die Finanzierung ausläuft. Ich hatte sie aber vorher kennengelernt, und ich habe gesagt, wenn ich unbedingt Hilfe haben

174

muß, dann will ich Hilfe von einer Fachkraft haben, die wirklich etwas versteht. Na ja, ich wollte eine optimale Pflege. Und sie war dann also werktags von 8 bis 14 Uhr bei mir. Waren wir beide anwesend, erschien uns das Leben mit Herbert leicht – ich sage ausdrücklich Leben, denn das war für mich die Vorbedingung, daß wir nicht, die eine als Fachkraft und die andere als was weiß ich, irgendeine Arbeitsteilung hatten, sondern das, was in der Wohnung, im Haus geschah, mußte gemeinsam angepackt werden, wenn es eine gute Pflege sein sollte. Nun ja, es erschien uns leicht, wenn wir damals beide gleichzeitig anwesend waren, war ich aber mal nicht da, was nur zwei-, dreimal, für eine Stunde oder zwei passierte, dann sagte sie mir: Die Arbeit ist alleine kaum zu bewältigen. Aber ich war ja den größten Teil des Tages und das Wochenende über doch alleine, es sei denn, Heike ist mal zu mir gekommen. Ich wollte Herbert bis zuletzt versorgen und begleiten. Ich schaffte es auch, bis zu seinem letzten Atemzug, den ich still, mit ihm alleine zu Hause erleben durfte.

Zuwendung als Medikament

Aus dem Miterleben der Demenzerkrankung meines Mannes, aus dem, was ich in der Zwischenzeit gelesen und gelernt habe, ziehe ich den Schluß, daß Wissen über den Krankheitsverlauf nicht nur für Ärzte und beruflich Pflegende notwendig ist, sondern ebenso wichtig für die pflegenden Angehörigen. Dieser 1. Deutsche Alzheimer Kongreß, an dem Ärzte, forschende, planende und behandelnde, Frauen und Männer aus dem ambulanten und stationären Pflegebereich und Angehörige von Demenzkranken teilnehmen, wird Erfahrungen und Wissen vermitteln können. Zu meinen Erfahrungen gehört, daß Demenzkranke eine kontinuierliche, warmherzige, mitmenschliche Zuwendung brauchen, daß Zuwendung mehr als Pflege ist: Sie ist das wichtigste Medikament, das wir haben. Unsere Abgeordneten als Gesetzgeber müssen die gesundheitspolitischen Gesetze so gestalten, daß dieses keineswegs besonders teure Medikament Zuwendung ausreichend gegeben werden kann und nicht durch falsches Einsparen im Krankenkassenbereich – wie es bei der kranken

Frau zu Beginn meines Vortrages war – das winzige Bißchen des Medikaments Zuwendung, welches sie im Gleichgewicht hielt, entzogen wird und das teure Krankenhaus, der für Demenzkranke häufig negativ wirkende Ersatz, einspringen muß.

Gutes Gelingen diesem Kongreß und Dank für ihre Aufmerksamkeit!

"Mein Miterleben der Demenz"

Vortrag vor dem Demenz-Symposium der Techniker Krankenkasse in Berlin am 4./5. Dezember 1998

Mir ist als Thema "Mein Miterleben der Demenz" gestellt worden. Dieses Miterleben liegt jetzt zwischen 9 und 17 Jahren zurück. In dieser langen Zeitspanne hat sich vieles im Wissen der Menschen, in der Forschung und der Medizin, in der Gesellschaft und natürlich auch in meinen eigenen Erfahrungen verändert. Was halte ich aufgrund meines Miterlebens und meines heutigen Begleitens und Mitdenkens für beachtenswert und dringlich? Das möchte ich als zweiten Teil der Schilderung meines Erinnerns hinzufügen.

Jahre der Pflege

Als erstes zu der Frage, wie begann mein Miterleben. Wenn ein Mensch mit einem hervorragend guten Gedächtnis, der niemals Probleme hatte, sich eine Unzahl von Namen zu merken, klagt, er wisse nicht, wenn sich einer seiner Kollegen zu Wort meldet und er ihm als Vorsitzender das Wort zu erteilen habe, wie der betreffende Kollege heißt, dann muß der Arzt und natürlich besonders der Neurologe bohrend nachfragen, ob es in letzter Zeit irgendwelche besonderen Beeinträchtigungen gegeben hat, und soll nicht meinen: "Ich wäre froh, in dem Alter noch ein so gutes Gedächtnis zu haben".

Was war in diesem Jahr 1982 geschehen? Herbert Wehner hatte in Saarbrücken an zwei Tagen eine Fraktionsvorsitzendenkonferenz zu leiten. Am zweiten Tag, morgens, wußte er überhaupt nicht, wo er war und was zu tun ist. Ich brachte ihn ins Badezimmer, sagte, er solle sich rasieren – es geschah nichts. Ich gab ihm das Rasierzeug gebrauchsfertig – es geschah nichts. Ich hob die Hand mit dem Pinsel zum Gesicht, und plötzlich führte er den Pinsel hin und her, und das Gesicht war eingeschäumt. Das gleiche wiederholte sich mit dem Rasierapparat – erst als ich ihm diesen in die Hand gab, zum Gesicht führte, war er fähig, den Vorgang weiterzuführen.

177

Alles an diesem Morgen mußte ich für ihn in die Wege leiten, und Herbert ließ alles mit sich geschehen. Seinen Kollegen teilte ich mit, sie müßten an diesem Tag die Arbeit ohne ihn machen. Wir fuhren zurück nach Bonn, aber im Laufe der Fahrt verschwanden alle Beeinträchtigungen. Ich vermute heute, Herbert hatte keine Erinnerung an dieses Ereignis, denn er war nicht der Meinung, es gebe einen Grund zum Arzt zu gehen.

Mir selbst ist dieses Geschehen im weiteren Verlauf der Demenzerkrankung wieder in Erinnerung gekommen. Als ich es dem Neurologen später erzählte, meinte er, es sei typisch für eine Durchblutungsstörung des Stammhirns. Hätte es der Arzt früher aus mir herausgelockt, hätten wir den Verlauf wohl nicht wesentlich beeinflussen können, aber ich hätte wissender in die Pflegearbeit hineingehen können und nicht suchend und lesend während des "36-Stunden-Tages" – so heißt auch das Buch, das mir half, mich kundig zu machen.

Herbert schied ein halbes Jahr nach diesem Ereignis aus dem Bundestag, die letzten Monate, ohne zusätzlich an den Wochenenden kreuz und quer durch die alte Bundesrepublik zu fahren und auf Versammlungen zu sprechen. Im Bundestag lief wegen der bevorstehenden Bundestagswahl die Arbeitsbelastung auf Sparflamme, kein 14-bis-18-Stunden-Tag belastete uns. Die Ruhe, ohne gleich ganz aus der Arbeit auszuscheiden, schenkte uns vorübergehend eine erholsame, heitere Zeit.

Doch bereits fünf bis sechs Monate nach dem Ereignis in Saarbrücken geriet Herbert in eine depressive Verstimmung und wurde antriebsarm. Die Ärzte meinten, nach so langer und intensiver Arbeitszeit und im Alter von fast 77 Jahren wäre das normal. Herbert spürte offensichtlich seine zunehmenden intellektuellen Defizite und meinte, bloß weg von hier, das heißt von Bonn. Wir waren den Rest des Jahres 1983 und überwiegend 1984/85 in unserer "Auch-Heimat" in Schweden.

Etwa zehn Monate nach dem Saarbrücker Ereignis bemerkte ich die ersten Wortfindungsschwierigkeiten. Der des Wortes so mächtige Mann wich auf das Hinweisen mit den Händen aus. Herbert war ein Mensch, der viel gelesen hat. Um ihn abzulenken und zu beschäftigen, begann ich ihm vorzulesen, vier bis fünf Stunden am Tag oder mehr. Es mußten Bücher sein, die sich mit seinen lebenslangen Interessen befaßten, die Erinnerungen an sein frühes eigenes Tun und Wirken weckten. Sie konnten sowohl auf deutsch als auch auf schwedisch geschrieben sein.

Herbert hatte vor seiner Erkrankung jeden Morgen, meist zwischen sechs und acht Uhr, ehe er in den Bundestag fuhr, zehn bis zwölf Tages- und Wochenzeitungen durchgesehen und gelesen, was ihm wichtig erschien. Die Zeitungszahl reduzierte ich allmählich, doch blieb es dabei, daß er in ihnen blätterte, mir freudestrahlend eine ihn interessierende Über-schrift zeigte. Noch 1988 notierte ich: Herbert liest Zeitungen. Zu dem Zeitpunkt bedeutete Lesen aber nur Blättern. Die Zeitungen waren eine Möglichkeit, ihn zeitweilig zu be-schäftigen, wie auch das "Helfen" in der Küche es sein konnte – Geschirr trocknen, auf der Abwäsche herumwischen. Er war in seiner gesunden Zeit ein sehr sorgsamer Abwäscher oder Fische-Saubermacher.

Ich hatte den großen Vorteil, daß ich 1983 nicht nur seit 30 Jahren ohne Unterbrechung mit Herbert Wehner im gleichen Haushalt lebte, sondern Tag aus und Tag ein mit gearbeitet hatte. In den gesunden Jahrzehnten verließ er sich, sowohl in der Arbeit wie auch im privaten Leben, voll auf mich. Dieses große, unbegrenzte Vertrauen blieb während des Krankheits-verlaufs erhalten, Mißtrauen kam nie auf. Wir wuchsen gemeinsam in die immer größer werdende Abhängigkeit und Hilfebedürftigkeit hinein.

Bekleidung hatte ich ihm auch früher hingelegt; fast unmerklich kam die Notwendigkeit des Helfens hinzu, von richtigherum Anreichen bis direkt Anziehen. Schwierigkeiten bei der Körperpflege waren ab Sommer 1984 auffällig. Es bedurfte der "Anstöße", Vorbereitungen, zum Rasieren, zum Baden. Das Zähneputzen wurde immer schwieriger. Einmal warf er wütend die Prothese in das Waschbecken, so daß sie zerbrach. Im letzten Lebensjahr konnte es an manchen Tagen unmöglich sein, die Prothese wieder einzusetzen. Als ich vor Schmerzen nachts kaum noch schlafen konnte, weil meine Schultern durch das viele Heben kaputt waren, wurde ich auf die Möglichkeit eines Badewannenlifters hingewiesen und konnte mir diesen kaufen. Nicht jeder pflegende Angehörige ist in der Lage, derartige Geräte mit eigenen Mitteln anzuschaffen. Es müßte möglich sein, daß solche Geräte von den Kranken- oder Pflegekassen gestellt oder zumindest bezuschußt werden. Wichtig ist, zu verhindern, daß aus der Pflegekraft ein Pflegebedürftiger wird.

Für einen Demenzkranken ist es wichtig, an seine Gewohnheiten und früheren Kompetenzen anzuknüpfen. Auch wenn diese verkümmert sind, ist das ein Mittel, um seine Identität und damit sein Wohlbefinden so lange wie möglich zu bewahren. Indirekt ist das auch schonend für die Kraft des Pflegenden. Freunde, Bekannte, frühere Abgeordnetenkollegen, die in den Anfangsjahren des öfteren kamen, um Herbert von den politischen Entwicklungen zu erzählen, bemerkten nicht, daß Herbert keine eigenen Gedanken zu ihren Bemerkungen beitrug, sondern allein durch Floskeln an den Gesprächen beteiligt war. 1986, aus Anlaß der Vollendung des 80. Lebensjahres, besuchte der damalige Bundespräsident Weizsäcker uns zu Hause. Herbert konnte sich mit ihm nicht wirklich unterhalten, aber er empfand sehr wohl die Ehre, die ihm damit erwiesen wurde, er verhielt sich sehr höflich, ja eigentlich ehrerbietig. Selbst sehr viel später, 1988 – Herbert war durch Inkontinenz geplagt, sprach kaum mehr als zwei bis drei zusammenhängende Worte – erlebte ich, daß ein früherer Bundestagskollege meinte, er habe sich bei einem Besuch bei uns gut mit Herbert unterhalten. Auf die Frage meines Bruders, wer hat dir denn geantwortet, wurde ihm klar, daß Herbert zugehört, aber kaum ein Wort geäußert hatte und die Antworten von mir kamen.

Ganz anders verlief der Besuch von Helmut Schmidt und seiner Frau Loki im gleichen Jahr, aber Monate später. Beide fragten mich hinterher, hat er uns überhaupt erkannt? Dabei war er, als ich ihn darauf vorbereitete, offenbar nicht in Unkenntnis über die Personen. Er erschien offen und erfreut. Ich habe mir die unerwartet verschlossene, beim Verabschieden sogar aggressiv ablehnende Haltung damit erklärt, daß es ein Schutzverhalten gewesen sein kann. Herbert hatte jahrelang Helmut Schmidt zugearbeitet, als dieser Bundeskanzler war. Vielleicht gab es ein vages Erinnern daran und ein Spüren, daß er eine Zuarbeit nicht mehr leisten konnte. Ich sprach mit dem Neurologen darüber, und er schloß meine Überlegungen nicht als abwegig aus.

Personen dagegen, mit denen er früher "harmlose" Kontakte hatte, konnte ich unter Umständen bitten, mit ihm eine Weile alleine zusammen zu sein, so daß ich schnell alleine einkaufen gehen konnte. Im Normalfall nahm ich ihn zum Einkaufen mit, die letzten Monate im Rollstuhl. Allerdings konnte ich ihn das letzte Jahr nicht mehr mit in den Lebensmittelladen nehmen, nachdem er in der Post, während ich mit dem Postbeamten zu tun hatte, die Hosen heruntergezogen und seinen Stuhl in den Papierkorb entledigt hatte. Die letzen zweieinhalb Jahre hätte ich eigentlich Augen vorne und hinten gebraucht und dazu ein gutes Gehör, um immer rechtzeitig Fehlleistungen abwenden zu können.

Gesundheitspolitische Folgerungen

Eine gewisse Pflegeerfahrung und -neigung halfen mir im richtigen Verhalten dem Kranken gegenüber. Dennoch hatte ich Anfang 1989 den Wunsch, mit jemandem zu sprechen, der Erfahrung in der Ausbildung von beruflich Pflegenden für die Demenzkrankenpflege hat. Im Frühjahr bekam ich durch Vermittlung unseres Neurologen-Freundes Kontakt zu Birgit, einer gerontopsychiatrisch ausgebildeten Krankenschwester aus dem Landeskrankenhaus. Sie meinte sehr bald, ich mache alles richtig, aber ich habe dennoch von ihr gelernt – nicht durch Worte, sondern durch Beobachten, wie sie auf Herberts Verhalten reagierte. Wir haben nach Herberts Tod einander gesagt, wir haben voneinander gelernt.

Wir hatten zunächst etwa ein halbes Jahr einmal in der Woche eine Stunde Besuch von ihr. Aufgrund der Erfahrungen mit Birgit meine ich, daß die Kurse der Pflegeversicherung für pflegende Angehörige nicht vorrangig und ausschließlich in einer Institution durchgeführt werden sollten, sondern der

Ausbildende unbedingt mehr als ein paar Stunden im häuslichen Bereich, in dem der Kranke lebt, mit pflegen müßte. Die Ausbilderin wird die Defizite so eher erkennen und behutsam die erforderliche Anleitung für dieses spezielle Pflegeverhältnis geben können.

Pflege- und Krankenkassen müssen sich als Institutionen unseres demokratischen Staates verhalten und sich nicht um die Mitverantwortung in unserem Gemeinwesen drücken. Es darf nicht das Gesetz vorgeschoben werden, wenn alte Menschen, besonders Demenzkranke, durch die Maschen fallen, die es so vor der Pflegeversicherung nicht gab, mit der Folge einer unzureichenden medizinischen und pflegerischen Versorgung. Gesetze können verändert werden.

Die Krankenkassen, das heißt deren jeweilige Hauptverwaltungen im Bund, sind eine starke Macht, wenn sie nur wollen, um den Gesetzgeber zu bedrängen, Mängel, die seit Bestehen der Pflegeversicherung deutlich geworden sind, zu revidieren. Wozu sind denn die Pflegekassen den jeweiligen Krankenkassen zugeordnet? Nur um die Beiträge zu kassieren? Sinn gibt das erst, wenn sich beide zum Wohle des einzelnen Versicherten ergänzen und nicht die Bedürfnisse, in unserem Fall des alten demenzkranken Menschen, jeweils auf den anderen schieben. Zuwendung ist für den Demenzkranken die wichtigste Medizin. Medikamente fallen in die Zuständigkeit der Krankenkassen. Bei dem Medikament Zuwendung verbindet sich unausweichlich die gemeinsame Zuständigkeit beider Kassen.

Ich möchte zum Abschluß noch einiges zu dem in Deutschland emotional ausgetragenen Problem Forschung an einwilligungsunfähigen Demenzkranken sagen. Keiner von uns, die heute hier teilnehmen, kann mit Sicherheit sagen, ich weiß, daß ich nicht demenzkrank werde. Selbst für einen egoistischen Menschen muß Forschung wichtig erscheinen. Es wird immer wieder das Morden unter dem Begriff Euthanasie in der Zeit, als Deutschland von der Partei beherrscht wurde, die sich Nationalsozialisten nannten, als Gegenargument angeführt. In dieser Zeit wurden in einem noch viel größeren Ausmaß Menschen zu angeblichen Forschungszwecken in den Konzentrationslagern grausam mißhandelt, gequält und ermordet.

Mein Vater hat ein Verhör bei der Gestapo nicht überlebt; meine Mutter hat in ihren letzten zwei Lebensjahren in ihrer Verwirrung die Verfolgung noch einmal erlebt: "Im Haus gegenüber ist ein Gestapokeller, dort wird gefoltert", sagte sie mir 1978. Ich habe nach langem Suchen auf den Gedenktafeln für die ermordeten Menschen jüdischen Glaubens oder jüdischer Herkunft in Prag die Namen der Eltern meines Jugendfreundes gefunden.

Forschung in einem demokratischen Deutschland, in einem demokratischen Europa, hat nichts gemein mit dem Morden, das von unserer Heimat ausgegangen war. Mir erscheint der Vorwand "wir in Deutschland mit unserer Vergangenheit dürfen nicht" wie Heuchelei. Die meisten von uns wollen lange leben, mit dem Sehr-Alt-Werden handeln wir uns unter anderem auch in einem größeren Umfang zum Beispiel die Alzheimersche Erkrankung ein. Mit der Forschung haben wir die Chance, das lange Leben auch mit mehr Lebensqualität zu füllen.

Forschung an einwilligungsunfähigen Kranken muß mit starken Sicherungsvorschriften umgeben werden.

Einwilligungsgeeignete Angehörige (der unzureichend urteilsfähige Angehörige ist nicht geeignet) müssen sorgsam durch von Forschungsinstituten unabhängige Personen, etwa Ombudsfrauen oder -männer, die vom Bundestag gewählt sind, beraten und auch kontrolliert werden.

Die Schrecken der Vergangenheit, die auch meine Familie erleben mußte, die Schuld, die leider ein zu großer Teil unseres Volkes in den Jahren 1933 bis 1945 auf sich geladen hat, wird nicht dadurch gemindert, daß wir Forschung verhindern. Wir sollten an dieser Schuld gereift sein und mit großer Verantwortung den jetzt Kranken gegenüber für die handeln, die nach uns kommen.

Leiden lindern als menschliche Aufgabe

Vortrag an der Evangelischen Hochschule für
Soziale Arbeit Dresden am 7. Juni 2000

Umgang mit der Demenz

Ich finde es ganz spannend, hier bei Ihnen zu sein, und
vielleicht haben wir uns gegenseitig einiges mit auf den Weg
zu geben. Trotz unseres unterschiedlichen Alters haben wir,
sozusagen, berufliche Verwandtschaft. Ich vermute, daß Sie
sich mehr für die Probleme und Wünsche Ihrer Altersgenossen
interessieren als für die Probleme des Alters und von Sterben
und Tod. Doch wollen wir unser eigenes Leben sinnvoll
gestalten, so sollten wir, um unser selbst willen, auch in
jüngeren Tagen diesen Teil jedes Lebens nicht ausklammern.
Wir werden, alles Lebende wird Tag für Tag älter.

Ich selbst hatte die Vorstellung, daß mein berufliches Leben
im Bereich der Säuglingspflege, Kinder- und Jugenderziehung
liegen würde – an Altenpflege hatte ich nicht gedacht.
Sterben, und zwar das Sterben von sehr jungen Menschen-
kindern, erlebte ich erstmals, als ich im "Königlichen Akademischen Krankenhaus", das heißt der Universitätsklinik in
Uppsala in Schweden, arbeitete. Ich erinnere noch heute,
nach 54 Jahren, wie schmerzlich es war, zu erfahren, daß
trotz aller meiner Mühen und all meiner Zuwendung in der
vorausgegangenen Nacht der Lebensweg eines kleinen Kindes
so früh beendet wurde. Die Mutter dieses Kindes wird an gewissen Tagen wohl heute noch diesen Verlust spüren.
Wäre ich in Schweden geblieben, wo ich zehn Jahre gelebt
habe, hätte ich versucht, mich auf diesem Gebiet weiter zu
qualifizieren. Nach meiner Rückkehr aus der Emigration ging
ich statt dessen in die Sozialarbeiterausbildung, die ich 1951
in Kiel mit den nacheinander abgelegten Examen für Jugend-
fürsorge und Gesundheitsfürsorge abschloß.
Altenpflege oder gar der Begriff Alzheimer spielten in der
Nachkriegszeit keine Rolle. Die nackte Not der Menschen, die
als Folge der Schrecken entstanden war, die unser Volk über
sich und die Völker Europas gebracht hatte, mußte gelindert

werden. Die Schwachen, das heißt die ganz Jungen und ganz Alten, dazu zählten damals Menschen in meinem Alter, hatten Hunger, Kälte und Krankheiten oft nicht überlebt. Es gab keine große Zahl von Hochbetagten, bei denen die Alzheimersche Erkrankung, prozentual zum erreichten Alter von 70, 80, 90 und mehr Jahren, zunimmt. Die verbesserte medizinische Versorgung heute läßt viele von uns länger leben, und mit dem längeren Leben steigt das Risiko, insbesondere der Alzheimerschen Erkrankung.

Ich habe nur bis 1953 als Sozialarbeiterin gearbeitet und bin dann nach Bonn, wo ich als Mitarbeiterin von Herbert Wehner im Bundestag und sehr bald auch im Bereich der SPD tätig war. Aus dieser doppelten beruflichen Erfahrung habe ich sehr bald gelernt, daß soziale Probleme, wie überhaupt die Probleme unserer Gesellschaft, nicht allein mit mitmenschlicher Zuwendung, aber keineswegs ohne diese gelöst werden können. Mein Wissen über Alterspflege und Demenzkranke ist also nicht auf meine Berufserfahrung zurückzuführen, andererseits hat meine Pflegefähigkeit, das Wissen um und das Verarbeiten von Krankheit, Alter, Sterben, Tod durchaus mit meinem beruflichen Interesse zu tun.

Ich hatte über Jahrzehnte, immer wieder, neben der Arbeit im politisch-parlamentarischen Bereich meine nach Herz-infarkten erkrankte Mutter zu versorgen, die sich in ihren letzten Lebensjahren auf eine für uns unerklärliche Weise psychisch veränderte, bis wir plötzlich bemerkten, daß sie die Verfolgungen in der Nazizeit wieder erlebte, das heißt verwirrt war. Sie zeigte zum Beispiel in Schweden, wo wir zu dieser Zeit ein Ferienhaus hatten, auf das Haus der Nachbarn, mit den Worten: "Dort ist ein Gestapokeller, dort wird gefoltert." Es war schrecklich, auch in mir Angst auslösend, nicht nur wegen ihres Verhaltens, sondern auch wegen der eigenen Erinnerungen an die Zeit nach 1933, die ich zwar als Kind, aber sehr bewußt miterlebt hatte. Ihr Kranksein und Sterben waren gewissermaßen Lehrjahre für die Zeit, die mir mit Herbert Wehner bevorstehen sollte.

Aus diesen meinen Erinnerungen werden Sie erkennen, daß in vielen Fällen auch die Angehörigen der psychisch Erkrankten

185

Zuspruch brauchen oder gar einer Beratung bedürfen, um
ihrer selbst willen, aber vor allem um dem kranken Familienmitglied sachgerecht beistehen zu können.
Demenzerkrankungen beginnen in der Regel schleichend,
Vergeßlichkeit fällt zuerst auf. Diese kann sich sehr unterschiedlich bemerkbar machen; bei nicht wenigen Kranken
führt es zu der für sie selbst und ihre Mitbewohner sehr un-
angenehmen Neigung, zu glauben, es sei ihnen das, was sie
nicht finden, gestohlen worden. Es gehört ungeheuer viel
Geduld dazu, den Menschen zu helfen, das Vermißte zu finden,
als Gesunder nicht in Rechthaberei zu verfallen, und es wird
Ihnen, die hier jetzt zuhören, neben den Ärzten die Aufgabe
zufallen, den Angehörigen diese notwendige Geduld zu
vermitteln. Dabei kann Ihr Vorbild, Ihr eigenes Verhalten
wesentlich hilfreicher sein als Worte.
Aus diesem Grunde halte ich Schulungskurse der Pflegeversicherung für Angehörige, Freunde oder Nachbarn, die in
der Demenzkrankenpflege tätig sind, nur dann für wirklich
hilfreich, wenn sie, mindestens teilweise, in der Wohnung des
Erkrankten durchgeführt werden. Die individuellen Probleme
oder gar Mängel im jeweiligen Pflegeverhältnis sind für gute
Pflegekursfachkräfte leicht zu erkennen, sie können gezielt
beraten und Pflegetechniken vermitteln.
Auch die Angehörigen können bei der 'ihrer häuslichen
Situation angepaßten' Schulung und durch das Beobachten
der Weise, wie die erfahrene Fachkraft auf die Bedürfnisse
und das Verhalten speziell ihres Kranken eingeht, mehr und
nachhaltiger lernen als durch theoretische Unterrichtung in
der Gruppe.
Das Pflegegesetz läßt Einzelunterricht zu. Auch ich habe durch
Beobachten viel gelernt.

Herbert Wehners Demenzerkrankung

Rückblickend haben wir den Beginn von Herberts Erkrankung
auf den Herbst 1982 festgelegt.
Zu dieser Zeit waren selbst Neurologen und vor allem praktische
Ärzte und Internisten in der Regel ohne Erfahrung und ohne
theoretisches Wissen über Demenzerkrankungen und vor

allem über die Demenz vom Alzheimertyp. Eine junge Ärztin aus meinem Bekanntenkreis meinte damals, Alzheimerkranke sterben nach einem bis anderthalb Jahren. Tatsächlich dauert die Erkrankung viel länger, acht, zehn, fünfzehn und mehr Jahre, das letztere vor allem bei den im fünften oder sechsten Lebensjahrzehnt Erkrankten. Diese Form der Früherkrankungen hat der Arzt Alois Alzheimer vor fast hundert Jahren erstmals beschrieben. Sein Forschungsergebnis fand zuerst keine Beachtung, weil die Frühform relativ selten auftritt und die des hohen Alters keine Rolle spielte, da die durchschnittliche Lebenserwartung der Menschen kaum mehr als die Hälfte unseres heutigen Lebens ausmachte.

Im fortgeschrittenen Stadium der Erkrankung meines Mannes vermißte ich sehr, daß mir jemand praktische Pflegeerfahrungen vermittelte. Das einzige, was mir aus dem Wissen anderer zur Verfügung stand, war das Buch "Der 36-Stunden-Tag", welches mir meine Buchhändler-Freundin brachte. Der Neurologe, den ich menschlich sehr schätzte, konnte mir auf diesem Gebiet nicht raten. Ich bat ihn deshalb, sich zu bemühen, daß ich Kontakt zu jemandem bekäme, der in der gerontopsychiatrischen Pflegeausbildung tätig ist.

Auf diese Weise kam Birgit, zu der Zeit an einem Modellprojekt des Landeskrankenhauses (ihrer Dienststelle) und des Diakonischen Werkes tätig, in unser Leben. Sie meinte zwar, ich würde alles richtig machen, aber ich weiß, daß ich einfach durch ihre Weise, mit Herbert umzugehen, "reifer" wurde.

Theoretisch zu wissen ist noch nicht das Gleiche wie praktisch Erleben und Handeln.

Ein Beispiel möchte ich Ihnen mit in Ihre eigene Arbeit geben. Der Neurologe hat mir mehrfach gesagt: Herberts ab und an aggressives Verhalten "ist nicht gegen dich gerichtet". Dies zu wissen heißt aber noch nicht, es innerlich auch so zu empfinden.

Herberts Demenzerkrankung war eine Folge seines Diabetes. Eine weitere Folge war eine Neuropathie des Darms mit ständigen Durchfällen, die mehrmals täglich ein gründliches Reinigen und Wechseln der Kleidung erfordete. Für einen Menschen, der sein Leben lang großes Gewicht auf Sauberkeit

187

legte, ist das auch im Zustand der Demenz ein quälendes Ereignis. Einmal, als das Auskleiden, Waschen und frisch Anziehen ohne Schwierigkeiten gelungen war, stand Herbert plötzlich mit der geballten Faust vor mir und holte zum Schlag aus, aber ehe mich die Faust ins Gesicht traf, öffnete sie sich, und es wurde zu einem zärtlichen Streicheln. Dieses gehört für mich zu den erschütterndsten Ereignissen dieser Zeit. Der kaum noch sprachfähige Mann wollte seinem Dank und seiner Liebe Ausdruck geben, aber sein krankes Gehirn schaltete zu Beginn der Handlung fehl und hätte statt dessen fast einen heftigen Faustschlag ausgeteilt. Jeder, der in der Demenzpflege tätig ist und der Menschen beraten soll, die vor diesem Problem stehen, muß wissen, daß Handlungen und Worte des Demenz-kranken durchaus das Gegenteil dessen aussagen können was sie sollen. Ein geäußertes Nein kann eigentlich ein Ja sein.

Zu einer guten Demenzpflege gehört die Fähigkeit, die Gefühle und die Wünsche eines Demenzkranken ohne Worte, durch Gesten und Verhaltensweisen zu erkennen. Ich hatte mitunter anderen erzählt, "Herbert hat mir gesagt" und berichtigte mich sogleich, "er hat mich wissen lassen", denn er hatte nicht zu mir gesprochen, sondern aus seinem Verhalten, aus seinem Blick verstand ich seine Bedürfnisse.

Wer Verantwortung für Demenzkranke trägt, muß sich so gründlich wie möglich über deren Leben, ihre früheren Stärken und Neigungen informieren. Restfähigkeiten lassen sich dann leichter hervorlocken und länger erhalten – dies erleichtert das Pflegeverhältnis. Aggressives Verhalten des Kranken kann durch Ungeduld der Pflegeperson mit verursacht werden, es könnte aber auch sein, daß der Kranke in gesunden Jahren ein sehr aktiver, vorantreibender Mensch gewesen ist, daß er zu dieser Zeit Aggressivität bewußt überwand oder sie zumindest, den Konventionen entsprechend, im Zaum halten konnte. Dieses bewußte Beherrschen seiner selbst ist dem kranken Gehirn nicht mehr möglich. Der Pflegende muß dies wissen, um nicht selbst aggressiv zu werden, und statt dessen durch ruhiges, bestimmend-geduldiges Verhalten, das heißt durch eine innere Autorität, dem Kranken Sicherheit vermitteln und damit dessen Aggressivität abbauen. *Er muß lenken können.*

Lenken – das kann auch wörtlich genommen werden. Demenzkranke sind kaum oder gar nicht beim Spazierengehen zum Umkehren zu bewegen. Deshalb ist es nötig, einen Rundweg mit ihnen zu machen und nicht zu sagen: Jetzt drehen wir um. Wer mit dem Kranken nicht vertraut ist und wer von dem Kranken nicht vertrauensvoll angenommen ist, wird eine Art Verweigerung erleben, wie bei einem Kind im Trotzalter. Nur, der Verweigerer ist ein erwachsener, großer Mensch, vielleicht mit mehr Körperkräften als man selber hat. Als mir in Herberts letztem Lebensjahr unsere Gemeindeschwester für eine halbe Stunde helfen wollte und mit ihm spazieren ging, während ich das Abendessen bereitete, passierte diese Weigerung. Und statt pünktlich die erforderliche Mahlzeit zu erhalten, verging die Zeit, und ich war voller Unruhe wegen der bedrohlichen Verspätung. Mit Hilfe eines anderen Mitglieds der Gemeinde, den sie zufällig traf, gelang es beiden, den wegen einer Unterzuckerung kaum noch Gehfähigen nach Hause zu bringen.

Wir bleiben im Alter, im Kranksein, das in der Regel dem Sterben und dem Tod vorausgeht, bis zuletzt Mensch. Auch der Demenzkranke, besonders er, muß spüren, daß wir sein Leben achten, daß wir seine Bedürfnisse, die er sprachlich allmählich nicht mehr mitteilen kann, erkennen und befriedigen. Jeder Demenzkranke ist eine eigene Persönlichkeit, so wie auch wir Nichtkranken uns voneinander unterscheiden. Auf einer Tagung, an der ich teilnahm, wurde Professor Beyreuther, einer der aktivsten deutschen Forscher auf dem Gebiet der Alzheimerschen Erkrankung, gefragt, was man tun könne, um selber, bei einer möglichen Erkrankung, ein erträglicher Kranker zu sein. Seine Antwort: Sich bemühen, in gesunden Jahren ein freundlicher, froher, umgänglicher Mensch zu sein, man bleibe dann auch ein gut zu leitender, umgänglicher Kranker. Das sollte jede und jeder von uns im Hinterkopf behalten, das tut uns und unseren Mitmenschen heute gut, und es ist ein Beitrag, die Last des Demenzkrankenproblems der Zukunft, insbesondere desjenigen vom

Alzheimertyp, ein wenig zu erleichtern. Demenzerkrankungen, bis auf ganz wenige Ausnahmen, wie zum Beispiel die scheinbare Demenz als Folge von zu geringer Flüssigkeitszufuhr – ein im Alter durchaus auftretendes Problem –, sind fortschreitende, nicht heilbare Erkrankungen.

Es gibt seit kurzem ein noch sehr teures Mittel, das, so weit ich gelesen habe, bei frühzeitiger Einnahme die Erkrankung zwar nicht rückgängig machen kann, aber offenbar für längere Zeit das Fortschreiten der Erkrankung zum Stillstand bringt.

Um so wichtiger wird es, daß eine breite Kenntnis über die Symptome der beginnenden Erkrankung bei Ärzten aller Fachrichtungen und bei allen im sozialen Bereich Tätigen vorhanden ist.

Ich habe bereits die Vergeßlichkeit erwähnt, die nicht damit vergleichbar ist, wenn wir in Gedanken den Schlüssel irgendwo aus der Hand gelegt haben und dann überlegen: Wo habe ich bloß den Schlüssel hingetan? Der Demenzkranke weiß überhaupt nicht, daß er den Schlüssel in der Hand gehabt hat. Er weiß unmittelbar nach einer Antwort nicht, daß er die Frage gerade gestellt und davor auch schon mal gestellt hatte und immer wieder geduldig beantwortet bekommen hat.

Es treten immer mehr Wortfindungsstörungen auf. Herbert, der ein Meister der Sprache war, wollte mich auf den Mond aufmerksam machen. Er vermochte das, bereits 1983 im Sommer, nicht mehr zu formulieren und zeigte mit der Hand und verwendete nur das Wort "Da".

Zunehmend ist Hilfe nötig, wie bei einem Kind, dann wie bei einem Kleinkind, und wenn der Demenzkranke nicht vorher an einer anderen Krankheit stirbt, häufig ist es eine Lungenentzündung, wird er hilflos wie ein neugeborenes Kind. Nun, der Säugling ist klein, wir können ihn in unseren Armen wiegen, und wir erleben sogar Tag für Tag kleine Fortschritte, das erste Lächeln, das aufmerksame Lauschen auf eine bekannte Stimme.

Wir alle müssen lernen, daß auch dieses Verlöschen, das Sterben und der Tod zu unserem Leben gehören, und daß das langsame Verlöschen des demenzkranken Menschen, die zunehmende Unfähigkeit des Kranken, sich sprachlich zu äußern, übergeht in die Zeit der nonverbalen Mitteilung. Das heißt: Gesten, Verhaltensweisen, der Gesichtsausdruck, die Körperhaltung lassen die Bedürfnisse und das Befinden erkennbar sein.

Zuwendung im Sterben

Liebende Zuwendung, zärtliche Berührung erreicht den Kranken bis zuletzt. Zuwendung ist nicht nur in der Endzeit der Erkrankung, im Sterben, das wichtigste Medikament, sondern gehört in der ganzen Erkrankungszeit dazu, ja eigentlich zu unserem Leben überhaupt. Dies zu lernen, kann schwerer sein als sich in Gesetzestexten auszukennen, die man allerdings auch dringend braucht, um Hilfe vermitteln zu können. Aber wer diesen Beruf ausüben will, braucht die innere Neigung, sich dem Menschen zuzuwenden, das heißt, sein Verhalten verstehen zu wollen und ihn als Menschen, so wie er jetzt ist, anzunehmen.

Einige Monate vor seinem Tod war Herbert plötzlich in einem Zustand, wie ich ihn vorher nicht, auch nicht andeutungsweise, erlebt hatte. Herbert befand sich in einer körperlichen Schwäche, zugleich "sprudelte Rede" aus ihm heraus, aber diese bestand aus keinem einzigen Wort. Dabei zeigte sein Ausdruck eindeutig, er wolle mir unbedingt etwas mitteilen. Ich hörte aufmerksam zu und überlegte dabei, ob er vielleicht unmittelbar vor dem oder im Sterben war, ob ich den Arzt benachrichtigen sollte.

Weil er offenbar nicht körperlich litt, hielt ich ein ruhiges Miteinander für wichtiger als Geschäftigkeit und Arztanrufen. Als er selber "ausgeredet" hatte, begann ich ihm über sein Leben zu erzählen und was er bewirkt hatte. Ich las ihm Stellen aus der Bibel vor, unter anderem Texte, die er mir Jahrzehnte zuvor zu Geburtstagen aufgeschrieben hatte, und betete das Vaterunser für ihn. Das Ganze dauerte vielleicht zwei Stunden, dann sagte dieser schon seit langem kaum noch sprachfähige Mann, dessen Wortschatz sich im Täglichen fast nur auf "danke" und meinen Namen "Greta" beschränkte: "Das hast du gut gemacht."

So hat er mich wissen lassen, was er im verlöschenden Leben

braucht, und in seinen letzten Lebensstunden, in denen er den Eindruck machte, weit weg zu sein und nichts wahrzunehmen, wiederholte ich diese Texte der Bibel und den 23. Psalm, der ihm immer nahe war, und von dem er gesagt hatte, daß es der Psalm seiner Mutter gewesen sei: *"Der Herr ist mein Hirte, mir wird nichts mangeln, er weidet mich auf einer grünen Aue, ..."*

Er selbst hatte meiner Mutter, als sie im Sterben lag, etwa sieben Stunden, bevor sie ihren letzten Atemzug aushauchte, auf der Mundharmonika *"So nimm denn meine Hände und führe mich, bis an mein selig Ende und ewiglich..."* vorgespielt. Sie kam dabei zur Ruhe und schlief ein, sie reagierte danach nicht mehr auf Ansprache oder für mich spürbar auf Berührung, aber sprach laut vernehmlich, nach vielleicht vier Stunden, NEIN – NEIN und wenig später JA – JA und dann noch HERBERT – HERBERT. Ich hatte Herbert schlafen geschickt, erst als er früher als verabredet zurück kam, vermochte sie ihren Sterbeweg abzuschließen. Es war, als hätte sie nur auf ihn gewartet.

Herberts Tod trat nach etwa zwölfstündiger, offenbar tiefer Bewußtlosigkeit ein; es gab keine Äußerungen, er lag still in seinem Bett. Dennoch las ich leise für ihn aus der Bibel und sprach das "Vater unser" für ihn. Leise ließ ich die von ihm sehr geliebte Schubert-Symphonie Nr. 9 C-Dur, gespielt von der Staatskapelle Dresden, für ihn laufen. Es war zugleich ein Abschiedsgruß aus seiner geliebten Heimat. Seine Atmung wurde immer unregelmäßiger, wie ein verlöschendes Licht flackerte der Atem auf und ab, bis sein letzter Atemzug ausgehaucht war. Anderthalb Stunden vorher war Johannes, der Neurologe, eine Zeit lang bei uns, zehn Minuten nach Herberts letztem Atemzug kam Maria, die Internistin, wie am Vortage verabredet. Dazwischen hatte ich das Glück, daß ich Herbert nahe sein konnte, still und in einer tiefen inneren Verbindung. Johannes wohnte nicht weit von uns weg, er kam wohl gleichzeitig mit Maria, und so saßen wir noch lange bei Herbert, der in uns noch so lebendig war, und sprachen über sein Leben.

Keiner kann uns sagen, was Sterbende wahrnehmen, vermutlich mehr als wir denken. Aber in der Geborgenheit des liebenden Mitmenschen zu sterben, erscheint mir wichtig. Wir werden bei jedem Sterbenden, bei der zuwendenden Begleitung, darauf achten müssen, was ihm in *seinem* Leben Richtung und Inhalt gegeben hat.

Was ich bisher gesagt habe, sind sehr persönliche Erinnerungen und zugleich Schlußfolgerungen aus den eigenen, praktischen Pflegeerfahrungen. Daß ich dabei auch auf meine berufliche Entwicklung eingegangen bin, hat den Sinn, verständlich zu machen, daß nicht jeder Angehörige die gleichen Voraussetzungen hat, eine für den Kranken optimale Pflege durchzuhalten.

Ein weiterer Vorteil, neben der beruflichen Herkunft, war das bereits erwähnte große Vertrauen zwischen Herbert und mir, eine Folge unserer jahrzehntelangen gemeinsamen Arbeit und unserer liebenden Verbindung.

Sozialarbeit und Politik

Ich wollte jetzt nicht weiter aus der Vergangenheit mit Ihnen reden. Statt dessen noch einige Gedanken zur sozialen Arbeit heute, immerhin fast 18 Jahre, nachdem die Demenzerkrankung Herbert Wehners begann.

Sozialarbeit hat sehr viel mit Politik zu tun. Politik ist, wie Herbert Wehner es immer erklärte, *das Ordnen der Dinge, die uns alle angehen.*

Es ist gut, daß es inzwischen die Pflegeversicherung gibt, die Deutsche Alzheimer-Gesellschaft gehörte zu den Gruppen, die auf die Einführung drängten, aber es fehlt bis heute die ausreichende Einbeziehung der an einer Demenz Erkrankten. Denn diese Kranken sind über Jahre nicht bettlägerig, sie machen auf den ersten Blick den Eindruck, als wären sie gesund. Die Notwendigkeit der Lenkung, der Anleitung, der Gliederung des Tageslaufes und allmählich auch der Überwachung, wegen des fehlenden Orientierungsvermögens, welches Herumirren des Kranken zur Folge hat, werden nicht oder unzureichend von der Pflegeversicherung abgedeckt. Dieses Problem wird in absehbarer Zeit im Bundestag aufgegriffen.

Ich weiß zwar, daß wir sparen müssen, aber ich halte es für zwingend, daß die Zeit und Kraft fordernde Betreuung der Demenzkranken sowohl im stationären wie im familiären Bereich höher bewertet werden muß. Um diese Pflege für die Angehörigen weniger belastend zu machen, brauchen wir gute Tagespflegestätten. Unter gut verstehe ich keineswegs bauliche Luxuseinrichtungen, sondern fachlich gut geführte, warmherzig geleitete Tagesstätten. Die Pflegeversicherung muß so ergänzt werden, daß die finanzielle Kombination von ambulanter Pflege und halbstationärer Pflege in den Tagesstätten von den Betroffenen finanziell verkraftet werden kann. Vielleicht kennen einige von Ihnen das Sozialzentrum der AWO in Prohlis; dort sind die Voraussetzungen von ambulanter Pflege und halbstationärer Betreuung vorbildlich unter einer Gesamtleitung miteinander verbunden.

Ich habe sehr zu beanstanden, wie Pflegeversicherung und Krankenversicherung organisatorisch zueinander stehen. Ich frage mich, warum ist die Pflegeversicherung bei den jeweiligen Krankenkassen angesiedelt? Nur, um diese irgendwo unterzubringen, oder um ein sinnvolles Miteinander zu erreichen? Beide Kassen sind Solidargemeinschaften (soweit es die Orts- und Ersatzkassen betrifft), sie müssen finanziell sorgfältig zum Wohle ihrer Versicherten handeln. Dieses "zum Wohle" geschieht, nach meinem Dafürhalten, nur unzureichend in bezug auf die Pflegebedürftigen. Mir scheint, auch hier müßten Gesetze verbessert werden.

Der alte Mensch ist nicht pflegebedürftig, weil er alt ist, sondern weil er krank ist.

Die uralte Regelung aus der Kaiserzeit des vorvorigen Jahrhunderts, als die gesetzlichen Krankenkassen gegründet wurden und nur für die Berufstätigen im Krankheitsfalle Leistungen erbrachten und nicht für die aus der Arbeit Ausgeschiedenen, spukt, wie mir scheint, noch immer, in abgeschwächter Weise, durch unsere Zeit.

Das Verabreichen von Medikamenten, welches früher zum Beispiel dreimal am Tag durch eine Fachkraft möglich war und damit die Medikamenteneinnahme eines allein lebenden Menschen wirklich garantierte, oder Insulinspritzen, wird nicht mehr durch die Krankenkasse vergütet. Sicher, Insulinspritzen macht der Diabetiker heute in der Regel selbst; er ist auch in der Lage, die erforderliche Blutzuckerbestimmung vorzunehmen. Aber der demenzkranke Diabetiker kann das nicht. Muß er, nur weil die Krankenkasse der Sozialstation diese unverzichtbare Hilfe nicht vergütet, ins Pflegeheim? Das Pflegeheim ist teurer als ambulante Pflege, die Kosten trägt aber nicht die Krankenkasse. Gesamtwirtschaftlich gesehen, betrügen wir uns selbst.

Die Krankenhauskosten eines wegen falscher Insulinmengen ins Krankenhaus eingewiesenen Diabetikers sind das Vielfache dessen, was die durch eine Schwester der Sozialstation verabreichten Insulinspritzen mit den vorausgehenden Blutzuckerkontrollen kosten würden. Demenzkranke brauchen im Krankenhaus einen hohen Pflegeaufwand, weil sie nicht fähig sind, sich in der fremden Umgebung zu orientieren, und sie kommen, was die Demenz betrifft, kranker nach Hause als sie vor der Einlieferung waren. Die Pflegebedürftigkeit steigt erheblich.

Die Mängel in der Sozialgesetzgebung sind schwer zu überwinden. Dies sind Bundesgesetze – *Ihre* wache politische Beteiligung ist erforderlich, um allmählich bessere Lösungen durch Mehrheitsbeschlüsse im Parlament zu erreichen. Es gibt aber auch Regelungen im sozialen Bereich, die in Kommune und Land geregelt werden. Auch dort bedarf es entsprechender parlamentarischer Mehrheiten, um gute Pflegevoraussetzungen schaffen zu können. In der alten Bundesrepublik, mit Ausnahme der nördlichsten Bundesländer, wo es nicht so umfassend zutraf, hat sich in der Nachkriegszeit durchgesetzt, daß die freien Wohlfahrtsverbände Aufgaben des sozialen Bereichs von den Kommunen übertragen bekamen, das waren vor allem Arbeiterwohlfahrt, Caritas und das Diakonische Werk.

Hier in Sachsen hat eine Entwicklung eingesetzt, welche die Finanzierung der Sozialstationen respektive Sozialzentren der Wohlfahrtsverbände in Bedrängnis bringt. Die Zahlen, die ich jetzt nenne, sind mindestens ein Jahr alt, aber die Vergleichbarkeit besteht unverändert: In Sachsen zahlen die Krankenkassen für eine ambulante Pflegestunde 14 DM, in Brandenburg 28 DM, in den westdeutschen Ländern 36 DM. Diese niedrige Summe in Sachsen hat etwas mit Politik zu tun. Das Ministerium für Soziales, Gesundheit und Familie in Sachsen hat keinerlei Vorschriften für die Zulassung von privaten Pflegediensten erlassen, sondern verlautet, wer immer sich selbständig machen will, soll dieses tun, desto mehr Arbeitsplätze würden entstehen.

Die Wohlfahrtsverbände zahlen an ihre Mitarbeiter nach Tarifverträgen, wenn auch Tarifverträgen Ost. Die privaten Pflegedienste sind nicht an Tarifverträge gebunden, die Arbeitszeit dieser oft aus nur ein bis zwei Mitarbeiterinnen bestehenden Dienste ist zwangsläufig ungeregelt. Pflege ist nicht nur von dann bis dann, sondern auch am Wochenende oder gar nachts erforderlich, ein angemessener Schichtdienst ist mit so einem Personalstand nicht möglich. Die Krankenkassen in Sachsen nutzen diese "billigen" Dienste als Druckmittel beim Aushandeln der Summen, die für eine Pflegestunde auch an die freien Verbände gezahlt werden. Was bedeutet es, wenn keine Tariflöhne gezahlt werden, abgesehen von den niedrigeren Löhnen – und zwar niedrigeren Löhnen bei gleich qualifizierter Arbeit wie in Westdeutschland? Auch die Sozialkassen schneiden sich damit ins Fleisch, die vom Lohn und vom Arbeitgeber gezahlten Sozialversicherungsbeiträge sind geringer und damit zum Beispiel auch die Krankenkassenbeiträge und die Rente, die die Pflegekraft im Alter erhalten wird! Die Steuerzahlung des Arbeitnehmers ist geringer, und damit fallen die Steuereinnahmen von Kommune, Land und Bund geringer aus. Das bedeutet zum Beispiel geringere Mittel in der Kommune für soziale Einrichtungen, die Schulgebäude verkommen immer mehr, und, und, und.

In Brandenburg dagegen besteht eine *Zulassungsbeschränkung* für private Pflegedienste, und es gibt *Zulassungsvorschriften*, die zur Folge haben, daß eine Mindestzahl von Mitarbeitern erforderlich ist und daß *Tariflöhne* gezahlt werden müssen. Obwohl ich schon viel zu lange geredet habe, möchte ich noch ein sehr strittiges Problem ansprechen, das kaum in nächster

Zeit in Ihrer Arbeit auftauchen wird und dennoch ein wichtiges politisches Problem ist: die Europäische Bioethik-Konvention. In Deutschland geht der Streit darum, daß mit der Übernahme der Konvention in deutsches Recht medizinische Forschung an einwilligungsunfähigen Demenzkranken möglich wird. Einwilligungsunfähig wird eine Person, wenn sie den Sinn einer Handlung nicht mehr verstehen und beurteilen kann. Nach den geltenden Vorschriften ist ein Demenzkranker zumindest ab dem zweiten Stadium der Erkrankung nicht fähig, eine derartige Entscheidung zu treffen, deshalb kann in Deutschland derzeit keine Medikamentenforschung erfolgen. In Deutschland wird die Konvention von vielen Gruppen abgelehnt. Im Bundestag ist mit einer Mehrheit, nur bei verändertem Wortlaut zu rechnen.

Die Ablehnung wird mit der sogenannten Euthanasie in der Nazizeit begründet. Mir erscheint dieser Vorwand, "wir in Deutschland, mit unserer Vergangenheit, dürfen nicht", wie Heuchelei. Forschung in einem demokratischen Deutschland, in einem demokratischen Europa, hat nichts gemein mit dem Morden, das von uns Deutschen in der Zeit von 1933 bis 1945 ausgegangen ist. Wir können und müssen Sicherungen einbauen, die Mißbrauch unmöglich machen.

Ich habe bei einem Demenzsymposium der Techniker Krankenkasse 1998 in Berlin vorgeschlagen, man solle fachlich hochqualifizierte, von den Medikamente herstellenden und erforschenden Firmen unabhängige Ombudsfrauen oder -männer berufen, die zu prüfen haben, ob als Vertreter des einwilligungsunfähigen Kranken der Angehörige ersatzweise geeignet ist. Fähig kann der Angehörige nur sein, wenn er sehr gut informiert und urteilsfähig ist und wenn er ein gutes, tragfähiges Verhältnis zu seinem kranken Angehörigen hat.

Ich bin für Forschung, weil wir Mittel finden müssen, um den Demenzkranken zu helfen und das längere Leben erträglich für die Betroffenen werden zu lassen.

Ich bin nicht der Meinung, daß wir mit der Vorstellung leben sollen, Krankheit, Sterben und Tod zu überwinden. Dieses gehört zu unserem Leben. Leben ist hier auf Erden endlich. Aber Leiden lindern gehört zu unseren menschlichen Aufgaben.

Demenzkranke und Sterbende begleiten

Vortrag vor dem Besuchsdienst der Evangelischen Gemeinde Dresden-Leubnitz-Neuostra am 19. September 2000

Probleme der Demenzerkrankung

Was erwartet uns, wenn wir alte Gemeindeglieder aufsuchen? Wir werden Menschen treffen, die nicht mehr in den Gottesdienst kommen können, weil es ihnen schwer fällt, sich morgens zu beeilen, weil ihnen der Weg zu mühsam ist oder auch weil sie vereinsamt sind und depressiv oder desorientiert und die Woche nicht mehr gegliedert erleben, Menschen, die nicht wissen, ob Sonntag oder Werktag ist. Wir werden aber auch auf Menschen treffen, die seit Jahrzehnten fern der Kirche gelebt haben, ohne sich ganz von ihr zu trennen. Alle diese Menschen brauchen den Mitmenschen. Damit sich eine Beziehung entwickeln kann, braucht es viel Takt, Einfühlungsvermögen und Geduld, sie so anzunehmen und zu respektieren wie sie sind.

Bei unserem Zusammensein heute geht es um die Erschwernisse in der Begegnung als Folge der Erkrankungen des Gehirns, die mit dem allgemeinen Begriff Demenz bezeichnet werden. Dabei ist die Demenzerkrankung vom Alzheimertyp im hohen und sehr hohen Alter diejenige Form der Demenz, die als Folge unseres längeren Lebens prozentual stark zugenommen hat und damit zu einem Problem in der Pflege geworden ist und es noch verstärkt werden wird.

Die Probleme des Umgangs und der Pflege sind bei allen fortschreitenden Demenzerkrankungen gleich. Fortschreitende Demenzerkrankungen, das sind solche, die nicht heilbar sind, und das trifft noch immer für fast alle Demenzformen zu. Dennoch ist es wichtig, so früh wie möglich eine Diagnose zu erhalten. Es gibt inzwischen Medikamente, die den Verlauf der Erkrankung verzögern. Das hilft dem Kranken und der Familie, den äußeren Rahmen des Lebensweges rechtzeitig zu planen, sozusagen zu lernen, mit der Demenz zu leben. Und da hochbetagte Menschen häufig an mehreren Erkran-

198

kungen leiden, gibt es Aussichten, an einer anderen Krankheit zu sterben, ohne die totale Hilflosigkeit, die den Demenzkranken erwartet. Denn sterben müssen wir alle.

Die betroffenen Familien sollten auf die Überweisung zu einem Neurologen drängen, vor allem wenn der Allgemeinarzt ausgeschlossen hat, daß zum Beispiel eine Austrocknung des Kranken der Grund für eine scheinbare Demenz ist, was gar nicht so selten vorkommt. Es kann also sehr wichtig sein, daß Sie bei der Ausübung Ihres Besuchsdienstes mit dem Besuchten zum Beispiel einen Tee trinken; denn viele alte Menschen trinken zu wenig, weil im Alter das Durstempfinden abnimmt.

Was läßt uns zuerst an eine Demenzerkrankung denken? Leichtsinnig und fast sprichwörtlich wird heute von einem Menschen, der irgendwie merkwürdig oder vergeßlich wirkt, gesagt: Der hat wohl Alzheimer. Ich habe dies bewußt so formuliert. Denken Sie an die von mir zu Beginn erwähnten vereinsamten, depressiven, auch kirchenfernen Menschen. Sie können einen falschen Eindruck auf uns machen, doch auch sie brauchen unsere Zuwendung.

Vergessen ist quälend

Vergessen, sich nicht erinnern, was gestern oder vor einem Augenblick war, ist quälend für den alten Menschen und belastend und erschwerend für den Umgang mit ihm.

Bei der ersten Begegnung, vielleicht nur an der Wohnungstür, sind wir nicht in der Lage zu beurteilen, warum sein Verhalten merkwürdig auf uns wirkt. Vielleicht will er keinen Besuch von einem fremden Menschen. Da hilft es möglicherweise, den Besuch vorher anzukündigen. Eine schöne Blüte aus dem eigenen Garten mitzubringen kann das abweisende Verhalten mildern.

Bei dem Demenzkranken wird die Anmeldung kaum helfen, es sei denn, das kranke Gemeindeglied lebt zusammen mit gesunden Familienangehörigen, die ihm helfen zu erinnern und die vielleicht froh sind, für eine Weile in der Betreuung des Kranken entlastet zu sein.

Nicht erinnern gehört zu den grundlegenden Problemen einer

Demenzerkrankung. Es beunruhigt und quält den Kranken, vor allem zu Beginn der Erkrankung.

Es erscheint mir fast unmöglich, Ihnen Ratschläge zu geben, wie Sie in der Ausübung des Besuchsdienstes mit Menschen, die an Gedächtnisstörungen leiden, hilfreich umgehen können. Denn wegen seiner fehlenden Erinnerung braucht der Demenzkranke gleichbleibende, stabile Beziehungen, *er braucht unser Wissen über sein Leben, über seine Gewohnheiten und Bedürfnisse*, weil wir dann die Chance haben, ihn dort zu erreichen, wo er in seiner noch vorhandenen Welt von vor langer Zeit heute lebt. Wir müssen ihm respektvoll begegnen, er ist ein Mensch, der wie du und ich sein Leben in den gesunden Jahren gestaltet und ausgefüllt hat. Wir müssen ihn als Menschen achten. Wir sind Gast in seinem Zuhause. Bei alledem müssen *wir* fähig sein, ihn zu leiten.

Das klingt sicher widersprüchlich. Ich will es mit einem Beispiel belegen. Im letzten Lebensjahr meines Mannes hatte Maria, die Internistin des evangelischen Krankenhauses, mir gesagt: Ich komme nach Feierabend zu euch und kümmere mich um Herbert (es ging um die allgemeinärztliche Betreuung). Wenn Maria klingelte, ging ich mit Herbert zur Tür. Sie begrüßte Herbert und ließ sich von ihm, dem geistig bereits sehr behinderten Mann, in unser Haus geleiten als sei sie ein Gast und nicht einfach nur eine Ärztin. Unmerklich übernahm sie dann die Führung und konnte in ruhiger Atmosphäre die notwendigen Untersuchungen vornehmen und mit mir das Notwendige absprechen.

Da kann ich meine Kritik an der Pflegeversicherung nicht verschweigen. Demenzkranke müssen geleitet werden. Die notwendigen Verrichtungen lassen sich nicht in das Minutenschema der einzelnen Pflegeverrichtungen einzwängen. Das ist bereits bei nicht Demenzkranken oft ein Problem, aber bei Demenzkranken grenzt es in vielen Fällen an Gewalt.

Für Ihren Dienst sollten Sie, wo immer möglich, Kontakt zu nahen Familienangehörigen suchen, um etwas über Vorlieben und Neigungen des zu Besuchenden zu erfahren. Am besten wäre es, Sie kennen das zu besuchende Gemeindeglied schon aus gesunden Tagen. Erzählen Sie und sprechen Sie mit dem

Kranken über längst vergangene Tage, über seine Jugend und Kindheit. Fragen Sie, was zu Hause in der Kindheit gespielt wurde, spielen Sie einfache Spiele, zum Beispiel Domino. Dabei kommt es, je nach dem Grad des Abbaus der geistigen Fähigkeiten, nicht auf das korrekte Spiel an, sondern auf das Miteinander-Tun.

Singen Sie gemeinsam. Vielleicht haben Sie groß geschriebene, einfache Texte mit; langvertraute Kirchenlieder werden aus der stark reduzierten Erinnerung geweckt, wenn die Melodie erklingt. Musik und jede emotionale Zuwendung erreichen fast jeden Demenzkranken bis zuletzt. Einfache, schlichte Gebete, auch das *Vater unser*, können lange nahe sein.

Bei körperlicher Frische kann ein gemeinsamer Spaziergang guttun, zum Beispiel auch zum Friedhof, an die Gräber der Angehörigen, und dabei können Sie immer wieder über lang zurückliegende Zeiten sprechen. Was für Sie Wiederholung ist, ist, wenn Sie Glück haben, für den Demenzkranken das Erfahren seiner selbst, das Spüren von Menschenwürde. Beim Spazierengehen müssen Sie wissen, daß viele Demenzkranke nicht zum Umkehren zu bewegen sind. Wählen Sie deshalb Wege, bei denen Sie im Bogen den Rückweg erreichen können. Erkundigen Sie sich, ob der Demenzkranke Diabetiker ist, das heißt Mahlzeiten pünktlich einhalten muß, damit während des Spaziergangs keine Unterzuckerung entsteht. Und wundern Sie sich nicht, wenn immer wieder dasselbe erzählt oder gefragt wird. Hören Sie geduldig zu und antworten Sie geduldig auf die schon oft gestellte und beantwortete Frage. Der Demenzkranke hat zwar kein Kurzzeitgedächtnis mehr, aber er weiß noch manches aus seiner Kindheit.

Der Besuchsdienst im Alten- und Pflegeheim ist besonders wichtig, weil viele der dort Lebenden ohne Angehörige sind und in manchen Fällen zwar welche haben, aber diese weit weg wohnen oder, das ist besonders bedrückend, trotz der Nähe meinen, genug an ihrem eigenen Leben zu tragen.

Sie brauchen deshalb besonders großes Einfühlungsvermögen und Kenntnisse darüber, was ein Mensch einer früheren Generation erlebt und gedacht haben kann, damit Sie den demenzkranken Heimbewohner mit und in seinen Restfähigkeiten erreichen können. Dabei kann es in vielen Fällen besonders dringlich sein, sich um diese verlassenen Menschen zu kümmern, weil der täglich Pflegende oft so überlastet ist, daß die menschliche Zuwendung, das Annehmen des Mitmenschen in seiner Schwachheit, nicht erfolgen kann.

In Geborgenheit sterben

Ich möchte Ihnen zum Schluß noch aus den letzten Monaten und vom unmittelbaren Sterben meines Mannes erzählen, weil es wohl auch etwas von seelsorgerischem Miteinander wiedergibt, das auch Ihnen in Ihrem Dienst aufgetragen ist.

Einige Monate vor Herberts Tod war er plötzlich in einem Zustand, wie ich ihn vorher nicht, auch nicht andeutungsweise, erlebt hatte. Herbert befand sich in einer körperlichen Schwäche, zugleich "sprudelte Rede" aus ihm heraus, aber diese bestand aus keinem einzigen Wort. Dabei zeigte sein Ausdruck eindeutig, daß er mir unbedingt etwas mitteilen wolle. Ich hörte aufmerksam zu und überlegte dabei, ob er vielleicht unmittelbar vor dem oder im Sterben war, ob ich den Arzt benachrichtigen solle.

Weil er offenbar nicht körperlich litt, hielt ich ein ruhiges Miteinander für wichtiger als Geschäftigkeit und Arztanrufen. Als er selber "ausgeredet" hatte, begann ich ihm über sein Leben zu erzählen und über das, was er bewirkt hatte. Ich las ihm Stellen aus der Bibel vor, unter anderem Texte, die er mir Jahrzehnte früher zu Geburtstagen aufgeschrieben hatte, und betete das Vater unser für ihn. Das Ganze dauerte vielleicht zwei Stunden.

Dann sagte mir dieser schon seit langem kaum noch sprachfähige Mann, dessen Wortschatz sich im Täglichen fast nur auf "danke" und meinen Namen "Greta" beschränkte: *Das hast du gut gemacht.*

So hat er mich wissen lassen, was er im verlöschenden Leben braucht, und in seinen letzten Lebensstunden, in denen er den Eindruck machte, weit weg zu sein und nichts wahrzunehmen, wiederholte ich diese Texte der Bibel und den 23. Psalm, der ihm immer nahe war und von dem er gesagt hatte, daß es der Psalm seiner Mutter gewesen sei:

"Der Herr ist mein Hirte, mir wird nichts mangeln, er weidet mich auf einer grünen Aue, ..."
Er selbst hatte meiner Mutter, als sie im Sterben lag, etwa sieben Stunden bevor sie ihren letzten Atemzug aushauchte, auf der Mundharmonika *"So nimm denn meine Hände und führe mich, bis an mein selig Ende und ewiglich..."* vorgespielt. Sie kam dabei zur Ruhe und schlief ein, sie reagierte danach nicht mehr auf Ansprache oder für mich spürbar auf Berührung, aber sprach laut vernehmlich, nach vielleicht vier Stunden: *Nein-Nein* und wenig später *Ja-Ja* und dann noch *Herbert-Herbert*.

Ich hatte Herbert schlafen geschickt, erst als er früher als verabredet zurück kam, vermochte sie ihren Sterbeweg abzuschließen. Es war, als hätte sie nur auf ihn gewartet.

Herberts Tod trat nach etwa zwölfstündiger, offenbar tiefer Bewußtlosigkeit ein. Es gab keine Äußerungen, er lag still in seinem Bett, dennoch las ich leise für ihn aus der Bibel und sprach das *Vater unser* für ihn. Leise ließ ich die von ihm sehr geliebte Schubert-Symphonie Nr. 9 C-Dur, gespielt von der Staatskapelle Dresden, für ihn laufen. Es war zugleich ein Abschiedsgruß aus seiner geliebten Heimat. Seine Atmung wurde immer unregelmäßiger, wie ein verlöschendes Licht flackerte der Atem auf und ab, bis sein letzter Atemzug ausgehaucht war.

Anderthalb Stunden vorher war Johannes, der Neurologe, eine Zeitlang bei uns; zehn Minuten nach Herberts letztem Atemzug kam Maria, die Internistin, wie am Vortag verabredet. Dazwischen hatte ich das Glück, daß ich Herbert nahe sein konnte, still und in einer tiefen inneren Verbindung. Johannes wohnte nicht weit weg von uns, er kam wohl gleichzeitig mit Maria, und so saßen wir noch lange bei Herbert, der in uns noch so lebendig war, und sprachen über sein Leben.

Keiner kann uns sagen was Sterbende wahrnehmen, vermutlich mehr als wir denken. Aber in der Geborgenheit des liebenden Mitmenschen zu sterben erscheint mir wichtig. Wir werden bei jedem Sterbenden bei der zuwendenden Begleitung darauf achten müssen, was ihm in seinem Leben Richtung und Inhalt gegeben hat.

V
Erbe und Aufgabe

Politische Bildung im Sinne
Herbert Wehners

Ansprache anläßlich einer Gedenkveranstaltung des
Herbert-Wehner-Bildungswerks zum 90. Geburtstag
von Herbert Wehner am 26. Juni 1996

Liebe Freunde, verehrte Gäste! Zu Beginn erwähne ich einige
Freunde, die nicht hier sein können, denen meine Genesungs-
wünsche und ich denke auch die der meisten Teilnehmer
gelten: Klaus Reiners, der all seine Kraft in den Aufbau des
Herbert-Wehner-Bildungswerks gesteckt hat und nach monate-
langer Krankheit neue Kräfte in einer Kur schöpfen muß und
hofft, neben der notwendigen Berufsarbeit im Rahmen des
Freundeskreises sein Kind, das Herbert-Wehner-Bildungswerk,
weiter begleiten zu können.
Gerhard Jahn, der vor zwei Wochen operiert werden mußte,
und dessen Name mehrfach als Herausgeber von Büchern
mit Texten von Herbert Wehner zu lesen ist: 1968 *Wandel und
Bewährung*, 1982 *Zeugnis*, 1976 mit Texten zu Herbert Wehner.
Gerhard Jahn war von 1967 an gleichzeitig mit Herbert Wehner
Mitglied des Bundestages. Seit dem demokratischen Neuanfang
im Osten Deutschlands hat er Manfred Stolpe beratend zur
Verfügung gestanden. Ich hoffe, ihn, der mir ein Freund ist,
mit all seinen Erfahrungen in den Freundeskreis zu holen.
Wie weit sein Gesundheitszustand das möglich machen wird,
vermag ich heute nicht zu beurteilen.
Aus anderen Gründen ist Ernst Haar heute nicht hier, auch
er war gleichzeitig mit Herbert Wehner im Bundestag, über
Jahre Vorsitzender der Gewerkschaft der Eisenbahner Deutschlands. Nach Beginn seines Rentnerdaseins war er Gründer
der Rußlandhilfe, die auf vielfältige Weise Kinderkrankenhäuser
in einigen Städten Rußlands sehr tatkräftig unterstützt. Die
Möglichkeiten der Hilfe werden, als Folge von Mißbrauch zu
Schwarzmarktzwecken unter dem Deckmantel humanitärer
Hilfe, bürokratisch erschwert. Das ließ eine Verschiebung
eines Termins in St. Petersburg nicht zu. Er ist fest zum
Freundeskreis zu rechnen.

206

Noch einer wäre heute gerne bei uns gewesen, Jürgen Schmude, Präses der Synode der Evangelischen Kirche Deutschlands. Er hat mich, mit einer Unmenge Gepäck, vor drei Tagen zwischen Verpflichtungen in Mecklenburg-Vorpommern und Tschechien, von Bonn nach Dresden gefahren. Auch er, lange Jahre gleichzeitig mit Herbert Wehner im Bundestag, ist ein Freund im besten Sinne des Wortes, der da ist, wenn man ihn braucht, ohne daß man ihn rufen muß.

Nach der Aufzählung dieser Namen denke ich, mit der Hoffnung auf volle Genesung, an Rudolf Scharping. Es ist ihm zu verdanken, daß diese Veranstaltung in der Geburtsstadt und Heimat Herbert Wehners stattfinden kann und nicht im Wasserwerk in Bonn. Rudolf Scharping möchte ich, in Gedanken an Herbert Wehner, Fußballtraining empfehlen. Warum? Herbert Wehner war zwar kein Rennradfahrer, aber Radfahrer, in jüngeren Jahren auch voll beladen mit Zelt, selbst genähtem Schlafsack, Kocher, Töpfen und allem, was man zum Zelten braucht, auf dem Gepäckhalter. Als Herbert so alt war wie ich heute, habe ich seinen Sturz vom Fahrrad verursacht; ungewöhnlicherweise hatte ich einen Korb mit Henkel auf seinem Pakethalter befestigt und dabei nicht bedacht, daß Männer mit einem Schwung nach hinten vom Fahrrad steigen. Da Herbert unbedingt vor mir am Gatter des Feldweges sein wollte, sauste er an mir vorbei, bremste scharf und blieb mit dem Fuß am Henkel hängen. Sein Leben hätte um ein Haar zu Ende sein können, denn er stürzte auf eine Feldsteinmauer zu. Auf meinen Schrecken war seine Antwort: "Als Fußballer weiß man, wie man stürzt."

Das Wissen ist nicht nur wichtig, um schlimme Stürze zu verhindern oder wenigstens die Folgen zu mindern, sondern vor allem, um den gesellschaftlichen Wandel zu beeinflussen, die Zukunft zu gestalten. Dieses Wissen zu vermitteln, ist das Herbert-Wehner-Bildungswerk da, eine Gründung der sozialdemokratischen Partei Sachsens.

Der Name Herbert Wehner ist dabei verpflichtend, und zwar auf vielfältige Weise. Herbert Wehner hat immer aus der Geschichte gelernt, er war fähig, vorausschauend zu denken, Richtung zu weisen und "draußen im Land" nicht durch lehrhafte, sondern durch erklärende Gespräche und Diskussionen Mitglieder und Menschen im Allgemeinen in seine vorausschauende Erkenntnis mitzunehmen. Gleichzeitig blieb er den Alltagssorgen der Menschen nahe und nahm sich dieser an. Eine Grundhaltung, die mit noch so vielen technischen Mitteln der heutigen Zeit nicht wettgemacht werden kann. Politisches Wirken als Sozialdemokrat erfordert, um erfolgreich sein zu können, den ganzen Menschen. Das ist in kein Arbeitszeitschema zu pressen und nicht an der Wohnungstür abzustreifen. Es fordert in gewissem Sinne die Familienmitglieder mit. Das gemeinsame Tragen ist ein Quell neuer Kräfte. Das gilt sowohl für die ehrenamtlich als auch im Wahlamt und hauptamtlich politisch Tätigen; gemeinsam gilt allen, wenn es erfolgreich sein soll, nicht gegeneinander, sondern einander zuzuarbeiten.

Das setzt das Verstehen der politischen Voraussetzungen voraus, wiederum eine Aufgabe politischer Bildung. Herbert Wehner erklärte das Wort Politik mit: "Das Ordnen der Dinge, die uns alle angehen." Es gibt verschiedene Vorstellungen von Ordnung. Wir Sozialdemokraten wollen die soziale Demokratie. Demokratie ist eine dauernde Aufgabe, das heißt wir müssen Demokratie immer von neuem wollen, um ihren Bestand ringen, ihre Rechte nutzen, dann erst ist Demokratie mehr als ein Wort. Soziale Demokratie ist darüber hinaus ein dauerndes Ringen um die gerechte Verteilung der gemeinsam erwirtschafteten Ressourcen.

Wir müssen also unsere Rechte kennen, wir müssen wissen, wie Wirtschaft funktioniert. Nur so können wir sinnvoll und gerecht mit den Ressourcen umgehen. Das notwendige Angebot an politischer Bildung erfordert das Mitwirken von Frauen und Männern mit großem Wissen und vielfältigen Erfahrungen. Dabei kann uns hier in Sachsen der Freundeskreis helfen. Nicht schulische Kurse oder Seminare über Rhetorik halte ich für die Grundlage unseres politischen Wirkens; Rhetorik kann geschliffen, aber leer sein. Das Miteinanderreden, Vermitteln von Erfahrungen, das gemeinsame Diskutieren, auch über Visionen, die wir haben, doch über die wir die Tagesprobleme nicht vernachlässigen oder gar vergessen dürfen, schafft das Wissen als Voraussetzung, um mit anderen sprechen zu können oder vor einer Gruppe oder Versammlung unseren Weg erklären zu können.

Für dieses Wirken dem Herbert-Wehner-Bildungswerk und seinem Träger, den Sozialdemokraten, Glück auf!

Den Freunden des Herbert-Wehner-Bildungswerkes zum Geleit

Text für die Broschüre zur Gründung des Freundeskreises Herbert-Wehner-Bildungswerk, Sommer 1997

Als ich 1992 zur Gründungsversammlung eingeladen war,
hatten die sächsischen Sozialdemokraten sich bereits auf den
Namen "Herbert-Wehner-Bildungswerk" geeinigt. Namen sind
häufig Symbol für etwas, was erhofft wird. Diese Hoffnung
begegnet mir immer wieder mit den Worten: "Hätten wir doch
heute Herbert Wehner in Sachsen."

Die aus seinem politischen Weg gewachsene Erfahrung, die
ihn zu vorausschauendem Denken befähigte, seine eindeutige
Entscheidung zum demokratischen Rechtsstaat, sein soziales
Gewissen und seine Kraft zu überzeugen und Erkanntes
durchzusetzen, ist nicht nachzuahmen, aber das kann als
Vorbild wirken.

Manch einer mag fragen, was hat dieser politische Praktiker
mit Bildungsarbeit zu tun, Bildung ist ihm immer wichtig
gewesen. Er selbst war ein Leben lang Lernender. Sein Traum,
in jungen Jahren Lehrer zu werden, ließ sich nicht verwirklichen.

Seine Vorstellung, nach der Rückkehr aus der Emigration,
Leiter einer Heimvolkshochschule in Schleswig-Holstein zu
werden, scheiterte an der fehlenden akademischen Bildung.
Die Fähigkeit, anderen das Rüstzeug mitzugeben, erlosch
dennoch nicht. Als stellvertretender Vorsitzender der SPD, zu
einer Zeit, als dieses Amt die Aufgabe des Bundesgeschäftsführers einschloß und nicht durch eine inflatorische Zahl der
stellvertretenden Vorsitzenden geprägt war, führte Herbert
Wehner Wochenkurse mit Sozialdemokraten aus den Betrieben
durch. Einer der Teilnehmer, Michael Weber, schrieb in seinen
Erinnerungen:

*"Er hat uns Teilnehmern, mit dem, was er uns gelehrt hat und
damit, wie er uns unterstützt und geholfen hat, zum aufrechten
politischen Gang verholfen."*

210

Die erste, planmäßige Heranbildung von Parteisekretären (heute Geschäftsführer) in der Nachkriegs-SPD wurde in der gleichen Zeit nicht nur von Herbert Wehner angeregt, sondern auch lehrend durchgeführt. Diese aus verschiedenen Berufen gekommenen und sich dort bewährt habenden Männer erarbeiteten sich mit Herbert Wehner in der blockweisen, in Theorie und Praxis gegliederten Ausbildung nicht nur politisches Wissen, sondern auch ganz praktische Hilfsmittel. So erinnere ich, daß Herbert Wehner bemüht war, ihnen zu vermitteln, wie man sinnvoll Notizen macht, um Diskussionen in Veranstaltungen leiten zu können.

Diese "Bergneustadt-Gruppe"*) hat sich in der praktischen Arbeit der Unterbezirke und Bezirke der SPD hervorragend bewährt. Politische Bildung unter dem Namen Herbert Wehner ist eine vielfache Herausforderung, wenn sie gut ist, hilft sie den Menschen, selbständig politisch zu denken, solidarisch zu handeln und, im besten Fall, auch zukunftsweisend entscheiden zu können, mit welchen Gruppierungen die Zukunft unseres Rechtsstaates sozial und demokratisch gestaltet werden kann.

Alte Freunde, die Herbert Wehner im politischen Leben selbst erlebt haben oder die durch die jahrzehntelange Spaltung unserer Heimat ihn nur mit Hilfe des Rundfunks erleben konnten, und junge Freunde, die nachgewachsen sind, unterstützen, je nach ihren persönlichen Möglichkeiten, die Arbeit des Bildungswerkes.

Im August 1994 äußerte ich etwas leichtfertig: Wenn ich könnte, würde ich hier in Dresden für das Herbert-Wehner-Bildungswerk ein Haus bauen, mit Platz für Schulungsräume und Bibliothek und für mich eine Wohnung darin. Die Wohnung habe ich geschafft, der weitere Gedanke ist von anderen aufgegriffen: "ein Haus für Herbert Wehner", hier in seiner geliebten Heimat, in die der im Januar 1990 Verstorbene nicht mehr heimkehren konnte, einen Ort zu schaffen, wo die

---

*) Im nordrhein-westfälischen Bergneustadt befand sich eine Tagungsstätte der Friedrich-Ebert-Stiftung, in welcher die Kurse mit Herbert Wehner stattfanden.

Menschen das Rüstzeug erarbeiten können, mit dem sie fähig werden: "die Dinge zu regeln, die uns alle angehen", wie Herbert Wehner das Wort Politik erklärte.

Der Neuen Gesellschaft Sachsen mit ihrem Herbert-Wehner-Bildungswerk ein herzliches Glück Auf.

Etwas in seine Heimat Dresden zurückbringen

Rede für die Konstituierende Sitzung des Beirats der Herbert-und-Greta-Wehner-Stiftung am 11. Juli 2003 in Dresden

Herzlich willkommen!
Ich freue mich, daß alle, die ich gebeten habe, für den Stiftungsbeirat zur Verfügung zu stehen, dieser Bitte gefolgt sind. So möchte ich zu Beginn jedem von euch danken. Besonders danken möchte ich Zweien von uns, ohne deren umsichtiges Helfen und Handeln ich es vermutlich nicht geschafft hätte, die langen Verhandlungen mit der in Sachsen zuständigen Behörde und die Formulierung des von den Behörden erwarteten und endlich genehmigten Textes zustande zu bringen.
Für den Text hat Jürgen Schmude sein Nachdenken und sein juristisches Wissen zur Verfügung gestellt – dafür dir von Herzen Dank. Die richtigen Wege hier in Dresden zu finden, das lange Hin und Her mit dem Regierungspräsidium und den Schriftverkehr hat Christoph Meyer mit großer Sorgfalt und gelegentlichen Rücksprachen mit mir und Jürgen und vielen eigenen Gedanken und Wissen auf sich genommen. Ohne ihn säßen wir heute nicht zusammen, dafür dem Christoph und nochmal dem Jürgen von Herzen Dank.
Ihr habt alle eine Tagesordnung bekommen, mit der ich einverstanden bin. Ich werde vermutlich den formalen Weg etwas lockern, auch wenn ich weiß, daß Formalitäten erforderlich sind, aber ihr müßt wissen, was das Ganze soll, was ich damit bezwecke und welche und weshalb ich bestimmte Personen für diese Aufgaben haben will.
Herbert hat ab Herbst 1946 in der SPD gewirkt, er war Redakteur bei der sozialdemokratischen Zeitung *Hamburger Echo* und ab 1949 Mitglied des Deutschen Bundestags bis zum Ausscheiden im Frühjahr 1983. Er war als einziger Hamburger SPD-Abgeordneter alle Jahre direkt gewählter Abgeordneter. Vom ersten Bundestag 1949 an war er

213

Vorsitzender des Ausschusses für Gesamtdeutsche Fragen.
Bis Herbst 1966, als er für drei Jahre Minister für Gesamtdeutsche Fragen wurde und protokollarischer Stellvertreter
des Außenministers, also von Willy Brandt, gewesen ist. Von
1969 bis 1983 war Herbert Fraktionsvorsitzender. Ab 1952
war er Mitglied im SPD-Parteivorstand, von 1958 bis 1973
stellvertretender Vorsitzender der SPD – dieses in einer Zeit,
als es nur zwei Stellvertreter gab und keinen Bundesgeschäftsführer und Generalsekretär, das heißt die Tagesarbeit im
Parteivorstand stand unmittelbar in der Verantwortung des
stellvertretenden Vorsitzenden Herbert Wehner. Herbert wurde
nicht abgewählt, sondern er ließ sich 1973 nicht mehr erneut
wählen. Er war fast 67 Jahre alt und zugleich Fraktionsvorsitzender; die Doppelarbeit war nicht mehr zu verkraften.
Im Präsidium der SPD blieb er noch weitere zehn Jahre, bis
zur Aufgabe des Bundestagsmandats.
Ich selbst kam im Sommer 1953, also vor genau 50 Jahren
dazu. So habe ich still – im Hintergrund – mitgewirkt, sein
Leben und seine Arbeit mitgetragen und das lange Durchhalten
möglich gemacht.
Nachdem Herbert am 19. Januar 1990 nach gut sieben Jahren
an der sein Gehirn zerstörenden Krankheit verstorben war,
kam mir der Gedanke, ich müsse etwas in seine Heimat
Dresden zurückbringen, weil er selber diesen Schritt nicht
machen konnte. Es begann mit kleinen Schritten, ich suchte
Kontakt nach Sachsen, besonders nach Dresden. Das "Archiv
der Gegenwart", das wir vom ersten Erscheinen an gesammelt
und gebunden hatten, überbrachte ich mit Hilfe der sozialdemokratischen Freunde der Sächsischen Landesbibliothek,
heute Sächsische Landes- und Universitätsbibliothek. Ich
zahle noch heute die Ergänzungslieferungen. Ich nahm ab
dem Riesaer Parteitag an den Landesparteitagen und anderen
Veranstaltungen teil. Bis ich 1994 das Gefühl hatte, ich müsse
ganz in Dresden bleiben. Ich habe diese Gegend hier, Torna,
kennengelernt, als der Verkehr weitaus geringer und die ganze
Fläche hier mit Birken bewachsen war. Nur das Bauschild
gab es. Bis dieses Haus bezugsfertig war, vergingen reichlich
1 ¾ Jahre.

214

Jürgen Schmude brachte mich am 23. Juni 1996 mit seinem Auto und den Papieren und Dingen, die nicht unbeaufsichtigt mit einem Möbelwagen transportiert werden durften, nach Dresden. Hier konnte ich die Bauleute bedrängen, so daß ich am 28. Juni mit einem kleinen Vorumzug in ein unfertiges Haus und über Planken in diese Wohnung konnte. Die ersten anderen Bewohner kamen im Laufe des August. Unsere Bücher und Möbel kamen am 11. Juli 1996 hier an.

Ich hatte bereits vor dem Umzug festgelegt, was mit den Büchern und Bildern geschehen soll. Nachdem ich hier heimisch geworden war und das Bildungswerk eine nicht mehr übersehbare Existenz in Dresden geworden ist, ich selber mich einem Alter nähere, wo man nicht nur weiß, sondern auch spürt, daß das eigene Leben begrenzt ist, habe ich erneut und auf das Leben hier gerichtet das in meiner Verantwortung Stehende neu geordnet; ihr habt die Unterlagen bekommen. Was daraus nicht zu ersehen ist, ist das Warum. Bis auf einige Möbel, die schon in meiner frühen Kindheit von der Mutter meiner Mutter zu uns gekommen sind und während unserer Emigrationszeit in Schweden von Verwandten verwahrt wurden sowie zwei Teilen und einigen Büchern, die wir in dieser Zeit in Schweden erworben oder bekommen haben, hatten wir nur langsam und oft mühsam unser Zuhause aufbauen können. Und weil dies alles mit und während unserer politischen Arbeit geschah und verbunden ist, ist es mein Wille, daß dies nicht privat verscherbelt wird, sondern im öffentlichen Bereich weiter wirkt, eine Grundlage für die politische Bildung, genauer gesagt eine Zukunftsbasis für das Herbert-Wehner-Bildungswerk bilden soll.

Das Bildungswerk ist keine Erfindung von mir, sondern der sächsischen SPD, die allen Grund hat, dieses ihr Kind in ihr Leben einzubeziehen. Bildungswerke, die mit öffentlichen Mitteln arbeiten, sind für alle Bürger offen. Bei aktiver Mitarbeit vieler Sozialdemokraten bieten sie eine große Chance, auch Nichtmitglieder zu treffen und zu gewinnen.

Vor dem Namen "Herbert Wehner" für das Bildungswerk hatte ich gewarnt; es ist Peter Adler, der ganz bewußt darauf bestand. Peter ist also der besonders legitimierte Vater und bis heute auch ein mit erziehender Vater. Ich muß mich jetzt beschränken. Ich werde vorweg meine Vorstellungen zu den Tagesordnungspunkten 3 bis 5 nennen.

Punkt 3: Vorsitzender des Stiftungsbeirats soll Jürgen Schmude werden. Gründe habe ich schon viele genannt, hinzu kommt, daß er der Sprecher des Freundeskreises Herbert-Wehner-Bildungswerk ist und ein sehr herzliches Verhältnis zwischen Herbert und Jürgen bestand.

Punkt 4: Als stellvertretenden Vorsitzenden benenne ich Peter Adler. Er war Gründungsvorsitzender des Bildungswerks und ist seit dessen Bestehen Vorsitzender des Trägervereins Neue Gesellschaft Sachsen. Er ist schon immer in Sachsen und der Dresdner Umgebung zu Hause.

Punkt 5: Vorstand der Stiftung soll Christoph Meyer sein. Als Leiter und Geschäftsführer des Bildungswerkes kann er mit seiner Tagesarbeit die Geschäfte der Stiftung problemlos führen, er kennt sich aus und muß, wenn ich gestorben bin, die ganze Verantwortung tragen. Ich bin ihm sehr herzlich verbunden und bin überzeugt, daß er saubere Arbeit leistet. Warum habe ich euch bisher nicht namentlich Genannte gebeten, uns beizustehen?

Klaus Deubel: Klaus ist Vorsitzender des Herbert-Wehner-Bildungswerks und darüber hinaus sind er und seine Familie herzlich mit mir verbunden. Sie haben mich – wie ein Familienmitglied – seit Herbst 1990 bis zu meinem Umzug bei sich aufgenommen; ich bin auch bei ihnen zu Hause.

Constanze Krehl: Aus Herberts Geschichte und Verwobenheit mit der SPD und als leidenschaftlicher Parlamentarier, auch als einer, der die Anfänge von Europa in Straßburg, Luxemburg, Brüssel und im Monnet-Komitee mitgestaltet hat, muß die Landesvorsitzende der SPD Sachsen, die zugleich Europa-Abgeordnete ist, dabeisein.

Hanjo Lucassen: Herbert war eng verbunden mit den Arbeitnehmern, er ist für Industriegewerkschaften eingetreten und nicht für Richtungsgewerkschaften, wie es sie vor 1933 gab. Mit den Gewerkschaftsvorsitzenden hat er eng zusammengearbeitet. Herbert ist Träger des Hans-Böckler-Preises und der Mannheimer Medaille der IG Metall. Die Postgewerkschaft

216

in Hamburg hat eine Herbert-Wehner-Medaille gestiftet. Sozialdemokratie und Gewerkschaften brauchen einander. *Franz Müntefering:* Es ist kaum noch nötig, seine Berufung zu begründen. Franz war Bundesgeschäftsführer; faktisch hat Herbert als stellvertretender Vorsitzender auch die Arbeit eines Bundesgeschäftsführers gemacht, und Franz ist, wie Herbert es war, Fraktionsvorsitzender im Deutschen Bundestag. Einer, der Verantwortung für die ganze SPD spürt, der parlamentarischer Nachfolger Herberts ist, muß dabeisein. Nun danke ich für eure Geduld und bitte Jürgen Schmude, die Tagesordnung sachlich Punkt für Punkt in die Verantwortung zu übernehmen.

Anhang

Dokumente

Niederschrift Herbert Wehners, Bad Godesberg, am 2. Dezember 1973*⁾

Unter dem 17. September 1973 habe ich mir die folgenden Notizen von einer mir mündlich dargebrachten Mitteilung gemacht:

"1.) Das entstandene Verhältnis gegenseitigen Vertrauens wird sehr begrüßt. Er werde es nicht überstrapazieren und die Grenzen des Möglichen immer wahren. Er sieht dieses Verhältnis auch als sehr nützlich für die Zukunft, den Entspannungsprozeß in Europa und für gutnachbarliche Beziehungen an. Niemand habe Grund, die Ergebnisse vom 31. Mai in Verbindung mit dem Inkrafttreten des Vertrags zu unterschätzen und in falschem Lichte zu sehen.

Unterstreicht die Ausführungen vom 23. Juni unter Ziffer 2; besonders die Feststellung, daß man sich hüten müsse, Kraftakte und Kraftworte als Politik auszugeben. Sie seien nur geeignet, Böses zu erzeugen, gleichviel mit welcher Farbe. Sieht es so, daß eine zielstrebige Politik, die eine Entspannung der Situation zwischen DDR und BRD und deren Hinüberleitung zu einem friedlichen Nebeneinander und Miteinander verwirklichen soll, nicht durch Kraftakte ersetzt werden darf, die nicht mehr in unsere Zeit passen. Was vor 5 oder 10

---

*⁾ Greta Wehner irrt mit ihrer Darstellung, es handele sich um ein Schreiben Herbert Wehners an Erich Honecker. Sie meint und fügt ihrem Text die hier abgedruckte längere maschinenschriftliche Niederschrift vom 2. Dezember 1973 bei, die im ersten Teil auf eine entsprechende stenographische und handschriftliche Gesprächsmitschrift vom 17. September 1973 zurückgeht. Von dem Gespräch setzte Wehner Brandt unmittelbar danach detailliert in Kenntnis. Die Niederschrift vom 2. Dezember wurde offensichtlich für Willy Brandt angefertigt. Auf die meist wörtliche Wiedergabe der Übermittlung von Äußerungen Honeckers durch Rechtsanwalt Wolfgang Vogel folgen nicht Wehners Antworten, sondern es handelt sich um eine in sieben Punkte gegliederte Darstellung von Wehners Sicht der deutsch-deutschen Beziehungen zum damaligen Zeitpunkt. Zumindest das Gesprächsprotokoll vom 17. September wurde um die Jahreswende 1973/74 auch Erich Honecker zugeleitet. Zur Einschätzung siehe Potthoff, Heinrich: Bonn und Ost-Berlin 1969-1982. Dialog auf höchster Ebene und vertrauliche Kanäle. Darstellung und Dokumente, Bonn 1997 (Archiv für Sozialgeschichte, Beiheft 18), S. 38ff. sowie die dazu abgedruckten Dokumente.

Jahren in den Beziehungen undenkbar war, ist heute Wirklichkeit geworden. Das wird häufig mit und ohne Absicht übersehen, und es wird mit Unterstellungen gearbeitet. Wenn es trotz Störfeuer vorwärts geht, wenn auch nicht in dem erhofften Tempo, sei das (ausdrücklich) den Ergebnissen des Meinungsaustauschs vom 31. Mai zuzuschreiben, soweit er unsere Seite betrifft. Das sei auch auf dem Parteiführertreffen auf der Krim positiv beurteilt worden; auch durch sein Gespräch mit Generalsekretär Breschnew, dessen Inhalt mir bekannt sei (wurde veröffentlicht). – Die 10 Punkte des Berichts vor dem Parteivorstand der SPD, die am 2. Juni auf seine Veranlassung im NEUEN DEUTSCHLAND und anderen Organen publiziert wurden, geben das Wesentliche wieder, und er habe die Überzeugung, daß sie den Prüfungen der Zeit standhalten würden und weiterhin für beide Seiten nützliche Ergebnisse brächten.

2.) Teilt seine Auffassung voll und ganz, daß die Respektierung der unterschiedlichen Grundauffassungen und Unterschiede nach wie vor wesentliches Element für größere Fortschritte in den gegenseitigen Beziehungen sein kann. Natürlich gebe es Leute - und an der Spitze sehe er dabei den Regierenden Bürgermeister Schütz -, die nicht einsehen wollten, daß auch in der DDR freie Entscheidungen möglich geworden sind und dazu beigetragen haben, den Weg in den Beziehungen in Europa und zwischen BRD und DDR frei zu legen. Dazu gehören nicht nur die Verträge, sondern auch die millionenfachen Begegnungen. Dazu gehöre die Revision – bei allen damit verbundenen Unebenheiten – die Aufhebung des Verbotes, Fernsehen und Rundfunk aus dem Westen zu empfangen für unsere Menschen (das politische Verbot), die Reduzierung der Geheimnisträger auf den notwendigsten Kreis, in Verbindung mit dem Recht der Parteimitglieder, Besuche zu empfangen, wenn das auch nicht in dieser Offenheit deklariert, aber doch durchgeführt wird. Dazu gehöre auch der herzliche Empfang Ihrer Delegation anläßlich der Weltjugendfestspiele. Und auch die Unbelehrbaren würden früher oder später einsehen, daß wir in eine neue Phase eingetreten sind (der Beziehungen), die aber immer davon bestimmt sind, daß es handelt, die souverän und mit unterschiedlichen Ordnungen miteinander verhandeln. Möchte mitteilen, daß es für ihn sehr schwer war, während der Weltjugendfestspiele den Kurs der Entspannung angesichts verschärfter Hetze einzuhalten, um so mehr, als verschärfte Sicherheits-maßnahmen erforderlich gewesen sind, unter anderem durch Briefe aus Frankfurt, daß sich "ein Fürstenfeldbruck" wiederholen werde, wenn die israelische Delegation...

Es sei auch gelungen, die Spiele reibungslos durchzuführen, und die getroffenen Maßnahmen waren zwar übervorsichtig aber doch weitsichtig gewesen. Er messe der Veranstaltung internationale Bedeutung bei.

3.) Hat Dr. Kohl für den 13. September – die letzte Begegnung – persönlich und in einem langen Gespräch beauftragt, den Gedankenaustausch in Gang zu halten und die volle Bereitschaft Herrn Bahr zu überbringen, Verhandlungen über Nachfolgeverträge zu beginnen, obwohl der Austausch der Vertretungen wegen Kleinkrämerei noch nicht erfolgen konnte. Er habe dies getan, um die Ergebnisse vom 31. Mai zu fördern, zu entwickeln und Gestalt annehmen zu lassen. Er könne sich denken, daß dies vielleicht auch meine Position stärken könnte. Was sich an Positivem entwickelt hat und noch entwickeln wird, sei jedenfalls nicht wegzuwischen, sei auf den 31. Mai zurückzuführen. Er sei der Überzeugung, daß ich über großen Einfluß verfüge, um die positiven Tendenzen in der beiderseitigen Entwicklung zu stärken. Herr Bahr hätte von ihm wegen seiner Arroganz und seines zum Teil provokativen Auftretens das nicht bekommen, was mit mir möglich gewesen sei. Er ist für die volle und strikte Einhaltung der vertraglichen Vereinbarungen, ungeachtet der beleidigenden Bemerkungen, so sei zum Beispiel von Herrn Bahr in eine Diskussion in West-Berlin hineingetragen worden, die SED ginge mehr und mehr auf Krawall-Kurs. Er verweist auf die Erklärungen vom 31. Mai, die in meinen Vortrag vom 23. Juni aufgenommen worden sind, auf Aufsätze von mir, in denen einerseits die Möglichkeiten, andererseits aber auch die klaren Grenzen für die weitere Entwicklung deutlich formuliert Ausdruck gefunden haben. Er sei der Überzeugung, daß ich es ihm persönlich abnehme, das sei ein wichtiges Element des Vertrauens, daß ihm die Sicherung des Friedens ein wirkliches und Hauptanliegen sei. Die Leute um ihn herum wüßten, und das sollte sich auch hier herumsprechen, es sei Abenteurertum zu glauben, man könnte die DDR von der Sowjetunion wegdividieren oder umgekehrt. Die konstruktive und praktische Zusammenarbeit zwischen BRD und DDR in den Normen des Völkerrechts eröffne günstige Bedingungen, um die Ergebnisse vom 31. Mai noch mehr als bisher Gestalt annehmen zu lassen.

4.) Er dürfe sich die Bemerkung erlauben, daß er es als Fehler ansehen würde, wenn ich nicht an der Parlamentarier-Delegation nach Moskau teilnähme. Der Boden sei gut vorbereitet. Mein Interview in der "Prawda" sei auf seine Veranlassung gedruckt worden. Man würde für alle Zukunft nicht in den Fehler verfallen, mich zu belobigen, weil Bösartige daraus Unsinn produzieren und falschen Eindruck erwecken könnten. Das wäre der gemeinsamen Sache abträglich. Man würde dennoch in der Zukunft alles veröffentlichen, was der Entwicklung von Nutzen ist. Dazu gehört auch in der Vergangenheit der Abdruck der zehn Punkte. Dieser Abdruck und die sich daran anschließende Diskussion habe auch in den sozialistischen Ländern ihre Wirkung erzielt.

5.) Karlsruher Urteil: Der Tenor sei das Eine, die Begründung das Andere. In zwei Jahren wird sich niemand mehr an das Geschreibsel von Juristen erinnern, die noch im Mittelalter zu leben scheinen. Es wäre nur bedauerlich, wenn jene es Herrn Bahr mehr als nötig gestatten würde, die Begründung nämlich, das Urteil als Bremsblock für die Entwicklung gegenseitig vorteilhafter Beziehungen zu nützen. Wir würden, ungeachtet des oft persönlichen und oft verletzenden Benehmens von Herrn Bahr und einigen neben oder hinter ihm, weiter gehen auf dem eingeschlagenen Kurs. Nützlicher wäre es jedoch, den Kurs beizubehalten, wie er am 31. Mai gesteckt worden ist. Wenn das geschehen könnte, dann würde in Auswirkung der Ergebnisse des 31. Mai vieles noch möglich werden, was viele heute noch für unmöglich halten. Für ihn sei dieses Treffen vom 31. Mai ein unvergeßliches Erlebnis geblieben und habe ihm die Notwendigkeit gezeigt, daß auch bei den Verhandlungen sehr sorgfältig differenziert werden müßte.

6.) Nach dem 31. Mai sei wieder in Gang gekommen, was unter Herrn Bahr überhaupt nicht mehr funktioniert hat (Familienzusammenführung), und das habe er unmittelbar nach meiner Abreise angeordnet. Ohne dieses Treffen wäre das nicht, mindestens aber noch nicht, möglich gewesen. Seither habe er sich Bericht geben lassen, daß ca. 300 Personen ausgereist sind. Von denen, die noch im Genehmigungsverfahren sind, sollte erst geredet werden, wenn sie tatsächlich eingetroffen sind. Am 14. September habe er eine weitere Liste von Härte- und Dringlichkeitsfällen von über 178 Personen unterschrieben, darunter 86 Kinder, und habe angeordnet, daß das schneller abzuklären sei als bisher. Er habe mit großer Besorgnis von den Schwierigkeiten gehört, die im Zusammenhang mit diesem humanitären Bereich insgesamt und auch für mich persönlich entstanden sind. Es dürfe hier zu keinem Krach und Bruch kommen; das wäre der Gesamtsache abträglich. Er habe im Ergebnis unserer Unterredungen sich das Bild gemacht, daß es für unsere Seite nicht ganz einfach ist, die Ergebnisse im humanitären Bereich in der Öffentlichkeit ganz zu verschweigen. Man muß doch wohl hier einen engeren Zusammenhang mit dem Grundlagenvertrag sehen, in dem ja von diesem die Rede ist.

Er überlasse es voll meiner eigenen Entscheidung (und ich sei der Erste, der es erfahre), gewissermaßen mit unserem stillschweigenden Einverständnis, die Anzahl der Ausreisen und auch Hochzeiten, die indessen vollzogen sind, selbst bekannt zu geben oder auch durch andere geeignete Stellen bekannt geben zu lassen. Er sei, im Interesse einer Verständigung, auch bereit, und dazu habe ihn mein Schock über den Eindruck von letzter Mitteilung gebracht, mir erstmalig vorzuschlagen, daß man im Zusammenhang mit den Gegenleistungen detailliert und unterteilt, daß man Familienzusammenführungen, wie sie im Grundlagenvertrag und den Anlagen kategorisiert sind (Ehezulassungen in Ausnahmefällen), auch veröffentlicht, mit der Folge, daß diese ohne Gegenleistungen geschehen und dies auch in der Öffentlichkeit sagt (denn die Frage würde von der Opposition sicher gestellt werden: Was habt Ihr dafür gegeben?).

Das gelte auch für Kinder (das Mündelgelder-Junktim ist nicht von uns hergestellt worden). Außerdem würden bleiben (das Wort sei von mir gefallen) "Konfliktsfälle". Zum Beispiel ein Ärzte-Ehepaar, das sich nicht zurecht findet. Was man auch bei gutwilliger Auslegung im Rahmenvertrag nicht als echte Familienzusammenführung betrachten kann. Es würde auch die Gegenleistung bleiben und ohne sie nicht gehen für Häftlinge. Da aber diese schwerwiegenden Fälle, Konfliktsfälle usw. überhaupt nicht erwähnt sind im Vertrag, könnte man hier eine Lösung finden und sei nicht gehalten, die Gegenleistung einzugestehen. Er habe früher die persönlichen Gedanken und Vorschläge der Anwälte, auf eine pauschale Berechnung zu kommen, verworfen und gemeint, sie seien nicht praktizierbar. Aber die tatsächliche Lage sei heute eine andere und die "Kopfgeld"-Praxis sollte man beseitigen, um zu einer jährlichen Pauschale zu kommen. Welche, überlasse er meinen Überlegungen (das betrifft welche, wie und wo). Unter den Anwälten. Obwohl staatlicher Beauftragter hier und dort sein wird, die aber viel Kleinkrämerei zu erledigen haben würden. Das überlasse er mir. Es wird keine Gnade geben für gewerbsmäßige Schleuser, die uns schweres Kopfzerbrechen bereiten. Er lasse mir aber als Erstem sagen, daß Gnade für jüngst verhaftete Ärzte und Wissenschaftler, auch ohne Prozeß, ergehen werde, weil man sich überzeugt hätte, daß darunter gewichtige Leute sind, die nie auf diese Lösung gekommen wären, wenn man ihnen die Gelegenheit nicht ins Haus getragen hätte.

7.) Läßt mir persönlich und auch als Erstem sagen und beruft sich auf das Vertrauensverhältnis, daß ich auch bei Nichteinhaltung der Mißbrauchsvereinbarung auf den Transitwegen mit einer Unterbrechung der Transitwege nicht zu rechnen hätte, die mit dem Vertrag nicht zu vereinbaren sein würde. Läßt mir aber übermitteln, daß im Zusammenhang mit dem bevorstehenden Prozesse gegen Schleuser verstärkte Kontrollen zu erwarten sind, wenn begründeter Verdacht besteht. Es

225

würde aber zu keinen Erschwerungen kommen und man würde Geist und Buchstaben des Vertrags beachten, aber Warnungen, um Mißbrauch zu unterbinden.

8.) Es werden trotz aller Störungsversuche Möglichkeiten geprüft, um das Positive in der Entwicklung im praktischen Bereich zu fördern. Dazu gehöre als kleiner Anfang, daß der Besuch Helmut Schmidts und sein Empfang durch Soelle möglich war. Er sehe aber vieles davon abhängig, daß in absehbarer Zeit es dazu komme, die Vertretungen auszutauschen, wobei unsere Delegation – wie am 31. Mai erklärt – den gleichen Status erhalten würde wie dritte Staaten. Die Ständige Vertretung der DDR – sofern das Agreement erteilt wird – wird vom außerordentlichen und bevollmächtigten Botschafter Kohl geleitet. Die vorläufige Anbindung an das Bundeskanzleramt würden wir vorübergehend und stillschweigend hinnehmen. Das weiß aber wohl Herr Bahr noch nicht so klar. Der Versuch aber, unserer Delegation die Rechte und Pflichten zu verweigern, die dritte Staaten haben, sei nicht akzeptabel, für jetzt nicht und auch für die Zukunft nicht. Und er rechne dafür mit Verständnis und rechne damit, daß hier Lösung und Ausweg gefunden werden könnte."

Schluß der Notizen.

Mit dieser Niederschrift gebe ich erstmals schriftlich aus meiner Hand, was mir nach meinen Notizen übermittelt oder dargelegt worden ist.

Damit werden hier und dort Niederschriften existieren, deren Verwendung ich nicht mehr beeinflussen oder kontrollieren kann.

Mir ist klar, was das bedeuten kann. Ich begebe mich der Möglichkeiten, die ich bisher in meiner Hand hatte, funktionell das Notwendige aus dem dieser Niederschrift zu Grunde liegenden Vorgang anderen zu sagen, so weit sich das im Interesse der Sache jeweils ergeben hatte.

Andererseits sehe ich mich außer Stande, eine Stellungnahme zu den mir am 17. September übermittelten Gedanken und Deutungen von Vorgängen ohne diese Niederschrift zu geben,

226

nachdem ich wiederholt in direkten Gesprächen oder telefonisch um eine zusammenhängende Stellungnahme ersucht worden bin.

Bisher hatte ich Willy Brandt mündlich unterrichtet. Ihm habe ich den Wortlaut meiner stenografischen Niederschrift am 18. September vorgetragen. Ich habe ihn laufend mündlich über das unterrichtet, was sich aus diesem Vorgang entwickelt hat. Anders wäre es im humanitären Bereich nicht möglich gewesen, die Schritte zu tun, die auf Grund der weiteren Fragen, die sich im Zusammenhang aus dem der Niederschrift zu Grunde liegenden Vorgang ergeben haben, notwendig geworden sind. Die am 26. Oktober auf Veranlassung Willy Brandts zustandegebrachte Zusammenkunft der in unmittelbarer Verantwortung stehenden Personen aus unserem Regierungsbereich wäre ohne diese laufende Unterrichtung Willy Brandts nicht denkbar gewesen. Ich habe nicht nur keine Regierungsverantwortung oder –vollmacht, ich habe auch wiederholt erklärt, daß ich in die Regierung nicht "hinein regieren" kann oder will.

Am 23. November habe ich Günter Gaus mündlich unterrichtet über das, was nun schriftlich vorliegt. Ich hatte das für unvermeidlich gehalten, wenn ich nicht mitverantwortlich werden wollte dafür, daß Gaus über wesentliche Gedanken dort und Fragen oder Anregungen an mich uninformiert geblieben wäre und dadurch noch mehr als es praktisch ohnehin wohl der Fall sein wird, Gefahr liefe, im Stacheldrahtverhau von Gegensätzen, Gegenzügen und ungeregelten sowie unregelbaren Fragen stecken bleiben müßte, während hinter ihm und vor ihm Personen mehr oder weniger "im Bilde" sind.

Nunmehr ist es an der Zeit, meine Gedanken darzulegen, die ich zu dem in der Niederschrift beschriebenen oder aus ihm sich ergebenden Vorgang hege.

1.) Nach meiner Auffassung schließen SED (Sozialistische Einheitspartei Deutschlands) und SPD (Sozialdemokratische Partei Deutschlands) einander aus. In dem von der SED geführten, respektive regierten Staat ist für die SPD keine legale ungehinderte politische Wirkungsmöglichkeit. Die SED kennt nur "ehemalige Mitglieder der SPD". Diese sind entweder eingegliedert in die SED oder sie existieren außerhalb des nach der dortigen Verfassung gegebenen Bereichs des Wirkens politischer Menschen.

2.) In den Jahrzehnten der Nachkriegsentwicklung hat sich die Notwendigkeit eines – wenn möglich vertraglich – geregelten Verhältnisses zwischen den beiden Staaten im getrennten Deutschland ergeben. Sie ist uns aufgezwungen, wollen wir nicht als "Alternative" einen ständigen "Kalten Kriegs"-Zustand bei lediglich punktuellen Verständigungen über Verhaltens- oder Verfahrensregelungen im Verhältnis zwischenstaatlicher Art auf uns nehmen. Letzteres wäre vor allem angesichts der umstrittenen Position Berlins permanent Ursache ernsthafter Krisen und fortwährender Beunruhigung der Menschen. Für mich ist das Berlin-Abkommen der vier Signatarmächte mit den dazugehörigen Vereinbarungen der zuständigen Behörden der beiden deutschen Staaten und von Berlin (West) ein Abkommen, dem eine Schlüsselrolle in der allmählichen Regulierung der zwischenstaatlichen Verhältnisse zugunsten der Menschen in allen Teilen des getrennten Deutschland zuzumessen ist. Das gilt für die Lebensverhältnisse der Menschen in Berlin (West) wie für die Entwicklungsfähigkeit der vertraglichen Regelungen zwischen den zuständigen Stellen im getrennten Deutschland wie für das zur Entspannung in Europa und darüber hinaus wesentliche Verhältnis der vier Signatarmächte.

Für die beiden einander ausschließenden aber in beiden deutschen Staaten und in Berlin (West) regierenden, respektive Regierungsverantwortung tragenden und ausübenden Parteien (SPD und SED) ergibt sich die Notwendigkeit, ihre Staaten beziehungsweise Einflußbereiche zu einem geregelten Nebeneinander und – wo sowie wenn möglich – gedeihlichen Miteinander zu befähigen und durch alle Schwierigkeiten hindurch fähig zu halten. Das ist auch ihr Auftrag im Hinblick auf die Bedeutung dieses Verhältnisses für die Entspannung und Sicherheit des Zusammenlebens in Europa. Dies gehört zu den Besonderheiten bei Andauer der Gegensätze über politische und gesellschaftliche Grundfragen und bei der

228

Sorge, die von der SPD hinsichtlich ihrer organisatorischen Substanz gegenüber der SED zu tragen ist. Keine "Aktionseinheit", aber Interpretation der politischen Absichten und Zielvorstellungen im Bezug auf die Verträge und die multilateralen Verpflichtungen und Ziele.

3.) Die Zugehörigkeit beider deutscher Staaten zu einander gegenüberstehenden militärischen Bündnissen setzt jeder Information strenge Grenzen und verbietet es der SPD, die von der SED praktizierte "Begegnung" von SED-Kadern mit SPD-Mitgliedern oder Organisationsteilen hinzunehmen oder gewähren zu lassen. Für die SPD ist der Interessenausgleich zwischen den militärischen Bündnissen von West und Ost ein konkretes Ziel ihrer praktischen Politik als parlamentarischer Faktor und als Regierungsverantwortung tragende Partei. Organisatorisch muß die SPD sich gegenüber der Aushöhlung ihres Mitgliederbestandes und gegen die Ausnützung von Teilen ihrer Mitgliedschaft und Organisation für fremde Interessen schützen. Das muß sie auch im Interesse ihrer Selbstbehauptung in der Bundesrepublik Deutschland und in Berlin (West) gegenüber reaktionären und demagogisch operierenden Feinden der Verträge.

4.) Der Meinungs- und Gedankenaustausch vom 31. Mai war – von mir aus gesehen – ein Versuch unmittelbarer Fühlungnahme zum Nutzen der Verwirklichung des Vertrages über die Grundlagen der Beziehungen zwischen Bundesrepublik Deutschland und Deutscher Demokratischer Republik. Ich habe ihn nach reiflichem Überlegen gewagt und mich dabei vorher und nachher streng an meine Informationspflicht gegenüber meinem Parteivorsitzenden gehalten. Dabei war bei mir ein bestimmendes Element (zur Zeit der Gespräche wie danach), die ins Stocken geratenen und nach meiner Auffassung in der Gefahr des Verödens befindlichen begrenzten Möglichkeiten zu humanitären Regelungen zu retten und erneut zu beleben. Ich muß in diesem Zusammenhang bekennen, daß ich mir vorstelle, es wird viele Jahre und wahrscheinlich Jahrzehnte dauern, bis es zu normaleren Behandlungsweisen humanitärer Problemfälle kommen kann. Ich sehe schon in der wohl für geraume Zeit nicht zu ver-

229

ändernden Nichtvereinbarkeit der Staatsangehörigkeitsbe-
stimmungen beider Verfassungen die dringende Notwendigkeit zu besonderen humanitären Regelungsvereinbarungen,
die nicht ausschließlich dem "normalen" Verkehr der Ständigen
Vertretungen mit den beiderseitigen Behörden überlassen
bleiben können, weil diese in sogenannten Konfliktsfällen
notwendigerweise unbeweglich sein würden. Die außerordentlich weitgehenden Vorschläge in den "8 Punkten" begrüße
ich dankbar und bin meinerseits bestrebt, sie verwirklichen
zu helfen. Allerdings muß ich auch in diesem Zusammenhang
betonen, daß ich weder ein Regierungsamt innehabe noch in
die Bundesregierung oder in ihre Ressorts "hineinregieren"
kann und will. Das zwingt mich der Natur der Sache nach,
in einer Frage, wie es die der Sperrkonten für Unterhaltserträge
ist, zu immerwährenden Versuchen, meine politischen Freunde
in Regierungsämtern zu bedrängen, ohne daß ich imstande
wäre, entscheidenden Einfluß auszuüben.

5.) Es ist unvermeidlich, daß die Unterschiede im Ver-
fassungsrecht und im geltenden Recht überhaupt immer
wieder zu Mißhelligkeiten oder Streitigkeiten führen. Die
Erörterungen über die wechselseitige Zuordnung zum Beispiel
der Ständigen Vertretungen haben in einem gewissen Stadium
die Gefahr heraufbeschworen, daß der Vertrag faktisch außer
Wirkungsmöglichkeit geraten ist. Ich halte es für schädlich,
wenn die eine Seite der anderen Seite vorzuschreiben versucht,
wem sie die Ständige Vertretung zuordnen soll oder darf.
Dabei verstehe ich durchaus die Gesichtspunkte, die auf der
Seite der DDR bestimmend sind. Andererseits muß ich darauf
hinweisen, daß auf der Seite der BRD die Verfassungs-
konformität gewahrt werden muß, und wäre es nur aus dem
Grunde, die vertraglichen Folgerungen zum Leben statt durch
die Gegner des Vertrages zum Erliegen oder mindestens langem
Brachliegen verurteilen zu lassen. Der Vertrag ist lebenskräftig
genug, er setzt aber voraus, daß auf beiden Seiten die be-
stimmenden Kräfte sich bemühen, den Vertrag die Wirklichkeit
bestimmen und entwickeln zu lassen, statt ihn zum Gegenstand
ständigen Streites und damit zu einer Fußnote für die zu
machen, die ihn sowieso ad absurdum führen wollen.

Es kommt viel, sehr viel darauf an, daß die Verhandlungen über Folgevereinbarungen soweit wie möglich dem Trott ressortamtlicher Werkelei entzogen werden. Damit meine ich, es wäre von Vorteil, wenn man nicht zu viel auf einmal, sondern das eine nach dem anderen sorgfältig vorbereitet und zwischendurch aufeinander abgestimmt behandeln läßt. Insofern sehe ich kaum eine Möglichkeit, tote Strecken anders zu vermeiden oder wenigstens auf das unvermeidliche Minimum zu verkürzen und zu vermindern als dadurch, daß beidseitig miteinander über Grundgedanken und Haupt-richtungen gesprochen und Gedanken abgeklärt werden. Die beiden führenden Persönlichkeiten jeder Seite müssen sich überlegen und darüber zu verständigen suchen, wie das praktiziert werden soll.

Es gibt Probleme, die nicht durch Polemik aus der Welt zu schaffen sind, so wenig es möglich sein wird, Polemik völlig zu vermeiden. Solche Probleme bestehen zum Beispiel im Zusammenhang mit den "Fluchthelfer"-Auseinandersetzungen. Sie bestehen meines Erachtens auch im Zusammenhang mit der Verdoppelung der Umtauschquoten bei Besuchen und Besuchsreisen. Ich mache mich nicht anheischig, für jedes dieser Problembündel Patentlösungen vorbringen zu können. Aber ich bin sicher, daß es möglich wäre, ein für beide Seiten förderliches Mittel zu erreichen, wenn man sich vorher gegenseitig vergewissert, was die eine Seite zum Vorhaben der andern zu sagen hat oder genötigt sein könnte, zu sagen. Die hier in der Bundesrepublik und in Berlin (West) ins Feld geführten rechtlichen Argumente in Sachen "Fluchthilfe" sind nur durch eine beharrliche Behandlung sowohl der inner-rechtlichen Gegebenheiten auf jeder Seite als auch der mit dem Abkommen über Transit verbundenen rechtlichen Notwendigkeiten für beide Seiten zu relativieren, das heißt aus dem Absolutheitsanspruch herauszulösen, den zum Beispiel hiesige Rechtskundige häufig mit ihren Auffassungen und Auslegungen verknüpfen; wie überdies auch umgekehrt.

Es klingt vielleicht oder wahrscheinlich seltsam, wenn ich vermute, es könne diese bittere Streitigkeit sogar die nützliche Seite wirksam werden lassen, in Besonnenheit sich der jeweils innerrechtlichen Bestimmungen anzunehmen und der rechtlichen Seite des Transitabkommens und der aus ihm zu folgernden Notwendigkeiten allmählich gerechter zu werden. Abschreckende Urteile allein täten's nicht. Sie werden sogar jenen Wasser auf die Mühlen treiben, die gern sehen und hören, wie krass die Gegensätze beider Seiten sind.

Die Verdopplung der Umtauschquoten bedürfte zumindest einer differenzierten weiteren Behandlung. Mir ist klar, daß die besondere Empörung, die in Berlin (West) entstanden ist, es der DDR-Seite schwierig erscheinen lassen wird, gerade für die Besucher aus Berlin (West) differenzierte Bestimmungen zu finden und wirksam werden zu lassen. Kommt es aber darauf an, zeitweilig "zurückzustecken", wenn damit erreicht wird, daß eine entfachte Unzufriedenheit, die bis zur Unruhe gesteigert wird, wieder erlöscht?

Kraftakte haben die fatalen Begleiterscheinungen, daß sie Wechselwirkung auslösen oder steigern. Gerade jemand, der sich bemüht, die Verträge zu erhalten und so wirksam werden zu lassen, daß auf beiden Seiten ruhige Betrachtungsweisen vorherrschend werden, muß sich erlauben dürfen, darauf aufmerksam zu machen, daß Verhandeln häufig besser ist als Handeln.

Das bedeutet keine Einschränkung der Souveränität. Dürfte ich für mich "philosophieren", könnte ich bemerken, daß es ein Zeichen großer Souveränität ist, zu verhandeln, statt unmittelbar zu handeln, solange noch nicht der ganze Verhandlungsspielraum ausgeschöpft ist.

6.) Ich muß es mir versagen, auf Personifizierungen einzugehen, die in meiner Niederschrift wiedergegeben werden. Einmal habe ich den Wortlaut einer mir handschriftlich gegebenen Mitteilung Willy Brandts weitergegeben, in der in einem Satz bemerkt wurde, es würden Egon Bahr Äußerungen unterstellt, für die er nicht verantwortlich sei. Was Schütz betrifft, habe ich in einer Diskussion im Parteivorstand der SPD in Bonn sehr eindringlich auf seine Auffassungen geantwortet, die er öffentlich und in dieser Sitzung erneut zur Verdoppelung der Umtauschquoten geäußert hatte. Ich bitte um Entschuldigung, wenn ich dabei auch ein innenpolitisches Argument, das ich ins Feld geführt hatte, hier kurz anklingen lasse. Ich hatte gesagt, es sei doch verheerend, wenn der anderen Seite öffentlich vorgeworfen oder unterstellt würde, sie werde mit den Folgen der Verträge nicht fertig (abgesehen davon, daß sie sie verletze), wenn "an der nächsten Ecke" die hiesigen Feinde der Verträge stünden, die dann die SPD dafür verantwortlich machen wollen, "schlechte" Verträge abgeschlossen zu haben beziehungsweise nicht forsch genug für "gesamtdeutsche" Begegnungen auf dem Boden der DDR eintrete. Ich habe niemand zu belehren, aber ich bitte darum, mich als einen politisch tätigen Menschen anzusehen, der für die Verträge alles Erdenkliche zu tun bereit ist und zu tun für erforderlich hält. Aus Gründen, die in Einsichten liegen, die der Nachkriegsentwicklung entstammen, und aus meiner Überzeugung, daß Entspannung in Europa und von hier aus auch über diesen Kontinent hinaus lebensnotwendig für die Menschheit ist.

Mir klingt noch im Ohr und ich trage in mir den Eindruck der Gespräche vom 30. und 31. Mai, daß ich's mit einem Gesprächspartner zu tun gehabt habe, dessen Wille zur friedlichen Entwicklung mehr ist als eine schöne Redewendung. Ich wäre dankbar, wenn ich ein wenig mit hätte helfen können, Dinge in Bewegung zu setzen oder zu halten, auf die es ankommt, wenn wir alle Frieden und Sicherheit nach unseren Kräften erwirken wollen. Ohne blind zu sein gegen Gefahren, die nicht nur bei anderen, sondern auch jeweils in der Eigengesetzlichkeit eigener Entwicklungen zu finden sind. Die noch nicht beigelegten Gefahren des Nah-Ost-Konflikts lassen mich dies eindringlich spüren und ausdrücken.

7.) Manches, was ich hier niedergeschrieben habe, mag klingen wie ein politisches "Testament". Ich bin mir bewußt, daß mit dieser Niederschrift mein "Schicksal" als politisch im Vordergrund wirkender Mann von anderen besiegelt werden kann, die mit dieser Niederschrift Mißbrauch treiben oder sie auch nur entsprechend "verwenden". Mir wäre lieber, dies wäre noch nicht mein "Testament", sondern ich dürfte noch einige Zeit wirken für Einsichten, die manch anderer noch nicht oder nicht mehr hat.

Sicher ist, daß ich für meine Handlungen gerade stehe und sie sowohl erklären als auch verteidigen werde, gleichviel aus welcher Position heraus ich das zu tun haben werde.

Bad Godesberg, am 2. Dezember 1973;
gezeichnet Herbert Wehner.

Übersicht über eine Auswahl einschlägiger Veröffentlichungen:

Bericht an den Parteivorstand der SPD, 1.6.73,
Rede beim Treffen des Unterbezirks Hof in Leupoldsgrün, 2.6.73,
Interview im NDR, 2.6.73,
Referat in der Sitzung von Parteirat, Parteivorstand und KK, 23.6.73,
Rede anläßlich 100 Jahre SPD Lübeck, 6.7.73,
Die Vertragsgrundlage unserer Bundesrepublik Deutschland (N.G.), Juli 73,
Bericht aus Bonn im ARD-Fernsehen, 14.9.73,
Interview im NDR, 22.9.73,
Interview in Moskau für "Panorama" im ARD-Fernsehen, 1.10.73,
Versuch einer Übersicht über Reise in UdSSR, 6.10.73,
Interview im NDR, 8.10.73,
Interview in der Sendung "Kennzeichen D" im ZDF, 9.10.73,
Rede in Hersbruck (Unterbezirk Erlangen der SPD), 10.11.73,
Interview in "Westfälische Rundschau", 12.10.73,
Rede im Wahlkreis (Neugraben), 23.11.73,
Interview im "Spiegel" Nr. 41, 8.10.73,
Interview im "Stern" Nr. 47, 15.11.73,
Interview in "Lutherische Monatshefte", November 1973,

Interview im Deutschlandfunk, 2.12.73,
Rede in Arbeitnehmerkonferenz Dortmund, 20.11.73,
Sitzungsprotokolle des Bundestages vom Juni und Oktober
1973.

Schreiben Herbert Wehners an Helmut Schmidt vom 15. Juni 1974

Lieber Helmut!
Es ist gar nicht einfach, die Übersicht, von der ich Dir gesagt hatte, ich würde sie für Dich zusammenstellen, zustandezubringen. Dennoch habe ich die Hoffnung, daß die hiermit Dir übergebenen Niederschriften Dir so viel Einblick geben wie notwendig ist, um gegebenenfalls durch ergänzende Fragen das Bild zu vervollständigen.
In dieser Zusammenstellung sind alle Niederschriften enthalten, die zu mehr oder weniger politischen Fragen etwas Aufschluß geben. Es fehlen lediglich solche Notizen, die sich ausschließlich auf sozusagen tagesbezogene Familienzusammenführungs-, Konfliktfälle bei Ausreise oder bei Besuchswünschen, respektive Häftlingsfälle beziehen, die jeweils unmittelbar zu erledigen versucht worden sind. In den hier zusammengestellten Unterlagen spielen allerdings solche humanitären Probleme immer wieder eine Rolle, und ich halte es auch für notwendig, daß Du ihr Gewicht wenigstens aus diesen Niederschriften andeutungsweise erkennen kannst. Ausgelassen habe ich also – um es nochmals zu erklären – die sozusagen technischen Fragen, die dabei unumgänglich sind, die aber für den Gesamtüberblick nicht speziell aufgezählt werden müssen.
Damit bin ich schon bei einem der zwei wichtigen Punkte, die mich seiner Zeit überhaupt veranlaßt haben, die Unterredungen aufzunehmen. Im Mai 1973 hatten wir es mit einer Situation zu tun, in der seit Monaten zum Erliegen gekommen war, was vorher einigermaßen – wenn auch durch dauernde Nachhilfen – fließend gegangen war. Seit der Unterzeichnung des Vertrags über die Grundlagen der Beziehungen zwischen uns und der DDR im Dezember 1972 traten die sogenannten Kofferfälle auf; das waren Fälle von Einzelmenschen oder Familien, die gesagt bekommen hatten, sie könnten mit ihrer Ausreise nach der Bundesrepublik rechnen, die aber dann nicht realisiert wurden. Infolgedessen saßen diese Menschen zum Teil buchstäblich auf ihren gepackten Koffern, respektive hatten ihre Arbeitsstellen aufgegeben oder waren entlassen worden,

236

bekamen jedoch nicht die zur tatsächlichen Ausreise erforderlichen Papiere. Diese unerträglich werdende (hier bei uns auch propagandistisch als angebliche Folge des Vertrages dargestellte) Lage war die Folge des Verhaltens der Unterhändler beider Seiten, also auch des Unterhändlers von unserer Seite. Ich will nicht versuchen, das hier nachzuzeichnen, bin aber gern bereit, Dir darüber kurz mündlich zu erläutern, was dabei Anlässe gewesen sind.

Ich hatte während meiner Zugehörigkeit zum Kabinett eine Reihe komplizierter Vorgänge durch persönliches Nachfassen und durch Initiativen lösen müssen. Daraus ergab sich, daß ich – zu meinem Bedauern – auch dann zur Verfügung stehen mußte, als ich nicht mehr dem Kabinett angehörte. (Dafür habe ich auf wiederholtes Fragen Antworten erhalten, die ich mündlich rekonstruieren würde, wenn es zu Deinem Verständnis erforderlich sein sollte.) Die "humanitären Fragen" waren die Grundlage meiner Gespräche. Von dieser Grundlage aus ergaben sich manchmal (z.B. im Zusammenhang mit der für März 1969 nach Berlin einberufenen Bundesversammlung) Fragen, die über die unmittelbaren Zusammenhänge mit den geschilderten humanitären Fragen hinausgingen, wenn sie auch jeweils von der Art waren, deren positive Behandlung für die positiven Lösungen humanitärer Fragen förderlich sein konnte.

Der andere wichtige Punkt, der bei der weiteren Entwicklung der Gespräche eine Rolle gespielt hat, war ein seit Dezember 1970 ins Gespräch gebrachter Gedanke, ein Gespräch zu führen, dessen Gegenstand die Perspektiven und Intentionen jeder der beiden Seiten deutlich machen sollte, soweit es sich um das Verhältnis der beiden Staaten im getrennten Deutschland handelt. Es sollten nach meiner Auffassung lediglich die beiden Ersten Männer jeder Seite diesen Gedanken- und Meinungsaustausch führen, allerdings nicht in der Weise, wie vorher in Erfurt und in Kassel miteinander geredet worden war. Seit Dezember 1970 stellte die Gegenseite ein solches Gespräch in Aussicht, wünschte es, verzögerte aber immer wieder das Zustandekommen. (Ich hatte real damit zu rechnen, daß im Juni 1972 anläßlich einer West-Berlin-Tagung der

Parteikörperschaften der SPD Termin und Ort genannt werden würden; damals äußerte sich aber unser Erster Mann – der über all das jederzeit ins Bild gesetzt worden war – so abschweifend, daß ich es für richtiger hielt, es nicht darauf ankommen zu lassen.) Schließlich wurde mir gegen Ende Mai 1973 gesagt, das Gespräch könne und solle am 30. und 31. Mai stattfinden. Darüber habe ich unseren Ersten Mann unverzüglich informiert und ihn gefragt, ob es nach seiner Auffassung von Regierungsseite her, respektive innenpolitisch oder innerparteilich Gründe gäbe, daß ich absage. Er hat das verneint, und so fanden dann die Gespräche statt, die allerdings ich zu führen hatte. Ich hatte mich damals auf Grund der vorher genannten Umstände ("Kofferfälle") veranlaßt und bereit gesehen, das zu machen.

Erwähnt werden muß noch, daß der Erste Mann der Gegenseite persönlich für Sicherheitsfragen und Entscheidungen, die in deren Bereich fallen, eben auch Erlaubnisse für Ausreisen usw., verantwortlich ist. Das erschien mir notwendig, einleitend zu der Zusammenstellung der Niederschriften, die Du hiermit erhältst, zu erläutern. Mein Schreiben vom 2. Dezember 1973 – beginnend mit der Wiedergabe einer Aufzeichnung dessen, was mir im September desselben Jahres mündlich vorgetragen worden war, – ist dann sozusagen die Einleitung zu den weiteren schriftlichen Aufzeichnungen und Schreiben gewesen.

Es folgen dann sowohl Schreiben an W.B. als auch Schreiben an E.H.
Aus dem Inhalt ergibt sich jeweils, auf Grund welcher Mitteilungen – mündlich oder schriftlich – ich geschrieben habe.
9. Dezember 1973: Unterrichtung an W.B. über Mitteilungen von E.H.
12. Januar 1974: Unterrichtung von E.H. über Mitteilungen von W.B.
21. Januar 1974: Niederschrift einer mündlichen Mitteilung von E.H. an W.B.
2. Februar 1974: Niederschrift von Mitteilungen von E.H. an W.B.

5.Februar 1974: Niederschrift an E.H. über Mitteilungen von W.B.

13. Februar 1974: Niederschrift an E.H. über Mitteilungen von W.B.

18. Februar 1974: Niederschrift an W.B. über Mitteilungen von E.H.

29. März 1974: Niederschrift an W.B. über Mitteilungen von E.H.

2. April 1974: Niederschrift an E.H.

Die Dir von mir gegebenen Ablichtungen zweier Schreiben von E.H. (das eine trägt das Datum des 6. Mai 1974, das andere ist nicht datiert, wurde aber nach dem Rücktritt von W.B. geschrieben) enthalten – wie Du bemerkt haben wirst – manche Bezüge auf Gedanken, die in früheren Schreiben zum Ausdruck gebracht worden waren.

Die letzte Bemerkung von mir gilt der mündlichen Mitteilung, die Du auf Grund der eben genannten Schreiben mir gemacht hattest, als wir in der Nacht nach der langen Plenarsitzung zusammensaßen. Weil ich Gelegenheit hatte, dies kurz mündlich weiterzugeben, habe ich inzwischen die Angabe bekommen, wer von deren Seite für die in Rede stehenden "Vorklärungen" bestimmt worden ist und daß zu jeder Zeit – seit dem 12. Juni gerechnet – damit angefangen werden kann.

Die zusätzlich beigefügte Mappe mit Texten, sowohl die Ende-Mai-Gespräche 1973 als auch die Moskau-Reise im Herbst 1973 betreffend, gebe ich Dir nur deshalb mit, weil es sein könnte, daß Dir diese Zusammenstellung die Information erleichtern könnte. (Diese Auswahl war seiner Zeit meiner Niederschrift vom 2. Dezember 1973 beigefügt und ist an deren Ende aufgeführt.)

Wie erwähnt, stehe ich Dir gern zu Erläuterungen zur Verfügung, die sich aus Fragen von Dir notwendig machen könnten.

Herzlich grüßt Dich
(Unterschrift)

239

Personenregister

Impressum

© edition Sächsische Zeitung
SAXO'Phon GmbH, Ostra Allee 20, 01067 Dresden
Internet: www.editionsz.de

Herausgeber: Dr. Christoph Meyer
für die Herbert-und-Greta-Wehner-Stiftung
Internet: www.wehnerwerk.de

Alle Rechte vorbehalten
1. Auflage Oktober 2004

Titelgestaltung: Simone Weissling
Druck: Druckhaus Dresden GmbH

Bildnachweis:
Alle Bilder Herbert-und-Greta-Wehner-Stiftung Dresden mit folgenden
Ausnahmen:
Seite B5 unten: *Hannes Dahlberg*
Seite B6 unten links: *Alfons Metzig, Straubing*
Seite B10 unten: *Fritz Reiss, Königswinter*

ISBN 3-910175-14-7